Sandra Laugier est professeure de philosophie à l'université Paris 1 Panthéon Sorbonne, directrice adjointe de l'ISJPS (CNRS, Paris 1) et membre sénior de l'IUF.

WITTGENSTEIN
POLITIQUE DE L'ORDINAIRE

DANS LA MÊME COLLECTION

ANDRIEU B., *Sentir son corps vivant. Émersiologie 1*, 260 pages, 2016.
– *Le langage du corps vivant. Émersiologie 2*, 256 pages, 2018.
BARBARAS R., *La perception. Essai sur le sensible*, 120 pages, 2009.
BENOIST J., *Éléments de philosophie réaliste*, 180 pages, 2011.
– *L'adresse du réel*, 376 pages, 2017.
BINOCHE B., *Opinion privée, religion publique*, 240 pages, 2011.
BOURGEOIS B., *Sept questions politiques*, 136 pages, 2017.
CASTILLO M., *Faire renaissance. Une éthique publique pour demain*, 256 pages, 2016.
CHAUVIER S., *Éthique sans visage*, 240 pages, 2013.
FISCHBACH F., *Philosophies de Marx*, 208 pages, 2015.
– *Après la production*, 192 pages, 2019.
GABRIEL M., *Propos réalistes*, 266 pages, 2020.
GODDARD J.-CH., *Violence et subjectivité. Derrida, Deleuze, Maldiney*, 180 pages, 2008.
HOTTOIS G., *Le signe et la technique*, 272 pages, 2018.
KERVÉGAN J.-FR., *La raison des normes. Essai sur Kant*, 192 pages, 2015.
LAUGIER S., *Wittgenstein. Les sens de l'usage*, 360 pages, 2009.
MEYER M., *Qu'est-ce que la philosophie ?*, 160 pages, 2018.
MULLER R., *Puissance de la musique*, 192 pages, 2021.
POUIVET R., *Après Wittgenstein, saint Thomas ?*, 180 pages, 2014.
– *Éthique intellectuelle*, 322 pages, 2020.

MOMENTS PHILOSOPHIQUES

Sandra **LAUGIER**

WITTGENSTEIN
POLITIQUE DE L'ORDINAIRE

PARIS
LIBRAIRIE PHILOSOPHIQUE J. VRIN
6 place de la Sorbonne, V ͤ
2021

© *Librairie Philosophique J. VRIN*, 2021
ISSN 1968-1178
ISBN 978-2-7116-3024-0
www.vrin.fr

ABRÉVIATIONS

ŒUVRES DE WITTGENSTEIN

TLP   *Tractatus logico-philosophicus*, trad. fr. G.-G. Granger, Paris, Gallimard, 1993.

BB, BrB   *Le cahier bleu et le cahier brun (The Blue and Brown Books)*, trad. fr. M. Goldberg et J. Sackur, Paris, Gallimard, 1996.

RP   *Recherches Philosophiques (Philosophische Untersuchungen)*, trad. fr. F. Dastur, M. Élie, J.-L. Gautero, D. Janicaud et E. Rigal, Paris, Gallimard, 2005.

Z   *Fiches (Zettel)*, trad. fr. J.-P. Cometti, Paris, Gallimard, 2008.

BGM   *Remarques sur les fondements des mathématiques (Bemerkungen über die Grundlagen der Mathematik)*, trad. fr. M.-A. Lescourret, Paris, Gallimard, 1983.

UG   *De la certitude (Über Gewißheit)*, trad. fr. D. Moyal-Sharrock, Paris, Gallimard, 2006.

RPP   *Remarques sur la philosophie de la psychologie (Bemerkungen über die Philosophie der Psychologie)*, I et II, trad. fr. G. Granel, Mauvezin, TER, 1989, 1994.

RRO   *Remarques sur le Rameau d'or de Frazer*, trad. fr.
          J. Lacoste, postface de J. Bouveresse, Lausanne,
          L'Âge d'homme, 1982.

AUTRES OUVRAGES

DVD   S. Cavell, *Dire et vouloir dire* (*Must We Mean
          What We Say?*), trad. fr. C. Fournier et S. Laugier,
          Paris, Cerf, 2009.

VR   S. Cavell, *Les Voix de la Raison* (*The Claim of
          Reason*), trad. fr. S. Laugier et N. Balso, Paris,
          Seuil, 1996.

INTRODUCTION

Nous proposons ici d'explorer une dimension de plus en plus vivante et pertinente de la philosophie de Wittgenstein : sa signification politique et sociale. La méthode du second Wittgenstein est devenue une référence dans différents domaines des sciences sociales, de l'anthropologie à l'ethnométhodologie, à la sociologie et à la théorie critique. Il suffit de constater comment les concepts centraux de la réflexion politique ne sont plus ou plus seulement, par exemple, le pouvoir, la justice, l'aliénation... mais aussi : la grammaire, la règle, les formes de vie, les savoirs pratiques, les usages, la vie ordinaire. Tout ce nouveau vocabulaire s'enracine dans le second Wittgenstein et son attention aux pratiques de langage. Par son examen des usages du langage et des transformations qu'ils produisent, l'œuvre de Wittgenstein éclaire nos efforts pour imaginer des changements sociaux et politiques, progressifs ou radicaux. Par son attention aux formes de vie humaine, elle suggère de nouvelles conceptions de la vie politique. Le concept de *formes de vie* a joué un rôle crucial dans cette reconnaissance de la portée de Wittgenstein pour la politique, en un siècle où le pluralisme des formes de vie est souvent affirmé comme une condition d'une vie politique démocratique. Par forme de vie, on entend alors la manière dont les relations sociales s'ordonnent au quotidien, et les formes de vie dans leur multiplicité et leur variabilité. Ainsi on a pu récemment défendre une conception de la démocratie comme forme de vie, à l'opposé de la démocratie comme système institutionnel, ou régime de gouvernement ou même comme idéal politique : la démocratie comme exploration de nouvelles formes de vie politique, plus égalitaires dans la distribution de l'expression humaine et à la volonté de chacun et chacun de se faire entendre, d'avoir une voix dans le langage commun. Comme l'indique Rahel Jaeggi dans sa *Critique des formes de vie*, inspirée à la fois d'Adorno et de Wittgenstein, la possibilité de la critique des formes de vie est inhérente au politique contemporain[1]. Les citoyens y sont des expérimentateurs de formes de la vie démocratique et de nouveaux accords dans le langage ou pour parler en termes pragmatistes, des enquêteurs politiques.

Wittgenstein pose d'abord la question d'une voix commune, de ce qu'il définit comme l'accord *dans* le langage : la constitution d'un langage public se fait dans l'accord (la concordance, quasi musicale, dans nos usages du langage, dans une pratique linguistique). Mais quelle est la source de l'accord ? C'est un accord, dit Wittgenstein dans une formule célèbre des *Recherches philosophiques*, dans la forme de vie. Mais alors qu'est-ce qui permet de dire « nous » et de trouver notre place dans la forme de vie ? Une des questions obsédantes de Wittgenstein porte que le fait que JE puis dire ce que NOUS disons. L'usage commun du langage pose alors directement une question politique, qui est celle de la voix individuelle et

1. E. Ferrarese, S. Laugier (éd.), dossier « Politique des formes de vie », *Raisons Politiques* 57, 2015.

du *dissensus*. C'est ce qu'on entend dans la thématique de la *voix*, et dans l'idée simple, mais très actuelle, qu'il faut *trouver sa voix* en politique, exprimer sa compétence linguistique qui est aussi naturellement politique.

C'est à travers cette question de la voix et des formes de vie que l'on peut prioritairement introduire Wittgenstein dans le cadre d'une interrogation sur le politique. Mais cela ne suffirait pas à définir une pensée *politique* chez Wittgenstein ; au-delà d'une pensée anthropologique ou sociale, il faut examiner la réflexion qu'il développe sur le sujet du langage et l'autorité de ce sujet, sur les autres et sur lui-même, ainsi que l'autorité que sa société a sur lui.

WITTGENSTEIN PENSEUR DU SOCIAL

L'œuvre de Wittgenstein, qui n'a jamais été destinée aux sciences sociales, irrigue néanmoins la pensée sociale et politique. Comme l'a noté Albert Ogien dans un ouvrage essentiel et pionnier, *Les formes sociales de la pensée*[1], cette diffusion est contemporaine de l'apparition, en sociologie, de l'émergence de querelles entre méthodes (fonctionnalisme, structuralisme, marxisme, phénoménologie, herméneutique, pragmatisme, ethnométhodologie) et d'une réflexion sur les conditions de possibilité d'une sociologie qui s'intéresse aux pratiques ordinaires afin d'être au plus près de la réalité des processus et mouvements sociaux et de rendre compte des compétences politiques des individus.

Les références à Wittgenstein en sciences sociales ne manquent pas, et d'emblée, nombre de ses interprètes

---

1. A. Ogien, *Les formes sociales de la pensée*, Paris, Armand Colin, 2007.

ont voulu voir dans son œuvre une proposition d'analyse
de la vie sociale. P. Winch[1] et G. H. Von Wright ont
été des pionniers. Mais une véritable lecture sociale de
Wittgenstein appelle notre attention sur la manière dont
les règles sont non seulement suivies, mais invoquées
ou manifestées, en tant que ressources pour constituer
des conduites sociales. Cette démarche s'enracine dans
la philosophie du langage ordinaire, pour qui le langage
est toujours *dit*, dans certaines circonstances d'une
action en commun, par une personne qui s'adresse à un
interlocuteur.

L'examen du langage ordinaire pose un problème
inédit. Le philosophe Stanley Cavell disait, en ouverture
de *Dire et vouloir dire* : « L'idée que ce que nous disons
et voulons dire *d'ordinaire* puisse avoir un contrôle
direct et profond sur ce que nous pouvons dire et vouloir
dire en philosophie »[2] a quelque chose d'iconoclaste.
Cette pertinence du dire ordinaire est politiquement
essentielle. Le problème philosophique du recours à « ce
que nous disons » apparaît lorsque nous nous demandons
non seulement ce qu'est *dire*, mais ce qu'est ce *nous*.
Comment, moi, sais-je ce que *nous* disons dans telle ou
telle circonstance ? En quoi le langage, hérité des autres,
que je parle est-il mien ? Ce sont ces questions qu'on
entend dans le tout premier paragraphe des *Recherches
philosophiques*, qui commencent étrangement avec une

1. P. Winch, *The Idea of a Social Science and Its Relation
to Philosophy* [1958], London, Taylor & Francis, 1990. V. Das,
« Wittgenstein and Anthropology », *Annual Review of
Anthropology* 27(1), 1998, p. 171-195.
2. S. Cavell, *Must We Mean What We say ?* Cambridge,
Cambridge University Press, 1969 ; trad. fr. Ch. Fournier et S. Laugier,
Dire et vouloir dire, Paris, Cerf, 2009.

citation d'Augustin sur l'apprentissage du langage : car on commence toujours avec les mots d'autrui, on entre en concordance avec les « aînés ». Qu'est-ce qui fonde le recours au langage ordinaire ? Tout ce que nous avons, c'est *ce que nous disons*, et nos accords de langage. On examine, dit Wittgenstein dès *Le Cahier bleu*, « la signification d'un mot » par ses usages, par ce que nous en faisons. Nous ne nous accordons pas sur des significations définies, préexistantes, mais dans des usages existants qui créent ces significations. C'est ce que Wittgenstein entend par « grammaire ». L'accord dont parle Wittgenstein n'a rien d'un accord intersubjectif, il n'est pas fondé sur une convention ou des accords effectifs, passés entre locuteurs.

Notre accord n'est fondé qu'en lui-même, en le *nous*. Il y a là alors matière à scepticisme : comment être sûr que notre langage et nos accords expriment vraiment notre rationalité et notre socialité ? Bien des interprétations de Wittgenstein manquent cette dimension sceptique et le tirent vers des formes de conformisme. Il ne suffit jamais, pour lui, de dire : « C'est ainsi que nous faisons. »

Comment savons-nous ce que nous disons ordinairement ? Ou autrement dit : comment suivre une règle ? Wittgenstein affirme au § 224 des *Recherches* la parenté (familiale : ils sont « cousins ») des termes de règle et d'accord. L'angoisse de l'apprentissage est celle de la règle : rien ne nous assure que nous sommes sur les bons « rails ». Ainsi, le scepticisme est inhérent à toute pratique humaine, qu'elle soit linguistique ou autre : toute assurance en ce que nous faisons (poursuivre une série, compter, agir ensemble, etc.) se modèle sur la certitude et la confiance que nous avons en nos usages partagés du langage. La réponse provisoire que Wittgenstein apporte à ce scepticisme tient à l'existence de ce qu'il nomme nos « formes de vie ». Une forme de vie tient ensemble les pratiques sociales et les institutions, le rapport au monde et les manières de percevoir, les attitudes et les dispositions comportementales qui constituent notre vie. La politique est alors l'ensemble des activités au travers desquelles les agents humains agissent sur leur vie commune, dessinent les contours de leurs formes de vie ou s'efforcent de le faire, opérant les ajustements ou les ruptures que les conflits rendent nécessaires.

L'« acceptation des formes de vie » n'est donc pas une réponse à la question soulevée par le fait de « suivre la règle ». Chez Wittgenstein, la règle n'est ni un fondement ni une explication : elle est *là*. C'est un point que la philosophe Cora Diamond a bien formulé[1]. Notre langage ne « suit » pas des règles. C'est plutôt « suivre une règle » qui fait partie de la vie dans le langage, de la texture de la vie[2] :

> Ce que nous ne voyons pas alors, c'est la place de cette procédure dans une vie où des règles de toutes sortes existent sous un nombre considérable de formes. En réalité, nous sommes amenés dans une vie dans laquelle nous dépendons du fait que des gens suivent des règles de toutes sortes, et où les gens dépendent de nous : les règles, l'accord dans la manière de les suivre, la confiance en l'accord dans la manière de les suivre, critiquer ou corriger les gens qui ne les suivent pas

1. C. Diamond, « Rules: Looking in the Right Place », in *Wittgenstein: Attention to Particulars*, D. Z. Phillips and Peter Winch (eds.), New York, St. Martin's Press, 1989, p. 27-28.

2. S. Laugier, « Où se trouvent les règles ? », dans *Lire les* Recherches philosophiques, Ch. Chauviré et S. Laugier (éd.), Paris, Vrin, 2003.

comme il faut – tout cela est tissé dans la texture de la vie[1].

La question de la règle, comme celle de la grammaire, est politique de part en part. Ce n'est plus celle du contraste, établi par exemple par S. Kripke dans une interprétation influente des passages des *Recherches Philosophiques* consacrés à la règle[2], entre l'individu isolé et la communauté, mais celle de la différence entre la règle (abstraite) et la multiplicité des règles où elle est prise et intriquée. Wittgenstein parle de la place et des connexions : « La douleur occupe *telle* place dans notre vie, elle a *telles* connexions »[3]. Des connexions « dans notre vie » qui, dit Diamond, n'ont rien de caché et sont là, juste sous nos yeux. Ainsi lorsque Wittgenstein dit que les humains « s'accordent dans le langage qu'ils utilisent » et que cet accord ne relève pas du jugement mais de la forme de vie, il renvoie à ce que Diamond appelle « les règles des vies dans lesquelles il y a le langage ».

> Nous avons bien des manières de dire quelle règle quelqu'un est en train de suivre, et s'il suit une règle quelconque dans ce qu'il fait ; mais nos procédures font partie de notre commerce avec ceux qui partagent la vie des règles avec nous. Dire si quelqu'un suit une règle occupe *telle* place dans notre vie, a *telles* connexions[4].

1. C. Diamond, « Rules: Looking in the Right Place », in *Wittgenstein : Attention to Particulars*, art. cit. p. 29
2. S. Kripke, *Règles et langage privé*, trad. fr. T. Marchaisse, Paris, Seuil, 1996.
3. *RP*, § 533.
4. C. Diamond « Rules: Looking in the Right Place », art. cit. p. 29.

Notre vie a une *forme* qui nous fait suivre des règles :
mais elle n'est pas déterminée ni régie par des règles. Voici
ce que dit Wittgenstein des cas où des gens suivraient une
règle d'une façon qui n'a rien à voir avec ce qu'est suivre
une règle « dans le contexte de nos vies ».

> Est-ce que ce que nous appelons « suivre une règle »
> est quelque chose qu'un seul homme, juste une fois
> dans sa vie, pourrait faire ? – C'est là une remarque sur
> la grammaire de l'expression « suivre la règle ». Il est
> impossible qu'une règle ait été suivie une seule fois par
> un seul homme (…). Suivre une règle, faire un rapport
> (…) sont des coutumes (des usages, des institutions)[1].

On aperçoit dans cette perspective les limites des
interprétations de Wittgenstein qui voient dans la forme
de vie un ensemble d'institutions ou de règles sociales que
nous serions plus ou moins "inclinés à suivre". La thèse
de John Searle, qui reprend plus ou moins celle avancée
par John Rawls[2] et selon laquelle une pratique serait
gouvernée et définie par des règles qui en constituent
l'arrière-plan, ou le « cadre », va de fait à l'encontre
de ce que Wittgenstein précise dans les *Recherches
Philosophiques* : qu'il y a toutes sortes de pratiques,
dont « suivre une règle » fait partie – en connexion,
dit Diamond, avec des idées comme la correction,
l'explication, l'anonymité, les blagues, la pratique du
droit, de la mathématique, etc. Ce n'est qu'en intégrant
« suivre une règle » à l'ensemble de ces pratiques (de
notre forme de vie) qu'on peut y voir clair.

1. *RP*, § 199.
2. J. Rawls, « Two Concepts of Rules », *Philosophical Review* 64(1), 1955, in *Collected Papers*, Cambridge (Mass.), Harvard University Press, 1999.

Nos pratiques ne sont pas épuisées par l'idée de règle ; même si elles sont régulées. C'est cette forme ordinaire de la normativité qui est l'objet permanent de la réflexion de Wittgenstein et en fait la pertinence politique.

> Mais alors l'usage du mot n'est pas régulé ; le « jeu » que nous jouons avec n'est pas régulé. Il n'est pas partout encadré par des règles mais il n'y a pas non plus de règles pour dire, par ex., à quelle hauteur lancer une balle au tennis, ou avec quelle force ; et pourtant le tennis est un jeu, et il a des règles[1].

RÈGLES, ACCORD, GRAMMAIRE

Le problème politique que soulève la philosophie du langage ordinaire est double. D'abord : de quel droit se fonder sur ce que *nous* disons ordinairement ? Ensuite : sur quoi, ou sur qui, se fonder pour déterminer ce que nous disons ordinairement ? Mais ces questions n'en font qu'une : celle de nos *critères*. Pour le voir, reprenons le questionnement sur les accords du langage. Nous partageons des critères aux moyens desquels nous régulons notre application des concepts, par lesquels nous instaurons les conditions de la conversation. Et ce que Wittgenstein recherche et détermine, ce sont nos critères, qui gouvernent ce que nous disons. L'énigme de la communauté, et le problème politique du scepticisme, est donc la possibilité pour moi de parler au nom des autres. Il ne suffit pas d'invoquer la communauté ; reste à savoir ce qui m'autorise (me donne titre) à m'y référer. Telle est la lecture politique du critère, qui se révèle dans cette remarque de Cavell :

---

1. *RP*, § 68.

> En faisant remarquer que la recherche philosophique
> de nos critères est une recherche de communauté,
> je répondais, en réalité, à la question soulevée par la
> prétention [*claim*] à parler au nom du « groupe » :
> comment ai-je pu participer à l'établissement des
> critères, alors que je ne reconnais pas l'avoir fait, et que
> *je ne sais pas* quels ils sont ? [...] Il faudrait souligner que
> ce qui est en cause ici n'est pas de pouvoir dire *a priori*
> qui est impliqué par « moi », puisque, au contraire,
> l'un des buts de l'espèce particulière d'investigation
> que Wittgenstein qualifie de « grammaticale » est,
> justement, de découvrir *qui* est ainsi impliqué[1].

Autrement dit, la grammaire elle-même est
politique, si l'on comprend ce qu'est la grammaire selon
Wittgenstein : non pas des prescriptions impératives ou
une normativité du langage, mais des usages pertinents
selon le contexte et constamment improvisés. En
demandant « ce qu'il faut dire quand », et qui peut le
dire, qui est concerné par un discours, elle pose de façon
radicale la question de la prise en compte de chacun dans
l'accord dans le langage et la connaissance collective.
C'est ce qui se révèle dans le passage des *Recherches* :
l'accord dans le langage n'est pas sur des idées mais *dans*
un langage partagé et une forme de vie.

> — C'est ce que les êtres humains disent qui est vrai et
> faux ; et ils s'accordent dans le langage qu'ils utilisent.
> Ce n'est pas un accord dans les opinions mais dans la
> forme de vie. (...) Cela semble abolir la logique, mais
> ce n'est pas le cas[2].

---

1. *VR*, p. 54-55.
2. *RP*, § 241-242.

Il est capital que Wittgenstein dise que nous nous accordons *dans* et pas *sur* le langage. Cela signifie que nous ne sommes pas acteurs de l'accord, que le langage précède autant cet accord qu'il est produit par eux, et que cette circularité même constitue un élément irréductible de scepticisme. Les interprètes conventionalistes de Wittgenstein suivent une fausse piste ; l'idée de convention reconnaît la force de nos accords, mais elle ne peut rendre compte de la pratique réelle du langage, la *naturalité* du langage, son caractère hérité : nous *ne pouvons pas* être tombés d'accord au préalable sur tout ce qui serait nécessaire. S'accorder *dans* le langage veut dire que le langage – notre forme de vie – engendre notre entente autant qu'il est le produit d'un accord, qu'il nous est *naturel* en ce sens. Ce qui est donné, ce sont les formes de vie.

C'est dans l'analyse du rapport entre règles et pratiques que se voit le plus clairement la dimesion politique de la notion de règle. Dans un fameux article de 1955, « Deux concepts de règles »[1], où d'ailleurs l'influence du second Wittgenstein est affichée d'entrée de jeu, John Rawls introduit la distinction entre deux conceptions des règles, la *summary view* selon laquelle « les règles sont comprises comme des résumés des décisions passées qu'on a prises en appliquant *directement* le principe utilitariste à des cas particuliers ». Dans ce cadre, « les décisions qui sont prises sur des cas particuliers possèdent une priorité logique sur les règles ». C'est la porte ouverte au scepticisme sur la règle exposé chez Wittgenstein : « Chaque personne peut toujours reconsidérer la validité d'une règle, et poser la

---

1. J. Rawls, « Two Concepts of Rules », *op. cit.*, p. 22-23.

question de savoir s'il est approprié de l'appliquer à tel ou tel cas particulier. » La seconde conception, destinée à répondre à ce dilemme, est celle que Rawls nomme la conception de la règle comme pratique : « *the practice view* ». « L'autre conception des règles que je définis, je l'appelle conception de la règle comme pratique. [...]. On réalise alors qu'il faut établir une pratique, spécifier une nouvelle forme d'activité, et que le sens d'une pratique est de renoncer à la liberté complète d'agir sur des bases prudentielles ou utilitaristes. Le trait caractéristique d'une pratique est que s'y engager conduit à apprendre les règles qui la définissent, et qu'il est fait appel à ces règles pour corriger le comportement de ceux qui s'y engagent. »[1]

Les règles possèdent une priorité logique sur les cas particuliers, et il n'appartient pas à un individu de décider s'il est approprié de suivre une règle dans un cas particulier. Adopter une pratique, c'est accepter un système de règles. C'est à ce point que Rawls envoie à Wittgenstein, utilisant l'idée de pratique pour instaurer une définition de l'accord social comme acceptation préalable de règles. Cavell, qui l'a critiqué dès les années 1960, y voit un conformisme de la règle : la forme de vie n'est pas un ensemble de règles qu'on accepterait pour faire partie de la conversation, comme dans un jeu dont il faut accepter les règles pour pouvoir y jouer. On reconnaît là des discussions récurrentes sur le devoir de « jouer le jeu de la démocratie » pour faire partie du jeu politique.

Il y a là divergence politique d'interprétation et d'usage de Wittgenstein. Selon l'article classique de

---

1. J. Rawls, « Two Concepts of Rules », *op. cit.*, p. 27.

Jonas C. Nyiri, « Wittgenstein's New Traditionalism » « l'attitude de Wittgenstein vis-à-vis de l'idée libérale de progrès est celle d'un conservateur », et il y aurait dans sa philosophie un « fondement logique d'une conception conservatrice et traditionaliste ». Pour Wittgenstein : « Ce qui doit être accepté, le *donné* », la tradition ne peut être mise en cause. Mais qu'une tradition n'ait pas à être *justifiée* ne signifie pas qu'elle est bonne, ou doive être acceptée tout entière. Pour rendre plus clair le point de vue de Wittgenstein, il faut examiner la nature de l'« acceptation » du donné. Une communauté, une société se fonde sur des accords. Wittgenstein permet de poser le problème de l'accord en déconstruisant l'alternative : accord contractualisé et accord communautaire. Dans le contrat (libéral), je suis la source, le point de départ de l'accord ; mais je ne suis pas tout seul, donc nous devons nous mettre d'accord, moi et les autres. Dans la communauté (la *community view*), je n'ai pas à me mettre d'accord : je le suis, d'emblée, en tant membre d'une pratique partagée. Pour Wittgenstein aucune ces conceptions ne représente la réalité de notre accord social. On imagine que le débat libéral/communautaire repose sur une division sur la notion d'accord, entre l'accord comme *convention* et l'accord comme appartenance à une tradition commune. L'intérêt de la position de Wittgenstein est qu'elle dissout cette division pour définir l'accord comme inséparablement « donné » (il est *là*, comme le langage) et « convenu » (il pourrait être autrement et nous sommes justement en train de le modifier).

Le paradigme de l'accord pour Wittgenstein est ce que Jacques Bouveresse a nommé le « contrat linguistique ». Ce parallèle entre langage ordinaire et

politique est fondamental pour comprendre la nature
de l'accord politique. Les tenants du traditionalisme de
Wittgenstein ont certes vu quelque chose d'important :
que le langage (comme l'ensemble de notre forme de
vie) est donné, c'est-à-dire hérité, qu'on ne le choisit pas
plus qu'on ne choisit ses parents. Ce que ne voient pas
ceux qui veulent interpréter Wittgenstein dans le sens
conservateur d'une acceptation du donné social, c'est
que mon accord ou mon appartenance à *cette* forme de
vie ne sont pas donnés au même titre, et que tout n'a pas
à être « accepté ». Ce qu'entend la notion de forme de
vie est l'«absorption réciproque du naturel et du social ».
Le politique se situe à l'intersection de ce qui peut être
accepté (voir chapitre I et chapitre VII).

> Lorsqu'il nous est demandé d'accepter ou de subir la
> forme humaine de vie, comme « un donné pour nous »,
> on ne nous demande pas d'accepter, par exemple, la
> propriété privée, mais la séparation ; non pas un fait
> particulier de puissance, mais le fait d'être un humain,
> pourvu donc de cette (étendue ou échelle de) capacité de
> travail, de plaisir, d'endurance, de séduction. L'étendue
> ou l'échelle exactes ne sont pas connaissables *a priori*,
> pas plus qu'on ne peut connaître *a priori* l'étendue ou
> l'échelle d'un mot. [1]

SCEPTICISME, VOIX ET SUBJECTIVITÉ

Ici se révèle le sens de la comparaison des accords de
communauté avec les accords de langage. Que le langage
me soit *donné* n'implique pas que je sache comment je
vais m'entendre, m'accorder *dans* le langage avec mes
co-locuteurs. JE suis le seul à déterminer l'étendue de

1. S. Cavell, *Une nouvelle Amérique encore inapprochable, op. cit*,
p. 48-49.

« notre » accord. Et c'est là le problème fondamental, celui de la prétention [*claim*] à parler au nom des autres. En quoi ma société, ma communauté peut-elle parler en mon nom, et inversement ? Comment, de quel droit, puis-je parler au nom du groupe dont je suis membre ? Comment ai-je pu acquérir un si extraordinaire privilège ? C'est tout le sens de *claim* chez Cavell : ma prétention à parler pour *nous*, qui définit le langage comme question politique. Et sceptique : l'accord de langage peut être rompu, il peut arriver que mes critères ne soient pas partagés.[1] « Le désaccord sur les critères, la possibilité de ce désaccord, sont des questions qui occupent, chez Wittgenstein, une place aussi fondamentale que l'élucidation de ce que sont des critères. »[2] (p. 61). Le recours à la notion de communauté n'est en rien, chez Wittgenstein, une solution. Si je renvoie à ma communauté, reste le problème de *mon* appartenance : « Car la seule source de confirmation, ici, c'est nous-mêmes »[3].

On n'a pas, pour ainsi dire, le choix entre l'individu et la communauté, le soi et le nous. La communauté est à la fois ce qui me donne une *voix* politique et qui peut aussi bien me la retirer, ou me décevoir, me trahir au point que je ne veuille plus parler pour elle, ou la laisser parler pour moi, *en mon nom*. Ma participation est ce qui est constamment en question, en discussion – en conversation – dans mon rapport à la communauté. L'appartenance à la communauté, la participation à une activité pratique familière, est aussi obscure que l'identité personnelle : Wittgenstein est un des premiers à avoir découvert que je ne sais pas à quelle « tradition » j'appartiens. Mon appartenance à une forme de vie

1. *VR*, p. 54-55.
2. *VR*, p. 61.
3. *VR*, p. 50.

commune est toujours menacée, par moi-même ou par les autres. Mais – c'est l'élément paradoxal de la structure de commun ainsi définie –, en refusant mon accord, je ne me retire pas de la communauté : le retrait lui-même peut être inhérent à mon appartenance : « le "nous" initial n'est plus maintenu ensemble par notre consentement ; il n'existe donc plus) »[1].

La revendication de l'individu à parler au nom des autres, même si elle n'a rien pour la fonder, définit quelque chose qui est propre à la rationalité politique humaine. Lorsque Wittgenstein dit que les humains « s'accordent dans le langage qu'ils utilisent », il fait ainsi appel à un accord qui n'est fondé sur rien d'autre que la validité d'une voix : c'est ce que nous étudions au chapitre III. Dans *Dire et vouloir dire*, Cavell, reprenant Kant, définissait la rationalité du recours au langage ordinaire sur le modèle du jugement esthétique, comme revendication d'une « voix universelle » : se fonder sur *moi* pour dire ce que *nous* disons. Ce qui s'affirme alors chez Kant, c'est la revendication d'un assentiment universel, « et en fait chacun suppose cet assentiment (*Einstimmung*), sans que les sujets qui jugent s'opposent sur la possibilité d'une telle prétention ». Cette revendication est ce qui définit l'accord, et la communauté est donc, par définition, *revendiquée*, pas fondatrice. C'est *moi* – ma voix, *Stimme* – qui détermine la communauté, pas l'inverse. Trouver ma *voix* consiste non pas à trouver un accord avec *tous*, mais à faire reconnaître ma compétence à m'accorder dans un contexte d'action particulier. Une affirmation politique est une *revendication* qui porte aussi bien sur moi-même que sur l'objet de la revendication. L'usage du langage révèle à quel point JE suis la seule source

1. *VR*, p. 62.

possible de cet accord et de ces nécessités. La lecture politique alternative de Wittgenstein serait donc celle de l'*ordinaire*. Ce qui veut dire que nos pratiques ne sont pas épuisées par l'idée de règle ; au contraire, ce que veut montrer Wittgenstein, c'est qu'on a pas dit grand-chose d'une pratique (comme le langage) quand on a dit qu'elle est gouvernée par des règles. Le questionnement sur les règles dans son ensemble est faussé par l'idée (philosophique) d'un pouvoir explicatif ou justificatif du *concept* de règle. Wittgenstein critique les recours conformistes à la règle, et finalement l'idée que certaines revendications sont impossibles, ou mal placées, qu'elles n'ont pas de sens dans notre société, parce qu'elles se placent en dehors de ses règles, et nient l'accord de départ qui la fonde : alors que la question est bien de savoir quel est cet accord de départ, ou *à quoi je l'ai donné*.

Le point est d'ailleurs lucidement exposé par Rawls : il ne s'agit pas avec sa distinction entre la pratique et les actions qui tombent sous cette pratique, de tout justifier par les pratiques sociales d'une société. Il concluait son article « Two Concepts of Rules » ainsi :

> On pourrait croire que l'usage que j'ai fait de la distinction entre la justification d'une pratique et celle d'actions particulières qui tombent sous cette pratique impliquerait une attitude sociale et politique donnée, qui conduirait à une forme de conservatisme. Il pourrait apparaître que ce que je dis est que pour chaque personne les pratiques sociales de la société produisent la norme de justification de ses actions ; et donc qu'il suffirait que chaque personne les suive pour que sa conduite soit justifiée. Cette interprétation est entièrement erronée[1].

---

1. J. Rawls, « Two Concepts of Rules », *op. cit.*, p. 31.

Il n'en reste pas moins que sa distinction est problématique : en proposant de séparer nettement la justification d'une pratique (d'une société) et la justification immanente des actions au sein de cette pratique, on semble exclure une mise en cause d'une pratique « de l'intérieur ». C'est exactement la question que pose Vincent Descombes dans son livre *Le complément de sujet* (voir ici chapitre IV) – un ouvrage essentiel qui a nourri les réflexions sur la dimension politique de Wittgenstein de la dernière décennie. Dans sa conclusion, strictement wittgensteinienne, après avoir parlé des raisons (variées) qu'on a d'accepter les règles, Descombes précise : « Il y a de multiples raisons *pratiques* pour lesquelles on peut être amené à décider de *ne pas* suivre telle coutume pourtant bien établie, de ne pas se conformer à telle règle de l'étiquette, de ne pas reconnaître tel droit acquis. Ainsi, nous n'avons pas à nous mettre en quête d'un motif unique pour toutes les conventions humaines ».[1]

C'est bien la variété des conventions qui empêche que nous renvoyions uniformément à la pratique acceptée, comme le suggère Rawls :

> Je veux seulement dire que, là où une forme d'action est justifiée par une pratique, il n'y a pas de justification possible de l'action donnée d'une personne donnée, à part en référence à cette pratique. Dans de tels cas, l'action est ce qu'elle est en fonction de la pratique, et l'expliquer, c'est renvoyer à cette pratique[2].

1. V. Descombes, *Le complément de sujet. Enquête sur le fait d'agir de soi-même*, Paris, Gallimard, 2004, p. 464.
2. J. Rawls, « Two Concepts of Rules », *op. cit.*, p. 29.

Une telle conception de la règle conduit au conformisme, même si Rawls *en théorie* n'exclut pas la mise en cause de la pratique prise comme un tout. La distinction rawlsienne, confirmée et systématisée dans la *Théorie de la justice*, suggère qu'il faudrait en quelque sorte apprendre à revendiquer comme il faut, dans les règles. Or ces règles naissent dans le mouvement même de l'expression d'une revendication. On peut réinterroger le concept de conversation démocratique, curieusement commun à Cavell et Rawls : pour que le gouvernement soit légitime, tous doivent y avoir, ou y trouver, leurs voix. Rawls évoque au début de la *Théorie de la justice* ce que des gens engagés dans des institutions « peuvent alors se dire les uns aux autres que leur coopération s'exerce dans des termes sur lesquels ils tomberaient d'accord s'ils étaient des personnes égales et libres, dont les rapports réciproques seraient équitables ».[1] Dans le contrat originel, qui a pour objet « les principes de la justice valables pour la structure de base de la société », les hommes doivent « décider par avance selon quelles règles ils vont arbitrer leurs revendications mutuelles et quelle doit être la charte fondatrice de la société ». Mais alors la question politique cruciale est justement celle qui est exclue par la distinction des concepts de règles, et par l'idée d'une décision de départ sur les *règles de la discussion*.

Pour répéter Wittgenstein, nous ne suivons par les règles comme des rails, mais *as we go along*. C'est ici et maintenant, chaque jour, ordinairement, que se règle mon assentiment à ma société ; je ne l'ai pas donné, en quelque sorte, une fois pour toutes. Non que mon assentiment

1. J. Rawls, *Théorie de la justice* [1971], trad. fr. C. Audard, Paris, Seuil, 1987, p. 39. *Ibid.*, p. 37-38.

soit mesuré ou conditionnel : mais il est, constamment, en discussion, en conversation – il est traversé par le dissentiment exactement comme mon rapport au monde ordinaire est traversé par le scepticisme.

Ce que Cavell veut montrer en faisant appel à Wittgenstein, mais aussi à Emerson et Thoreau, c'est que non seulement il n'y a pas de règles prédéterminées du fonctionnement social (nous renvoyons à ce que dit V. Descombes), mais aussi et surtout il n'y a pas de règles qui disent comment suivre les règles – de règles qui limitent ou régulent l'acceptabilité des revendications et leur expression.

On retrouve notre point de départ, l'enjeu d'une *vie* politique : retrouver une expression adéquate. Pour Wittgenstein, le privé est seulement refus de l'expression, inexpressivité, conformité. Faire en sorte que ma voix privée soit réellement expressive : ce serait la traduction politique de la « critique » wittgensteinienne du langage privé. On peut entendre ici le sens de la revendication de la voix chez Wittgenstein : c'est en me revendiquant moi-même que je pourrai faire que mon obscurité à moi-même (*parce que* je me donne à entendre aux autres) devienne politique. Rendre le privé au public, faire en sorte que ma voix privée soit publique : c'est l'enjeu d'une politique du scepticisme.

FORMES ET VULNÉRABILITÉ DE LA VIE HUMAINE

Il reste à établir ce qu'il faut entendre par « forme de vie » lorsqu'on parle de politique – ce qui oblige à revenir à celui qui en a donné la définition originale : encore Wittgenstein. On peut commencer par une approche sociologique de cette définition et montrer sa proximité avec une autre notion : celle de *situation* telle qu'elle est proposée par Goffman. La notion de forme de vie doit tout d'abord être clairement distinguée de deux choses qui viennent rapidement à l'esprit lorsqu'on l'évoque : elle ne nomme ni une manière d'être en société fixée par les prescriptions d'un système de normes et de valeurs imposé et partagé, ni un *mode de vie* marqué par un certain niveau de consommation et idéalisé. La notion de forme de vie, telle qu'elle a été proposée par Wittgenstein, s'inscrit dans le débat théorique sur la nature de la connaissance, de la signification et de l'interprétation[1]. Wittgenstein dit bien : « la signification, c'est l'usage ». Et ces usages, ce sont ceux que tout un chacun fait des mots d'une langue – naturelle ou vernaculaire – lorsqu'il parle ou agit. Pour Wittgenstein, chacun de ces usages naît nécessairement dans un « jeu de langage »[2] c'est-à-dire à partir d'un vocabulaire et de mises en relation propres à un type d'activité pratique spécifique. Le « jeu de langage », c'est la langue de l'enfant qui commence à utiliser les mots. L'étude des « jeux de langage », c'est l'étude des formes primitives du langage (celles de l'enfant ou du « primitif ») et la définition en est d'emblée anthropologique. « Quand nous examinons ces formes simples, le brouillard mental qui semble recouvrir l'utilisation habituelle du langage disparaît. » Wittgenstein note que le jeu de langage est imprévisible, c'est-à-dire infondé, pas raisonnable (ou déraisonnable). « Il est là – comme notre vie. » Un mot n'a de sens que dans une phrase qui elle-même n'a de sens que dans un jeu de langage. Et chaque jeu de langage s'insère lui-même dans une « forme de vie ».

---

1. S. Laugier, *Wittgenstein. Les sens de l'usage*, Paris, Vrin, 2009.
2. *BB, BrB*, p. 67-68.

La notion de forme de vie ne peut donc être pensée hors de cet assemblage qui lie usages, jeux de langage, et accord dans le langage. Cet assemblage n'a rien pour surprendre le sociologue, note A. Ogien : si des partenaires d'action parviennent à agir de concert, c'est parce que ce qu'ils font et disent se déploie au sein d'un type d'activité pratique dont les rôles sont définis et dont le déroulement normal est prévisible. Aller chez le médecin, sortir au cinéma, travailler sur une chaîne de production, traduire une langue, suivre un cours... sont des exemples de la multiplicité des formes de vie. Une logique ordinaire de l'intelligibilité permet à ceux qui participent à une action en commun d'accomplir la coordination que celle-ci nécessite. Il existe autant de formes de vie que de types d'activité pratique institués.

On peut penser ici à Goffman, dont la notion de *situation* nomme ainsi une forme typique et stabilisée d'environnement (un « cadre primaire »[1] selon lui) organisant *a priori* l'activité pratique qui doit, à un moment ou un autre, s'y dérouler. Pour le sociologue, la vie sociale est une suite ininterrompue de situations dans lesquelles les individus effectuent incessamment des ajustements permanents à ce que la situation semble commander de faire. Goffman, dans *Les cadres de l'expérience*, renvoie à Wittgenstein et au modèle langagier : « S'il est vrai, comme le propose Wittgenstein, que comprendre un énoncé c'est comprendre un langage, alors il faudrait dire que prononcer une phrase, c'est impliquer tout un langage et tenter implicitement d'en importer l'usage. »[2]

1. E. Goffman, *Les cadres de l'expérience*, trad. fr. I. Joseph, M. Dartevelle, P. Joseph, Paris, Minuit 1991.
2. *Ibid.*, p. 302.

On peut donc, à la pluralité des formes de vie, articuler un concept de la forme de vie humaine dans sa « généralité » : pour ainsi dire, la forme que prend *la vie*. Renvoyer au naturel et à une « histoire naturelle fictive » permet, pour Cavell, de déverrouiller un conventionnalisme qui, par la normativité de la règle, définit des contraintes sur les formes de vie – plus fortes encore que des lois naturelles[1].

Il s'agit alors d'appréhender la portée politique de la notion de forme de vie dans la diversité épistémologique et politique qui caractérise son actualité. Une forme de vie tient ensemble les pratiques sociales et les institutions, le rapport au monde et les manières de percevoir, les attitudes et les dispositions comportementales qui constituent notre vie. La politique est alors l'ensemble des activités au travers desquelles les agents humains agissent sur leur vie commune, dessinent les contours de leurs formes de vie ou s'efforcent de le faire, opérant les ajustements ou les ruptures que les conflits rendent nécessaires. Le sens conventionnel de la forme de vie, comme ensemble de traits partagés de la vie sociale et du comportement humain, résumés dans « l'accord dans le langage », est traversé (et pas supplémenté) par un autre sens de la forme de vie :

> Mais il y a un autre sens de forme de vie qui va à l'encontre de cette interprétation. Appelez la première acception ethnologique, ou horizontale. À l'encontre, il y a l'acception biologique, ou verticale[2].

1. S. Cavell, *Une nouvelle Amérique encore inapprochable*, *op. cit.*, p. 46-47.
2. *Ibid.*

Lorsque Wittgenstein indique : « Ce qui doit être accepté, le donné, c'est – on peut dire – les formes de vie »[1] il ne s'agit pas de considérer comme un donné les structures sociales, les différents rituels, les systèmes économiques. Ainsi la critique adressée par Veena Das aux anthropologues utilisant la notion de *Forms of life* comme synonyme de « culture » ou de « manières de vivre » la conduit à contester une interprétation de la violence exercée sur les femmes lors de la partition de l'Inde et du Pakistan comme relevant exclusivement d'une variation culturelle des *Forms* of life. Pour elle, cela soulève la question de la position des meurtriers par rapport à ce qu'est une vie humaine, l'accent étant alors placé sur la Form of *Life* (avec l'accent sur life). L'objet de cette biologisation de l'anthropologie, qui se révèle aussi une politisation du biologique, c'est plus exactement la *Life Form*, la frontière du vivant et du non-vivant : dans des situations de violence extrême ou de désastre, la nature des humains peut être modifiée en fonction des actions qu'ils exercent et des souffrances qu'ils endurent[2]. La question de la forme de vie se révèle inséparable du questionnement sceptique, propre aussi bien à la tragédie qu'à la fiction (voir chapitre II et chapitre VII).

La possibilité d'une transformation radicale de nos formes de vie est bien l'horizon politique de notre siècle, que ce soit, par exemple dans l'adaptation aux nouvelles conditions climatiques ou environnementales, la possibilité (largement exploitée dans la fiction et désormais dans la science) de migrer vers d'autres

1. *RP*, p. 359.
2. *Cf.* A. Lovell, S. Pandolfo, V. Das et S. Laugier, *Face aux désastres*, Paris, Ithaque, 2013.

planètes et de découvrir des *formes de vie* non
terrestre (exobiologie), ou plus immédiatement, dans
les redéfinitions des frontières de l'humain (biologie
synthétique, humain augmenté, suppléance dans le
handicap...) voire du vivant (procréation, naissance et
mort). C'est *nous* qui sommes les transformateurs de nos
formes de vie : reste à savoir qui est ce nous, et c'est tout
l'enjeu encore une fois des critiques de la forme de vie.
Il se révèle en tout cas que c'est bien par l'agentivité sur/
par les formes de vie, et non pas par des « définitions » ou
critères de l'humain que l'on pourra définir l'espace de
l'humain. La métamorphose des formes de vie ouvre un
espace pour la réflexion morale et politique et des libertés
nouvelles ; comme l'indique le philosophe Piergiorgio
Donatelli :

> Si nous voulons défendre de nouveaux modèles de
> subjectivité, de nouvelles formes d'expérience, de
> nouvelles formes de vie collective, de nouvelles
> expériences de vie, l'argument général en faveur de la
> liberté de choisir et d'agir dans tous les domaines ne
> suffit pas. Il faut d'abord reconquérir pour eux-mêmes
> ces domaines comme des lieux à nous, où choisir a du
> sens : comme des lieux hospitaliers pour la liberté et
> l'exercice créatif de la subjectivité. Se ressaisir de la
> vie humaine comme une sphère de liberté signifie se
> reconquérir et imprimer un mouvement propre à ce
> que cela signifie pour nous que de procréer, de mourir,
> d'avoir une vie sexuelle et bien d'autres choses encore[1].

Ces libertés – espaces d'expérience constitutifs de
la forme humaine de la vie – sont précisément l'objet
des luttes politiques et plus quotidiennes autour du
pluralisme des formes de vie. Des « traits généraux de

1. P. Donatelli, *Manières d'être humain*, Paris, Vrin, 2015, p. 39-40.

la nature humaine » comme la naissance, la mort et la sexualité contribuent à donner à la vie humaine la forme qu'elle a, comme l'a fortement thématisé Peter Winch : « Les formes spécifiques que prennent ces concepts, les institutions particulières dans lesquelles ils s'expriment varient de manière importante d'une société à une autre ; mais leur position centrale au sein des institutions d'une société est et doit être un facteur constant »[1].

Winch indique ces traits (naissance, mort, sexualité) comme constitutifs du concept d'être humain et de la forme de vie humaine, mais admet une *variété* de manières d'exprimer le respect à l'égard de ces concepts, c'est-à-dire, dit Donatelli, ces « différentes manières *dont nos vies sont humaines*, dans la mesure où nos activités et conceptions de nous-mêmes expriment la centralité que revêtent pour nous la naissance, la mort et la sexualité. ». Ce rapport à la vie « biologique » définit en termes de forme de (la) vie une bio-éthique, une éthique de la vie qui est partagée, quoique thématisée diversement, par les lecteurs de Foucault et de Wittgenstein. Reste à savoir comment elle devient un ressort de la politique en tant que praxis et organisation de la vie en commun. On sait que Giorgio Agamben développe ainsi une critique de la souveraineté fondée sur l'idée qu'elle reposerait sur le pouvoir de séparer la vie nue (ou biologique) de sa forme, et d'exposer ainsi à la destruction. La « vie nue » autrement dit la vie toujours exposée à la mort, marque la persistance dans la modernité du pouvoir souverain de prendre la vie, dans une tonalité foucaldienne : ce qui nous intéresse plutôt ici, c'est, comme Veena Das et Anne Lovell dans *Face aux désastres*, le « laisser

1. P. Winch, « Understanding a Primitive Society », in *Ethics and Action*, London, Routledge, 1972, p. 8-49, p. 43.

mourir », comme menace sur la forme de vie ; le partage opéré entre ceux et celles dont il faut renforcer les vies et ceux ou celles qu'on laisse mourir (biologiquement et/ou socialement), partage apparu crûment dans ces dernières années.

Pour Das, l'important n'est pas tant la politique en tant que telle du laisser mourir foucaldien (les effets du pouvoir souverain) que le laisser mourir comme enjeu constant de nos relations ordinaires aux proches. C'est ce qui la conduit à reprendre la distinction des deux acceptions du concept de *Lebensform* chez Wittgenstein – les modalités sociales et conventionnelles des rapports entre les êtres humains, autrement dit les *formes* de vie, les mondes sociaux structurés par le langage comme pratique ; et les formes de *vie* émergentes, à partir des actions ou expérimentations.

Nous pouvons donc proposer ici, sous le nom de *politique des formes de vie* (chap. VII) une élucidation des nouvelles façons aujourd'hui d'intégrer des données biologiques, ou environnementales, dans l'exploration des formes de vie ordinaires : comment des modifications de la *Life form* (par exemple en situation de catastrophe, environnementale ou sanitaire) contraignent des groupes humains à inventer de nouvelles *Forms of life*, forces de transformation ou de résistance[1]. Le concept wittgensteinien de formes de vie fait signe – c'est sa fécondité aujourd'hui – vers une politique qui place réellement en son centre une conception et un sentiment de l'être humain comme être *vivant*.

1. Voir les travaux de P. Pitrou, par exemple « La vie, un objet pour l'anthropologie ? Options méthodologiques et problèmes épistémologiques », *L'Homme* 212, 2014, p. 159-189.

L'ATTENTION À L'ORDINAIRE

C'est pourquoi un autre pan de la politique wittgensteinienne est la mise en évidence de la fragilité des formes de vie comme vulnérabilité de l'*ordinaire* en tant que tel, et la valeur paradigmatique de la perte de la vie ordinaire pour identifier et reconnaître ce que Wittgenstein appelle formes de vie. Les éthiques wittgensteiniennes peuvent être décrites comme connectant la vulnérabilité de l'humain à une vulnérabilité radicale de la forme de vie humaine ordinaire. L'éthique du *care*[1] apparaît alors, dans le prolongement de la démarche wittgensteinienne, comme centrée sur la protection et le maintien (*maintenance*) de la continuité de la vie[2], sous toutes ses formes. Mais cette approche protective n'est pas exclusive d'une approche transformatrice, que la notion de forme de vie permet justement d'introduire. C'est ce que nous proposons aux chapitres V, VI et VII.

L'éthique du *care*, en proposant de mettre en avant des valeurs morales d'abord identifiées comme féminines – le soin, l'attention à autrui, la sollicitude – a contribué à modifier une conception dominante de l'éthique et mis la vulnérabilité au cœur de la morale. Cora Diamond et Veena Das relient la vulnérabilité de l'humain à une vulnérabilité de la forme de vie humaine. Cette idée de la *Lebensform* est associée à l'attention à la forme de vie humaine ordinaire : à ce que Cavell appelle

1. Voir C. Gilligan, *Une Voix différente*, Paris, Flammarion, 2008 ; P. Paperman, S. Laugier (éd.) *Le souci des autres, éthique et politique du care*, Paris, Éditions de l'EHESS, 2006 ; J. Tronto, *Un monde vulnérable*, Paris, La Découverte, 2009.

2. Voir P. Paperman, S. Laugier (eds.) *Le souci des autres, éthique et politique du care, op. cit.* ; S. Laugier, *Tous vulnérables ? Le care, les animaux, l'environnement*, Paris, Payot, 2012.

« L'inquiétante étrangeté de l'ordinaire » et à ce que Das appelle « la vie quotidienne de l'humain ». L'éthique du *care* appelle notre attention sur ce qui est sous nos yeux mais que nous ne voyons pas, par manque d'attention ou d'intérêt. Elle est en ce sens porteuse d'une revendication fondamentale concernant l'importance du *care* pour la vie humaine. Le soin est une affaire concrète, inscrite dans les détails ordinaires de la vie humaine, assurant l'entretien (conversation et conservation) et la continuité du monde humain. L'importance de l'éthique du *care*, et son inspiration wittgensteinienne, est qu'elle subvertit les hiérarchies intellectuelles et sociales bien établies et attire l'attention sur un certain nombre de phénomènes qui sont négligés. Le *care* correspond donc à une réalité *ordinaire* : le fait que les gens s'occupent les uns des autres, prennent soin les uns des autres, et sont donc attentifs au fonctionnement du monde. L'éthique du *care* attire notre attention sur l'ordinaire, défini à nouveau, comme le fait Wittgenstein, comme ce que nous sommes incapables de voir, mais qui est sous nos yeux. Le concept d'attention à la forme de vie permet de donner un contenu à cette éthique.

La réflexion sur le *care* s'inscrit bien en effet dans le tournant particulariste de la pensée morale : contre ce que Wittgenstein appelait dans le *Cahier Bleu* la « pulsion de généralité », le désir d'énoncer des règles générales de pensée et d'action, faire valoir en morale l'attention au(x) particulier(s), au détail ordinaire de la vie humaine. C'est cette volonté descriptive qui modifie la morale : apprendre à voir ce qui est important et non remarqué, justement parce que c'est *sous nos yeux*. Nos concepts moraux dépendent, dans leur application même, de ce qui est important (*matter*) et de ce qui *compte* pour nous. Au centre de l'éthique du *care*, il y a notre capacité (notre disposition) à l'expression morale laquelle s'enracine dans une forme de vie, au sens d'un agrégat à la fois naturel et social de formes d'expression et de connexions à autrui. La relation à l'autre, le type d'intérêt et de souci que nous avons des autres, l'importance que nous leur donnons, ne prennent sens que dans la possibilité du dévoilement (volontaire ou involontaire) du soi.

Il s'agit là encore d'une anthropologie, celle à laquelle Wittgenstein fait allusion quand il décrit son entreprise comme une contribution à l'« histoire naturelle » des êtres humains, et à laquelle renvoie Cavell dans son examen de l'expressivité ordinaire comme marque de fabrique de l'humain. Une anthropologie ordinaire de la vulnérabilité s'élabore alors à partir de Wittgenstein, qui n'a plus pour centre de gravité (comme dans les approches du *care* développées à partir de Tronto[1]) les relations sociales entre *caregiver/carereceiver*, largement explorées dans les recherches actuelles, mais la vulnérabilité ordinaire de l'humain, que chacun ressent quand il ou elle s'efforce, au quotidien, d'incarner sa subjectivité et d'explorer les manières d'être humain ; et qui apparaît de façon tragique dans les situations de perte radicale de la vie ordinaire. Fragilité radicale qui émerge d'autant plus quand c'est le monde ordinaire et l'ensemble du monde social et naturel qui est menacé pour les personnes concernées par une catastrophe. De façon inévitable, ces situations nous

---

1. J. Tronto, « L'indifférence des privilégiés », *in* C. Gilligan, A. Hochschild, J. Tronto, *Contre l'indifférence des privilégiés*, trad. fr. M. Jouan, S. Sofio, Marie G., Paris, Payot & Rivages, 2013 ; A. Lovell *et al.*, *Face aux désastres, op. cit.* ; Sandra Laugier (dir.), *Tous vulnérables ?*, Paris, Payot, 2012.

invitent à reconsidérer ce que nous concevons comme des formes humaines de vie. Rien ne révèle donc mieux la fragilité des formes de vie que les désastres collectifs de notre temps où la vulnérabilité des êtres humains est mise à nu. La Nouvelle-Orléans ravagée par Katrina[9], la région de Fukushima[10] par le séisme et l'accident nucléaire, les grands feux et les inondations dévastatrices, les désastres climatiques... sont les théâtres paradoxaux où, dans la détresse, la perte de l'ordinaire, s'inventent de nouvelles manières d'exister et de s'exprimer.

Joan Tronto et Berenice Fisher proposaient une définition du *care* se voulant la plus générale possible, de sorte que leurs analyses portent au-delà des seules relations entre personnes d'un proche entourage et concerne le maintien de la vie :

> Au sens le plus général, *care* désigne une espèce d'activité qui comprend tout ce que nous faisons pour maintenir en état, pour préserver et pour réparer notre monde en sorte que nous puissions y vivre aussi bien que possible. Ce monde comprend nos corps, ce que nous sommes chacun en tant que personne, notre environnement, tout ce que nous cherchons à tisser ensemble en un filet serré et complexe dont la destination est de maintenir la vie[1].

Le *care* est nécessairement enveloppé dans la définition même d'une forme de vie, et qu'il y est si intimement lié, qu'il fait à ce point partie d'une vie humaine, qu'on ne le voit jamais pour ce qu'il est. Mais si nous voulons décrire

---

1. J. Tronto et B. Fisher, « Toward a Feminist Theory of Caring », *in* E. Abel et M. Nelson (dir.), *Circles of Care*, Albany (NY), SUNY Press, 1990, p. 41.

effectivement ce que sont nos vies, exprimer ce qu'est la vie ordinaire, alors les activités liées au *care* sont centrales; l'attention au *care* permet un renversement des hiérarchies qui définissaient classiquement la forme de vie humaine. Dans les *Recherches*, Wittgenstein se demande quelle est l'importance de son travail, puisque sa recherche semble « détruire tout ce qui est grand et important ».

> D'où vient l'importance de notre enquête, puisqu'elle semble détruire tout ce qui est intéressant, tout ce qui est grand et important? Ce que nous détruisons, ce ne sont que des châteaux de cartes[1].

Mais en fait qu'est-ce qui est grand et important? Le but de la philosophie, pour Wittgenstein, est bien de redéfinir et déplacer notre idée de l'importance, de ce qui compte : ce que nous croyons important n'est que de l'air (*Luftgebäude*). Ce qui est réellement important nous est caché, non parce que ce serait dissimulé, privé ou introuvable, mais parce que c'est là, précisément, nous nos yeux. Il nous faut donc apprendre à voir le détail du langage, être attentifs ou mieux, attentionnés.

Le *care* doit alors être conçu comme soutien à la vie ordinaire et attention à la précarité humaine, comme créativité ambivalente face à la fragilité du monde et des formes vitales; mais parallèlement comme attention à ce qui, dans la forme de vie humaine, résiste au désastre (voir chapitre 7). L'éthique du *care* se propose de ramener l'éthique, pour citer encore Wittgenstein, au niveau du « sol raboteux de la vie ordinaire ». Le *care* exige donc une *sensibilité aux détails* qui comptent dans des situations vécues. Que le monde n'ait pas

1. *RP*, § 118.

seulement besoin d'action, de théorisation, mais aussi de préservation et de réparation (au sens ordinaire et non moral de la « remise en état » des objets), voilà ce que l'éthique du *care* propose de reconnaître. C'est le projet moral et politique des *Recherches Philosophiques* : voir l'ordinaire, ce qui nous échappe parce que c'est proche de nous.

> Ce que nous fournissons, ce sont à proprement parler des remarques concernant l'histoire naturelle de l'homme ; non pas des contributions relevant de la curiosité, mais des constatations sur lesquelles personne n'a jamais eu de doute et qui n'échappent à la conscience que parce qu'elles sont en permanence devant nos yeux[1].

Approche qui est d'ailleurs proche encore une fois de celle de Michel Foucault :

> Il y a longtemps qu'on sait que le rôle de la philosophie n'est pas de découvrir ce qui et caché, mais de rendre visible ce qui est précisément visible, de faire apparaître ce qui est si proche, ce qui est si immédiat, ce qui est si intimement lié à nous-mêmes qu'à cause de cela nous ne le percevons pas[2].

L'ordinaire n'existe que dans cette difficulté propre d'accès à ce qui est juste sous nos yeux, et qu'il faut apprendre à voir. Il est toujours objet d'*enquête* – c'est le mode d'approche du pragmatisme[3] – et d'interrogation, il n'est jamais donné, toujours à atteindre par l'attention[4].

---

1. *RP*, § 415.
2. M. Foucault, *Dits et écrits* II, Paris, Gallimard, 2001, p. 540-541.
3. Voir B. Karsenti et L. Quéré (dir.), *La croyance et l'enquête. Aux sources du pragmatisme*, Paris, Éditions de l'EHESS, 2004 ; A. Ogien, *Les formes sociales de la pensée*, Paris, Armand Colin, 2007.
4. Voir par exemple Y. Citton, *Pour une écologie de l'attention*, Paris, Seuil, 2013.

Pour cet accès à l'ordinaire, c'est bien *la vulnérabilité de l'ordinaire* qu'il faut affronter, le déni de ce qui semble ne pas compter aux yeux de la société. Dans sa préface à l'ouvrage de Veena Das, *Life and Words*, Cavell remarque que l'ordinaire est *notre* langage ordinaire en tant que nous nous le rendons constamment étranger, reprenant l'image wittgensteinienne du philosophe comme explorateur d'une tribu étrangère[1] : cette tribu, c'est nous en tant qu'étrangers et étranges à nous-mêmes – *at home perhaps nowhere, perhaps anywhere*. Cette intersection du familier et de l'étrange, commune à l'anthropologie et à la philosophie, est le lieu de l'ordinaire. Cet aspect normatif et régulateur de l'apprentissage permet de comprendre en quoi consiste la *grammaire* : apprendre un langage, c'est apprendre une grammaire, non au sens d'une intégration de règles applicables à toute situation, ou d'un apprentissage du réel, mais de l'apprentissage d'une forme de vie. « L'enfant n'apprend pas qu'il y a des livres, qu'il y a des sièges, etc. etc., mais il apprend à aller chercher des livres, à s'asseoir sur un siège, etc. »[2]. Wittgenstein renvoie, dans son anthropologie pragmatique de la forme de vie, à l'enfant, au primitif et à l'animal[3]. Cet aspect normatif et régulateur de l'apprentissage du langage est un des points les plus déroutants des *Recherches Philosophiques*. Le sol dur de ma compréhension de l'expression ou de la pensée

1. *RP*, § 206. Voir S. Cavell, Préface à V. Das, *Life and Words. Violence and the Descent into the Ordinary*, Berkeley (CA), University of California Press, 2007, p. VII.

2. *UG*, § 476.

3. Voir pour toutes ces questions Ch. Chauviré, *Le moment anthropologique de Wittgenstein*, Paris, Kimé, 2003 et S. Laugier, *Wittgenstein. Les sens de l'usage*, Paris, Vrin, 2009.

d'autrui, une fois abandonné le mentalisme, n'est autre que la nature humaine, la forme de vie humaine, le « comportement humain »[1]. Ce qui conduit Charles Taylor à proposer de voir chez Wittgenstein « le point de départ d'un naturalisme libérateur »[2]. La grammaire n'est pas un ensemble de normes qui va succéder tant bien que mal à la normativité logique, renonçant à toute prise sur le réel : elle se déploie sur l'arrière-plan d'une forme de vie et de ses normes immanentes.

> Je ne dis pas : si tels ou tels faits de nature étaient différents, les gens auraient des concepts différents (dans le sens d'une hypothèse). Mais : s'il y a quelqu'un qui croit que certains concepts sont absolument les concepts corrects, et qu'en avoir de différents signifierait qu'on ne voit pas quelque chose que nous voyons avec évidence – alors, qu'il s'imagine que certains *faits de nature très généraux* soient différents de ce à quoi nous sommes habitués, et la formation de concepts différents des concepts habituels lui deviendra intelligible. »[3]

La forme de vie n'est pas constituée de règles ni même de pratiques, mais se révèle *une forme que donnent les pratiques à notre vie*. La règle avant de *prescrire une action* ou son *but* doit être inscrite dans le contexte d'une pratique et d'une (forme de) vie. Sinon elle n'aura aucune effectivité, et aucun sens.[4] On peut penser à

1. *RP*, § 206.
2. Voir les analyses de Ch. Taylor, « *Lichtung* or *Lebensform ?* », in *Philosophical Arguments*, Cambridge (Mass.), Harvard University Press, 1995 p. 84 *sq*.
3. *RP*, II, xii.
4. Voir E. Balibar, S. Laugier, articles « Praxis » et « Agency », dans B. Cassin (dir.), *Vocabulaire européen de la philosophie*, Seuil-Le Robert, Paris, 2019.

Bourdieu dont l'idée des « valeurs faites corps » dans
Le sens pratique pourrait être *vue* comme réexpression
de la notion de forme de vie – comme l'ensemble de
la réflexion sur l'habitus.[1] Bourdieu insistant à la fois
sur le langage comme *pratique*, comme servant à faire
des choses, et sur les différentes formes de vie dans
lesquelles les jeux de langage prennent sens. Le contexte
est un ensemble de données enrôlées par des individus
dans la compréhension de « ce qui se passe » à chaque
moment du déroulement d'une action en commun et afin
de la continuer.

Cette conception de la forme de vie pourrait bien
fournir une nouvelle manière de comprendre ce que
Wittgenstein veut dire par « vie » et par les contraintes
qui s'attachent au fait d'appartenir à une forme de vie. Le
titre du livre de Das, *La Vie et les mots*, fait référence à
un passage des *Voix de la raison*, de Cavell qui a inspiré
le titre d'un ouvrage de Putnam, *Words and Life*. Mais si
Das choisit de mettre les mots dans cet ordre, la vie, puis
les mots, c'est pour souligner non seulement l'importance
des vies, mais *de la vie en mots* – l'importance de notre
besoin de donner vie à nos mots, besoin qui s'exprime
dans la revendication politique aujourd'hui comme
lieu de recherché de juste tonalité, et d'exploration de
nouvelles formes de vie[2].

---

1. Voir par exemple *Esquisse d'une théorie de la pratique*, Genève,
Librairie Droz, 1972 et *Le sens pratique*, Paris, Minuit, 1980.

2. Stanley Cavell, *Une nouvelle Amérique encore inapprochable*,
op. cit.

LA DÉMOCRATIE COMME MÉTHODE
ET COMME FORME DE VIE

Ici se révèle la radicalité politique de la comparaison wittgensteinienne des accords de communauté avec les accords de langage et l'accord social. Que le langage me soit *donné* n'implique pas que je sache comment je vais m'entendre, m'accorder *dans* le langage avec mes co-locuteurs. JE suis le seul à déterminer l'étendue de « notre » accord. Dans la version ethno-méthodologique, ou en général sociologique, l'accord dans le langage (celui d'une activité pratique donnée) est la condition de possibilité de l'engagement dans l'action. Dans la version wittgensteinienne, la voix est la condition de possibilité de l'accord. C'est le problème fondamental de la prétention (*claim*) à parler au nom des autres : *ma* prétention à parler pour *nous*, qui définit le langage comme question politique[1]. La démocratie est à la fois ce qui me donne une *voix* politique, et qui peut aussi bien me la retirer, ou me décevoir, me trahir au point que je ne veuille plus parler pour elle, ou la laisser parler pour moi, *en mon nom*.

Comme le montre Martha Nussbaum à propos de l'éducation morale par les émotions[2], la formation n'est pas seulement affaire de contenus. C'est le sens de l'insistance de Wittgenstein sur l'apprentissage du langage, qui consiste à apprendre, non des significations abstraites, mais un ensemble de pratiques apprises en même temps que ce langage, et qui constituent la texture de

1. *VR*, p. 59.
2. M. Nussbaum, *Les émotions démocratiques*, trad. fr. S. Chavel, Paris, Climats, 2011, et *Capabilités. Comment créer les conditions d'un monde plus juste ?*, trad. fr. S. Chavel, Paris, Climats, 2012.

notre vie. L'apprentissage du langage consiste à acquérir
la maîtrise des contextes, connexions et arrière-plans des
actions morales. Cette approche réaliste de la morale
n'est pas l'affirmation ontologique d'une réalité morale
spécifique, mais de l'immanence de la morale dans le
réel. Cela rejoint la conception de John McDowell, qui
insiste dans *L'Esprit et le Monde*[1] sur la *Bildung* et la
« seconde nature » qui se développe dans les usages :
une compétence linguistique spécifique se développe
dans le domaine de la morale, en tant qu'acquisition
par l'éducation morale d'une sensibilité particulière
aux raisons éthiques appropriées. La capacité morale et
politique ne vient ainsi pas de principes moraux abstraits,
mais d'une éducation de l'attention et de la sensibilité à
autrui, et aux situations, dans un arrière-plan qui est celui
de la forme de vie humaine.

L'objection que l'on peut faire à la plupart des
théoriciens de la morale et de la politique serait celle
que Wittgenstein a faite à la « pulsion de généralité »,
qui conduit à déterminer et guider le particulier à partir
du général. Wittgenstein permet de récuser la possibilité
de principes moraux substantiels et généraux, à partir
desquels on puisse élaborer des modes de justification et
de raisonnement qui vaudraient pour toutes les situations.
La démocratie doit intégrer les actions et expressions
qui mettent en cause de façon radicale les institutions
du jeu social. On peut alors encore une fois réinterroger
le concept de conversation démocratique, au départ
commun à Cavell et Rawls : pour que le gouvernement
soit légitime, tous doivent y avoir, ou y trouver, leurs voix.

---

1. J. McDowell, *L'esprit et le monde*, trad. fr. C. Alsaleh, Paris,
Vrin, 2007. Voir aussi A. Le Goff, C. Alsaleh, *Lire* L'esprit et le monde,
Paris, Vrin, 2013.

Mais alors, la question politique cruciale est justement celle qui est exclue par l'idée d'une décision initiale sur les règles de la discussion. Rawls exclut la possibilité d'un dissentiment *interne* radical, qui conduirait à la désobéissance civile[1]. Il assortit la désobéissance civile, dont il approuve le principe moral, de nombreuses conditions de légitimité, qui faute d'être respectées la rendent illégitime (p. 405). Ce qu'A. Ogien et moi avons appelé Le *Principe démocratie* entend intégrer dans la forme de vie politique les actions et expressions qui mettent en cause de façon radicale les règles du jeu social.

Dans *Le Public et ses problèmes*, un penseur bien différent de Wittgenstein, le philosophe pragmatiste étatsunien John Dewey, définit aussi la démocratie comme enquête et forme de vie. Il affirme que « le fait de s'associer ne constitue pas en soi une société. Celle-ci requiert [...] la perception des conséquences d'une activité commune ct du rôle distinctif de chaque élément qui la produit. Cette perception crée un intérêt commun, c'est-à-dire une préoccupation de la part de chacun pour l'action commune et la contribution de chaque membre qui s'y cngage. »[2]. L'enquête, chez Dewey, est une procédure au terme de laquelle une « communauté d'enquêteurs » parvient à résoudre une « situation problématique » à laquelle elle se trouve soudain confrontée. Elle garantit qu'une « intelligence collective » se constitue et parvienne à produire une détermination satisfaisante de la situation. Et il tire cette conclusion :

1. A. Ogien, S. Laugier, *Pourquoi désobéir en démocratie?*, Paris, La Découverte, 2010, .
2. J. Dewey, *Le Public et ses problèmes*, trad. fr. J. Zask, Paris, Gallimard, 2010, p. 289.

Ce qui est requis pour diriger et pour mener une enquête sociale fructueuse, c'est une méthode qui se développe sur la base des relations réciproques entre des faits observables et leurs résultats[1].

Cette méthode, Dewey la nomme : démocratie. Pour lui, ce mot ne renvoie pas à un régime politique défini par une série de droits individuels et par un système spécifique d'institutions. Il sert à qualifier la nature de toute procédure expérimentale : esprit de découverte, libre disposition des informations, discussions ouvertes, partage des résultats, etc. La démocratie nomme, chez Dewey, cette entreprise collective de production de connaissances pour l'action, à laquelle tout individu concerné par un problème public contribue, *à égalité de compétence*[2].

La conception politique de la démocratie de Dewey peut être qualifiée de *radicale*. En analysant les demandes de démocratie « réelle », A. Ogien et moi-même[3] avons essayé de comprendre comment les actions politiques menées par les citoyens en dehors des organisations officielles, sur la base de leurs conceptions ordinaires du politique, font croître de nouvelles formes de vie politique et créent des relations sociales fondées sur l'« horizontalité » pour s'opposer aux forces qui continuent à œuvrer pour consolider les hiérarchies établies. Plutôt que de dévaloriser ces mouvements, nous avons analysé leur légitimité qui repose sur *les conceptions ordinaires* des citoyens en matière de politique et de démocratie.

1. J. Dewey, *Le Public et ses problèmes*, *op. cit.*, p. 118.
2. *Ibid.*, p. 242
3. A. Ogien, S. Laugier, *Pourquoi désobéir en démocratie ?*, Paris, La Découverte, 2010; A. Ogien, S. Laugier, *Le principe démocratie*, Paris, La Découverte, 2014.

Dewey est reconnu aujourd'hui comme un penseur central et pionnier du politique. Mais on peut se demander pourquoi Wittgenstein n'est pas reconnu comme tel. Car il peut ici nous servir de guide pour reconcevoir une démocratie radicale. Il ne peut y avoir de démocratie sans l'expression de la voix de chacun : c'est là que réside l'importance démocratique de la voix. L'éthique et l'analyse politique standard, lorsqu'elles traitent du contrat social et de la construction d'une société meilleure, plus démocratique, ne s'interrogent pas sur la manière dont une telle société bonne peut être rendue *durable* par la valorisation des compétences ordinaires des personnes. L'invocation de la démocratie, devenue centrale dans la pensée politique, est en elle-même une forme de démocratisation de la pensée politique : la définition de ce terme n'est plus l'apanage des milieux de spécialistes qui assurent en détenir la clé et multiplient les ouvrages sur ce sujet. En indiquant que la démocratie se définit à travers des *pratiques* démocratiques, on retire le monopole de la pensée de la démocratie à la philosophie politique, et on la rend au public.

Qu'est-ce donc que la démocratie lorsqu'elle n'est plus uniquement une notion réservée à la description d'un type de régime constitutionnel et des techniques de gouvernement qui lui sont associées ? Dans les mouvements contemporains, le mot démocratie se présente comme un *principe* qui arme une forme d'action politique : une conception de la démocratie comme « forme de vie ».

On pourrait dire du politique ce que Wittgenstein dit de l'amour et par là, de la philosophie : on a un mot et on le donne pour nom *à ce qui compte pour nous*, au-delà ou en deçà de toute définition.

> L'amour, je veux dire ce qui est important en lui, n'est pas un sentiment, mais quelque chose qui est plus profond, qui ne fait que s'exprimer dans le sentiment. Nous avons le mot « amour » et nous donnons ce titre à ce qu'il y a de plus important (comme nous conférons le titre de « philosophie » à une activité déterminée de l'esprit)[1].

Pour définir le mot « politique », il faut juste savoir ce qui importe dans nos vies ordinaires. Des concepts wittgensteiniens comme la voix, les formes de vie, les jeux de langage, les pratiques… ont été élaborés, depuis le XXᵉ siècle, par et pour l'intégration du plus grand nombre de points de vue, d'expériences et de voix dans la conversation publique[2]. Pour Wittgenstein, « les concepts nous conduisent à faire des recherches. Ils sont l'expression de notre intérêt et le dirigent[1] ».

Cette transformation de la normativité passe par la transformation de notre conception de ce qu'est un concept. Nos usages impactent les concepts politiques.

Fonder le politique sur ce qui nous importe : telle est la suggestion de Wittgenstein que nous voulons faire entendre dans cet ouvrage, à partir des différents angles que nous avons pris depuis quelques décennies pour arriver à penser et animer une politique de l'ordinaire. Dans cette conception du politique, les définitions et les pratiques de la démocratie oscillent entre la démocratie comme méthode et comme forme de vie. Le travail politique que les sociétés font sur elles-mêmes se poursuit constamment dans de multiples directions, et mes concepts mêmes de la politique sont transformés

---

1. *RPP*, § 115.
2. Voir plus récemment A. Ogien, *Politique de l'activisme*, Paris, P.U.F., 2021.

par ce que les gens font réellement, et sont même parfois réalisés concrètement. C'est peut-être la pertinence la moins visible encore, mais non la moins forte, de l'œuvre de Wittgenstein pour les sciences sociales et la vie politique.

Note de l'auteure

Ce volume est issu de travaux que j'ai menés depuis les années 2000 sur la philosophie sociale et politique de Wittgenstein, et est à cet égard le complément et compagnon de *Wittgenstein. Les sens de l'usage*[1]. Il doit énormément à Albert Ogien, qui a de fait créé le sujet dans *Les formes sociales de la pensée*[2] et avec qui j'ai depuis construit une réflexion wittgensteinienne sur la démocratie radicale, notamment dans *Le principe démocratie*[3]; à Patricia Paperman, qui m'a sollicitée pour une réflexion sur l'éthique du « care » en 2003, et m'a ainsi offert les moyens intellectuels d'une éthique et d'une politique de l'ordinaire; à Pascale Molinier avec qui les échanges ont toujours été féconds; à Vincent Descombes, qui a ouvert la voie d'une lecture politique et sociale de Wittgenstein. Depuis *Les sens de l'usage*, ma lecture de Wittgenstein a été radicalement infléchie par l'œuvre de Veena Das. Mais aussi par les échanges au long cours avec Pierre-Henri Castel, Piergiorgio Donatelli, Alexandre Gefen, Anne Lovell, Perig Pitrou, Richard Rechtman, et les recherches menées avec Estelle Ferrarese sur le concept contemporain de forme de vie.

1. S. Laugier, *Wittgenstein. Les sens de l'usage*, Paris, Vrin, 2009.
2. A. Ogien, *Les formes sociales de la pensée*, Paris, Armand Colin, 2007.
3. A. Ogien, S. Laugier, *Le principe démocratie, op. cit.*

Certains chapitres sont des versions renouvelées et refondues de textes publiés précédemment. Je remercie, pour leur aimable autorisation, la revue *Multitudes*, les *Cahiers Philosophiques*, les éditions Cécile Defaut, les éditions de l'EHESS, les éditions Ithaque.

CHAPITRE PREMIER

ANTHROPOLOGIE, SCEPTICISME ET POLITIQUE[1]

Il peut paraître surprenant au premier abord d'envisager Wittgenstein dans le cadre d'une interrogation sur le politique. En réalité, beaucoup de commentateurs ont perçu une dimension anthropologique dans la pensée de Wittgenstein, notamment avec sa notion de forme de vie, sa réflexion sur la règle, et sur la communauté de langage. Mais cela ne suffirait pas à constituer une pensée politique chez Wittgenstein; au-delà d'une pensée anthropologique ou sociale, il faut examiner pour cela la réflexion qu'il développe (et Austin à sa suite) sur le *sujet du langage* et l'*autorité* de ce sujet, sur les autres et sur lui-même, ainsi que l'autorité que la société a sur lui : bref, la question du *nous*. Cette question, comme l'a montré Stanley Cavell dans son ouvrage *Les Voix de la raison*, est aussi la question du scepticisme. Elle se pose dès lors qu'il s'agit de langage ordinaire.

---

1. Une première version de ce chapitre a été publiée dans la revue *Multitudes* 9, 2002.

LANGAGE ORDINAIRE ET SOCIÉTÉ

Le recours au langage ordinaire pose en effet un problème inédit. Cavell disait en ouverture de son premier ouvrage, *Must We Mean What We Say ?* : « L'idée que ce que nous disons et voulons dire *d'ordinaire* puisse avoir un contrôle direct et profond sur ce que nous pouvons dire et vouloir dire en philosophie »[1] a un enjeu qui dépasse le cadre de la philosophie du langage ; et si elle est souvent rejetée par les philosophes (traditionnels comme analytiques), conçue comme simpliste, aveugle à la nature du questionnement philosophique, c'est qu'elle pose le problème de la pertinence de ce dire ordinaire. Le problème philosophique du recours à « ce que nous disons » apparaît lorsque nous nous demandons, non seulement ce qu'est *dire*, mais ce qu'est ce *nous*. Comment moi, sais-je ce que *nous* disons dans telle ou telle circonstance ? En quoi le langage, hérité des autres, que je parle est-il le mien ? Ce sont ces questions qu'on entend dans le tout premier paragraphe des *Recherches Philosophiques* de Wittgenstein[2], qui commencent étrangement avec une citation d'Augustin sur l'apprentissage du langage : car on commence toujours avec les mots d'autrui, on entre en concordance avec les « aînés ».

Ce qui est en cause chez Cavell, ce sont nos *critères*, c'est-à-dire notre accord commun sur ou plutôt *dans* le langage, et plus précisément le *nous* qui est en jeu dans « ce que nous dirions quand ». Qu'est-ce qui fonde le recours au langage ordinaire ? Tout ce que nous avons, c'est *ce que nous disons*, et nos accords de langage. Nous

1. *DVD*, p. 73.
2. *RP*, p. 27-28.

ne nous accordons pas sur des significations essentielles, mais sur des usages. On détermine « la signification d'un mot » (donné) par ses usages. La recherche de l'accord (demander « que diriez-vous si... ») est fondée sur tout autre chose que des significations ou la détermination (même problématique) de « sens communs » aux locuteurs. L'accord dont parlent Austin et Wittgenstein n'a rien d'un accord intersubjectif, il n'est pas fondé sur une « convention » ou des accords effectifs, passés entre locuteurs civilisés. C'est un accord aussi *objectif* que possible (Austin parlait à ce sujet de « données expérimentales »). Mais quel est cet accord ? D'où vient-il, et pourquoi donc lui accorder tant de portée ? Tel est le problème que traite Cavell. Dans toute son œuvre, il pose la question : qu'est-ce qui permet à Austin et Wittgenstein de *dire ce qu'ils disent de ce que nous disons ?* D'où tirent-ils cela ? Et la réponse est fertile en paradoxes. Pour Cavell, l'absence radicale de fondement de la prétention à « dire ce que nous disons » – sa première découverte – n'est pas la marque d'un quelconque manque de rigueur logique ou de certitude rationnelle dans la procédure qui part de cette prétention – deuxième découverte. C'est là la signification de ce que dit Wittgenstein de notre « accord dans les jugements », et dans le langage : il n'est fondé qu'en lui-même, en le *nous*. Évidemment, il y a là matière à scepticisme, et c'est bien le sujet central des *Voix de la raison* : mais comprendre la nature de notre langage et de nos accords, c'est reconnaître aussi que cela « n'abolit pas la logique », et au contraire représente quelque chose de fondamental dans notre rationalité – ce que Cavell définit comme, au sens strict, *la vérité* du scepticisme. *Les Voix de la raison* sont, dans leur ensemble, un développement d'une remarque de « The Availability of Wittgenstein's Later Philosophy », un de ses premiers essais.

> Nous apprenons et nous enseignons des mots dans certains contextes, et on attend alors de nous (et nous attendons des autres) que nous puissions (qu'ils puissent) les projeter dans d'autres contextes. Rien ne garantit que cette projection ait lieu (et en particulier ce n'est pas garanti par notre appréhension des universaux, ni par notre appréhension de recueils de règles), (...) C'est une vision aussi simple qu'elle est difficile et aussi difficile qu'elle est (parce qu'elle l'est) terrifiante[1].

On peut voir ici le passage chez Cavell de la question du langage commun à celle de la communauté des formes de vie, communauté qui n'est pas seulement le partage de structures sociales, mais de tout ce qui constitue le tissu des existences et activités humaines. C'est pour cette raison que les interprétations et usages sociologisants de Wittgenstein passent toujours à côté du sens véritable de son anthropologie : il ne suffit jamais, pour Wittgenstein, de dire « c'est ainsi que nous faisons ». Le problème est de savoir comment relier le *je* au *nous*, et inversement. Ainsi le scepticisme est inhérent à toute pratique humaine, qu'elle soit linguistique ou autre : toute certitude ou confiance en ce que nous faisons (poursuivre une série, compter, etc.) se modèle sur la certitude et la confiance que nous avons en nos usages partagés du langage.

« L'acceptation des formes de vie », l'immanence, n'est donc pas la réponse toute prête aux problèmes philosophiques. De ce point de vue, un des mérites de la lecture de Cavell est sa mise en cause radicale d'une

---

1. S. Cavell, « The Availability of Wittgenstein's Later Philosophy », *The Philosophical Review* 71(1), Durham (NC), Duke University Press, Jan. 1962, p. 67-93 ; *DVD*, p. 138-139.

telle conception qu'on pourrait dire « conformiste » de la forme de vie, mise en cause qui s'avère indissociable du questionnement sceptique. Cavell montre *à la fois* la fragilité et la profondeur de nos accords, et s'attache à la nature même des nécessités qui émergent, pour Wittgenstein, de nos formes de vie. La règle n'est ni un fondement ni une explication : elle est *là*, ce qui ne diminue en rien son caractère rigoureux, parce que « naturel ». Une spécificité de la position de Cavell est dans la redéfinition de cette nécessité de l'usage ordinaire en termes de *nature*.

Il n'y a donc pas de « traitement » au scepticisme qui émerge de la fragilité de nos accords. Que notre langage ordinaire ne se fonde que sur lui-même, ce n'est pas seulement source d'inquiétude quant à la validité de ce que nous faisons et disons : c'est la révélation d'une vérité sur nous-mêmes que nous ne voulons pas reconnaître, le fait que « je » suis la seule source possible d'une telle validité. Récuser cela, tenter d'effacer le scepticisme, revient à le renforcer.

L'acceptation de ce fait n'est donc pas ici un soulagement, une délivrance, mais la reconnaissance de la finitude et du quotidien. C'est à cette condition qu'on peut retrouver le contact perdu avec la réalité, la proximité au monde et aux mots, rompus dans le scepticisme. Ainsi la réponse à la question, tant discutée aujourd'hui en philosophie du langage, du « réalisme » ne peut se trouver que dans le langage ordinaire, dans ce qu'Austin et Wittgenstein montrent de l'intrication, de « l'intériorité réciproque » du langage et de la vie. L'adéquation du langage et de la réalité – la vérité du langage – n'est pas à construire ni à démontrer : elle est montrée *dans* le langage et ses usages.

Le problème philosophique que soulève la philosophie du langage ordinaire est donc double. D'abord : de quel droit se fonder sur ce que nous disons ordinairement ? Ensuite : sur quoi, ou sur qui, se fonder pour déterminer ce que nous disons ordinairement ? Mais ces questions n'en font qu'une : celle du rapport du moi (de mes mots) au réel (à notre monde), c'est-à-dire, pour Cavell comme pour Wittgenstein, celle de nos *critères*. Pour le voir, reprenons le questionnement sur les accords du langage. Nous partageons des critères aux moyens desquels nous régulons notre application des concepts, par lesquels nous instaurons les conditions de la conversation. Ce que Wittgenstein recherche et détermine, dans les *Recherches*, ce sont nos critères, qui gouvernent ce que nous disons. Mais *qui est-il* pour prétendre savoir des choses comme cela ? C'est cette absence de fondement de la prétention à savoir ce que nous disons qui sous-tend l'idée de critère, et définit *claim* – la revendication du langage ordinaire.

> L'invocation philosophique de « ce que nous disons », et la recherche des critères qui sont les nôtres, « sur la base desquels nous disons ce que nous disons », en appellent à (*are claims to*) la communauté. Or le réquisit de communauté est toujours une recherche de la base sur laquelle celle-ci peut être, ou a été, établie. Je n'ai rien de plus à ma disposition pour poursuivre que ma propre conviction que je fais sens[1].

L'énigme centrale de la communauté est donc la possibilité pour moi de parler au nom des autres. C'est là exactement le problème des « *Other Minds* » :

1. *VR*, p. 51-52.

> Mais comment [Wittgenstein] sait-il tout cela?
> Comment l'idée même a-t-elle pu lui venir que le flux
> de sa propre conscience – seule chose, évidemment, sur
> laquelle il puisse s'appuyer – puisse suivre le sillage
> exact de la nôtre[1]?

Cela explique le ton très particulier des *Recherches*,
qui ont quelque chose de l'autobiographie. C'est ce ton
de la confidence qui rapproche Wittgenstein de Rousseau
et de Thoreau, et conduit Cavell à découvrir dans la
réflexion sur les accords de langage une interrogation sur
la nature de la subjectivité.

Il n'y a donc pas chez Wittgenstein de réfutation du
scepticisme par l'ordinaire. Pour Wittgenstein comme
pour Austin, l'ordinaire n'a rien d'évident ou
d'immédiat : il est à découvrir, et telle est la tâche que
se donnent les minutieuses analyses d'Austin, ou les
innombrables exemples de Wittgenstein. Ce que nous
voulons dire, c'est que l'appel au langage ordinaire n'a
rien d'une solution facile aux problèmes philosophiques,
et qu'il ne se réduit certainement pas à un retour au
sens commun. C'est ce qui différencie le plus fortement
Wittgenstein d'un philosophe comme Moore, lequel
semble savoir, d'emblée, quel est notre sens commun, ce
que nous disons ou pensons ordinairement. Or, rien de
plus difficile à savoir : Wittgenstein a besoin de toutes
les *Recherches* pour savoir par exemple si nous *pensons*
avoir accès à l'esprit d'autrui ou que le monde existe. Ce
sont là des questions qui n'ont pas de réponse immédiate,
et qui montrent l'impossibilité ou le danger de répondre
au scepticisme par des arguments qui en appelleraient à
nos croyances ordinaires. Cela nous ramène encore à la

1. *Ibid.*

question du fondement de l'accord : celle de la nature du *moi* – de *ma* capacité à parler, donc à me conformer aux critères communs. Il ne suffit pas d'invoquer la communauté ; reste à savoir ce qui m'autorise (me donne titre) à m'y référer.

> En faisant remarquer que la recherche philosophique de nos critères est une recherche de communauté, je répondais, en réalité, à la question soulevée par la prétention [*claim*] à parler au nom du « groupe » : comment ai-je pu participer à l'établissement des critères, alors que je ne reconnais pas l'avoir fait, et que *je ne sais pas* quels ils sont ? (…) Il faudrait souligner que ce qui est en cause ici n'est pas de pouvoir dire *a priori* qui est impliqué par « moi », puisque, au contraire, l'un des buts de l'espèce particulière d'investigation que Wittgenstein qualifie de « grammaticale » est, justement, de découvrir *qui* est ainsi impliqué[1].

La force de l'analyse cavellienne de la convention est qu'elle fait ressortir le caractère problématique de tout recours à la convention. C'est ce qui se révèle dans le passage des *Recherches Philosophiques* :

> C'est ce que les êtres humains disent qui est vrai et faux ; et ils s'accordent dans le langage qu'ils utilisent [*in der Sprache stimmen die Menschen überein*]. Ce n'est pas un accord dans les opinions mais dans la forme de vie.

> Pour que langage soit moyen de communication, il doit y avoir non seulement accord [*Übereinstimmung*] dans [in] les définitions, mais (aussi étrange que cela puisse paraître) accord dans les jugements. Cela semble abolir la logique, mais ce n'est pas le cas[2].

1. *VR*, p. 54-55.
2. *RP*, § 241-242, p. 135.

Il est capital pour Cavell que Wittgenstein dise que nous nous accordons *dans* et pas *sur* le langage. Cela signifie que nous ne sommes pas acteurs de l'accord, que le langage précède autant cet accord qu'il est produit par eux, et que cette circularité même constitue un élément irréductible de scepticisme. La plupart des interprètes conventionnalistes de Wittgenstein (comme Kripke) suivent une fausse piste : l'idée de convention ne nous aidera pas à définir l'accord dans le langage. L'idée de convention veut bien dire quelque chose : elle reconnaît la force de nos accords, et le caractère extraordinaire de notre capacité à parler ensemble. Mais elle ne peut rendre compte de la pratique réelle du langage, et nous sert plutôt à éviter de voir la *naturalité* du langage. Comme le dit Cavell, nous *ne pouvons pas* être tombés d'accord au préalable sur tout ce qui serait nécessaire[1].

S'accorder *dans* le langage veut dire que le langage – notre forme de vie – produit notre entente autant qu'il est le produit d'un accord, qu'il nous est naturel en ce sens, et que l'idée de convention est là pour à la fois singer et masquer cette nécessité : « Sous la tyrannie de la convention, il y a la tyrannie de la nature », dit Cavell. Ici intervient la critique opérée par Cavell, dans *Une nouvelle Amérique encore inapprochable*[2], des interprétations habituelles de la « forme de vie », par la formule : formes de *vie* (et non pas *formes* de vie). Ce qui est donné, c'est nos formes de vie. Ce qui nous conduit à vouloir rompre nos accords, nos critères, c'est le refus de ce donné, de cette forme de vie dans sa dimension, non seulement sociale, mais biologique. C'est sur ce

1. *VR*, p. 67-68.
2. S. Cavell, *Une nouvelle Amérique encore inapprochable*, *op. cit.*, 1991.

second aspect (vertical) de la forme de vie que Cavell insiste, tout en reconnaissant l'importance du premier (horizontal, sur l'accord social). Ce que les discussions sur le premier sens (qui est celui du conventionnalisme) ont occulté, c'est la force, chez Wittgenstein, du sens naturel et biologique de la forme de vie, que Wittgenstein détermine en évoquant les « réactions naturelles », « l'histoire naturelle de l'humanité ». Le donné des formes de vie, ce n'est pas seulement les structures sociales, les différentes habitudes culturelles, mais tout ce qui a à voir avec « la force et la dimension spécifique du corps humain, des sens, de la voix humaine », et tout ce qui fait que, comme la colombe dont parle Kant a besoin d'air pour voler, nous autres pour marcher, dit Wittgenstein, « avons besoin de friction »[1]. On refoule dans l'idée de convention la naturalité du langage, qui est autant, voire plus essentielle à la *publicité* du langage que sa conventionalité :

> Nous avons fait un pas vers la compréhension du point de jonction du langage et du monde quand nous voyons que c'est une affaire de convention. Mais cette idée met en danger l'imagination en la libérant. Car alors certains supposeront qu'une signification privée n'est pas plus arbitraire qu'une signification à laquelle on arrive en public, et que puisque le langage change inévitablement, il n'y a pas de raison de ne pas le changer arbitrairement. Nous devons ici nous souvenir que le langage ordinaire est le langage naturel, et que son changement est naturel[2].

1. *RP.*, § 107, p. 83.
2. *Ibid.*

Cavell, dans la conclusion de la première partie des *Voix de la raison*, s'interroge ainsi sur ce qu'il appelle « le fondement naturel de nos conventions » :

> Quel est le fondement naturel de nos conventions, au service de quoi sont-elles ? Il y a certes des inconvénients à questionner une convention ; on la met, de ce fait, hors service, elle ne me permet plus de continuer comme si tout allait de soi ; les chemins de l'action, les chemins des mots sont bloqués. « Imaginer un langage, cela veut dire imaginer une forme de vie » (§ 19). En philosophie, je dois porter dans mon imagination mon propre langage, ma propre vie[1].

Cela conduit Cavell à redéfinir la tâche de la philosophie, comme *éducation des adultes*. Mais « pour les adultes, il n'est plus question de croissance naturelle, mais de changement »[2].

COMMUNAUTÉ, LANGAGE ET POLITIQUE

C'est sur ce point que la question du langage devient politique. Une partie du débat politique américain de la fin du siècle dernier, notamment la divergence entre « libéraux » et « communautariens », porte sur le rapport de l'individu à la communauté, donc du « je » au « nous ». Ce qui est critiqué par les communautariens, c'est l'insistance libérale sur l'individu ; ce qui est rejeté par les libéraux, c'est l'affirmation des valeurs et vertus communautaires contre la revendication individuelle. Plutôt donc que de reprendre ce débat usé, on peut examiner ce point spécifique, celui du rapport des deux

1. *VR*, p. 199-200.
2. *Ibid.*

revendications (*claims*) fondamentales en jeu ici, celle du
« je » et de (ou *à*) la communauté.

On date souvent de la publication en 1981 du livre
de MacIntyre, *After Virtue*[1], l'émergence de la critique
communautariste du libéralisme. MacIntyre attaquait le
libéralisme issu des Lumières, lui attribuant les maux
de la civilisation moderne, et plus particulièrement le
désarroi de la philosophie morale, traversée de débats
insolubles et incapable de résoudre la moindre question
morale concrète. Le point de départ de MacIntyre est
donc une critique de la philosophie morale (et par
conséquent, politique) contemporaine ; et *After Virtue* a
eu pour première utilité de mettre en cause le consensus
de la théorisation morale analytique, et plus précisément
l'héritage de l'émotivisme. La pensée morale moderne
est dans un état de chaos et de vacuité, au point que nous
sommes devenus incapables de nous en rendre compte.
Si l'on dépasse l'apparence purement réactionnaire de
ce genre de tableau pessimiste de la réalité contemporaine,
on s'aperçoit de la radicalité et de l'importance de la
description de MacIntyre. Les termes du discours de la
morale sont dépourvus de sens, ils ne nous disent *rien*.

> Le trait le plus marquant du discours moral
> contemporain est qu'il vise pour l'essentiel à exprimer
> des désaccords ; et le trait le plus marquant des débats
> dans lesquels ces désaccords s'expriment est leur
> caractère interminable[2].

After Virtue porte de la manière la plus pertinente
non pas contre la civilisation contemporaine, mais contre
la scolastique de la philosophie morale analytique telle

1. A. McIntyre, *Après la vertu*, trad. fr. L. Bury, Paris, P.U.F., 2013.
2. *Ibid.*, p. 6.

qu'elle s'est développée jusqu'aux années 1970. Cette reconnaissance de la vacuité du discours moral qui s'est développé à notre époque rapproche d'ailleurs *After Virtue* de l'ouvrage quasi contemporain de Cavell, *Les Voix de la Raison*. La perte de sens de nos paroles, parallèle à une perte de sens de notre vie, est un thème commun à Cavell et à MacIntyre, dont on pourrait découvrir une source dans le perfectionnisme émersonien, et dans la dénonciation du conformisme qu'on trouve dans *Self-Reliance* :

> Ce conformisme les rend non pas faux dans quelques cas, auteurs de quelques mensonges, mais faux dans tous les cas. Leur vérité jamais n'est tout à fait vraie. Leur deux n'est pas le véritable deux, leur quatre pas le véritable quatre ; de sorte que *chacun des mots qu'ils disent nous chagrine*, et nous ne savons par où commencer à les corriger[1].

En posant la question du « contenu » de notre discours moral, ce qui est aussi bien demander quelle est la valeur quotidienne, ordinaire de nos théorisations morales, MacIntyre, comme Cavell, réintroduit le questionnement moral *ordinaire* au cœur d'une philosophie morale hyperthéorisée.

Mais ici les chemins divergent, et les remèdes à apporter à cette condition, pour Cavell et MacIntyre, sont différents. La référence émersonienne mentionnée – expression caractéristique de la « confiance en soi » qui me permet de prendre la parole et de donner sens aux mots communs – est éloignée de la perspective de MacIntyre. La description pessimiste d'*After Virtue* comporte en effet un second volet, qui est à la source du débat autour du communautarisme. Si notre parole

---

1. R. W. Emerson, *Self-reliance*, in *Essais*, trad. fr. A. Wicke, Paris, Éditions Michel Houdiard, 1997.

est devenue creuse, vide, et si nous ne pouvons même nous en rendre compte, c'est parce que la modernité – pour reprendre la terminologie standard –, tout en nous privant de nos bases et références morales, nous a donné l'illusion d'en parler. Notre langage moral et politique est le langage de l'objectivité, de la rationalité : mais ce langage ne renvoie plus à rien, ne peut plus nous donner de *critères*. Ce qui nous donne ainsi l'illusion de parler de morale, c'est le projet des Lumières qui a dominé notre culture et notre philosophie depuis trois siècles, promettant une conception de la rationalité qui soit indépendante du contexte social et politique et de toute conception spécifique de l'homme. Pour MacIntyre, non seulement ce projet a échoué, mais ses prolongements récents – sous la forme du libéralisme contemporain – nous maintiennent dans l'illusion d'une pertinence depuis longtemps perdue. C'est là que se dévoile le second volet de la pensée de McIntyre, contre l'individualisme, caractérisé par la revendication du droit de l'individu isolé, fondée sur sa seule raison, détachée de toute autorité première, et indépendante d'une conception antérieure du bien. Les théories libérales contemporaines ont dénié tout contenu à la réflexion morale, et en donnant la primauté politique et juridique à l'individu, en l'isolant de son contexte social et historique, elles l'ont privé de toute référence au bien (aux *vertus*, pour reprendre la terminologie moralisante de McIntyre).

C'est sur cet enjeu que se sont focalisées une partie des discussions sur la nature du *self* de la morale, qui selon MacIntyre (et d'autres comme Sandel et Taylor) ne peut avoir accès à une compréhension de lui-même s'il est considéré en tant que tel, inconditionné en quelque sorte, hors de ses conditions sociales et historiques. Si nous n'abordons pas ici la question en ces termes, ce n'est pas que le débat ne soit pas important, c'est qu'il tient le plus souvent pour acquis ce qui est précisément en question : le rapport du moi, de l'individu à la communauté, voire la différence entre considérer l'homme comme isolé, désengagé, et comme en communauté (ou dans une histoire, une tradition, etc.). C'est, dira-t-on, exactement le problème posé par MacIntyre et d'autres : l'inscription de l'homme dans un contexte historique et social (grande découverte, ou si l'on préfère porte ouverte enfoncée à grand fracas, de la philosophie anglo-saxonne de la fin du siècle). Il nous semble, cependant, que la question du rapport individu/communauté peut être posée tout autrement.

À l'individualisme libéral, MacIntyre oppose moins la communauté que *la tradition*, définie en termes de *pratiques*. Une pratique est « toute forme cohérente et complexe d'activité socialement établie, à travers laquelle les biens internes à cette forme d'activité sont réalisés dans la recherche de l'obtention des normes de l'excellence qui sont appropriées à cette forme d'activité, et en partie la définissent »[1]. Toute activité ou pratique, comme le jeu d'échecs, présuppose une norme d'excellence immanente, qui n'est pas décidable par celui qui y participe, mais, si l'on peut dire, par la pratique elle-même. Selon MacIntyre, c'est de cette façon qu'il faudrait concevoir la morale en général, et les vertus en particulier : bien agir n'est pas décider sur le plan individuel, mais connaître les vertus immanentes à la pratique où l'on s'est engagé.

Une telle perspective pourrait bien trouver son fondement dans une interprétation de Wittgenstein, ou le Wittgenstein récupéré par le catholicisme thomiste

---

1. A. McIntyre, *Après la vertu, op. cit.*, p. 175.

anglais qui avait cours durant la formation britannique de MacIntyre. Certaines formulations de Wittgenstein peuvent être interprétées dans un sens conservateur et traditionaliste, et c'est cette interprétation dont on retrouve des traces ici. On peut renvoyer ici à l'article d'J. C. Nyiri, « Wittgenstein's new traditionalism »[1], selon lequel « l'attitude de Wittgenstein vis-à-vis de l'idée libérale de progrès est celle d'un conservateur » et il y a dans sa seconde philosophie un « fondement logique d'une conception conservatrice et traditionaliste de l'histoire » – conception dont on pourra constater à quel point elle a un air de famille avec celles de MacIntyre et des communautariens aujourd'hui. Certains arguments de Nyiri sont fondés sur l'histoire personnelle de Wittgenstein, d'autres reprennent des discussions du philosophe viennois avec Schlick sur l'éthique :

> Schlick dit qu'il y a eu dans l'éthique théologique deux conceptions de l'essence du bien : selon l'interprétation la plus superficielle, ce qui est bon est bon parce que Dieu le veut; selon la plus profonde, Dieu veut ce qui est bon parce que cela est bon. Mon opinion est que c'est la première opinion qui est la plus profonde : est bon ce que Dieu a ordonné. Car cette conception coupe court à toute tentative d'expliquer « pourquoi » cela est bon, tandis que la seconde est la conception plate, rationaliste, qui fait « comme si » ce qui est bon pouvait encore être fondé[2].

1. J. C. Nyiri, « Wittgenstein's new traditionalism », *Acta Philosophica Fennica* 28, Amsterdam, 1976, p. 503-509.
2. F. Waismann, *Wittgenstein et le Cercle de Vienne*, trad. fr. G. Granel, Mauvezin, T.E.R, 1998, p. 89.

On voit comment une telle remarque de Wittgenstein peut être utilisée dans un sens réactionnaire. Mais lorsqu'il dit « Est bon ce que Dieu ordonne », cela ne signifie pas que le bien se *définit* par ce que Dieu ordonne, ou que ce que Dieu ordonne est bon. Sa thèse est antifondationnaliste, et si pour lui la « première conception » est plus profonde que la seconde, c'est qu'elle exclut précisément toute définition de « l'essence du bien », donc toute interprétation de sa remarque comme fondant quoi que ce soit. Lire cette remarque comme affirmant la valeur de l'autorité divine, ou de la tradition, c'est la comprendre exactement à rebours de ce qu'elle signifie. Certes, Wittgenstein explique constamment qu'il n'y a pas à expliquer ou justifier les coutumes, ce que nous faisons. Mais qu'une tradition (ou *forme de vie*, à savoir pour Wittgenstein : « ce qui doit être accepté, le *donné* ») n'ait pas à être justifiée ne signifie pas qu'elle est *bonne*, ou qu'elle puisse en quelque façon fonder une définition substantielle du bien. C'est pourtant exactement ce genre de passage qu'accomplissent les néo-traditionalistes : ils refusent de voir que la critique adressée par Wittgenstein au rationalisme « plat » porte aussi bien, voire plus, contre un certain traditionalisme, qui croit ou veut trouver des valeurs substantielles ou fondatrices dans une tradition donnée.

Pour rendre plus clair le point de vue de Wittgenstein (dont on constate combien il est difficile à percevoir), il faut examiner de plus près la nature de « l'acceptation » du donné qu'il semble prôner. C'est cette tâche que nous voulons aborder, ou du moins esquisser, dans ce qui suit.

ACCORD ET SOCIÉTÉ

Une communauté, une société se fondent sur des accords : voici le point de départ commun des théories libérales et communautaristes. Quelle est la nature de ces accords ? La question, rarement posée en ces termes dans la philosophie morale et politique, porte précisément sur le rapport de l'individu à la (sa) communauté. Lorsqu'on renvoie à l'appartenance à la communauté, on conçoit toujours cela – du côté libéral, comme du côté communautariste – comme un renoncement ou un substitut à la rationalité. Ainsi le recours à la tradition, chez MacIntyre, permet d'éviter les illusions de la décision rationnelle, et le voile d'ignorance, chez Rawls, permet d'éviter les préjugés liés à la place de l'individu dans la communauté. Mais pourquoi concevoir ainsi l'accord de communauté ? Quel est exactement mon rapport à ma communauté ou ma tradition ? C'est là un point qui n'est certainement pas si clair que l'imaginent, le plus souvent, les deux « équipes » de penseurs engagés dans le débat.

Si l'on revient à la position de Wittgenstein, on constatera qu'elle pose précisément le problème de l'accord sous la forme de l'alternative : accord contractualisé et accord communautaire. S'agit-il du même sens d'accord ? Dans le contrat (libéral), je suis la source, le point de départ de l'accord ; mais je ne suis pas tout seul, donc nous nous mettons d'accord, moi et les autres. Dans la communauté, je n'ai pas à me mettre d'accord : je le suis d'emblée, étant membre de la communauté. Dans *Les Voix de la Raison*, Cavell montre comment Wittgenstein, en réalité, démonte ces deux conceptions de l'accord, dont aucune ne représente la réalité de notre accord social. La conception libérale contractualiste considère l'accord comme quelque chose que nous accomplissons à un certain moment, et ne voit pas ce qui, dans cet accord, est déjà « donné » ; la conception communautariste à l'inverse le voit *trop* bien, et considère que mon appartenance à la communauté est simplement acquise. On constate ainsi que le débat libéral/communautaire repose fondamentalement sur une division interne de la notion d'accord, entre l'accord comme convention (objet de décision rationnelle) et l'accord comme concorde (appartenance à une tradition commune). L'intérêt de la position de Wittgenstein est qu'elle dissout cette division pour définir l'accord comme à la fois donné et décidé, et le problème philosophique de l'accord social comme précisément celui de cette dualité. On peut reprendre à ce propos la phrase déjà citée qui définit l'accord comme accord « dans » une forme de vie :

> C'est ce que les êtres humains disent qui est vrai et faux ; et ils s'accordent dans le langage qu'ils utilisent. Ce n'est pas un accord dans les opinions mais dans la forme de vie[1].

Le parallèle entre langage ordinaire et politique est fondamental pour comprendre la nature de l'accord politique et social. Les interprétations courantes de ce passage des *Recherches* le tiennent, soit pour la formulation d'une hypothèse simpliste sur des accords que nous aurions passés sur les usages du langage (la traduction française donne : nous nous accordons *sur*), soit pour d'une reconnaissance de ce qui, dans le langage, est déjà là, *donné*, et à quoi nous ne pouvons que nous

1. *RP*, § 241, p. 135.

soumettre. Les tenants du traditionalisme de Wittgenstein ont certes vu quelque chose d'important : que le langage (comme l'ensemble de notre forme de vie) est donné, c'est-à-dire hérité, qu'on ne le choisit pas plus qu'on ne choisit ses parents.

> À ces accords, Wittgenstein donne tantôt le nom de conventions, tantôt celui de règles (…). Il appelle « accord *dans* les jugements » l'accord sur la base duquel nous agissons, et notre capacité à nous servir du langage dépend, selon lui, d'un accord dans des « formes de vie ». Or les formes de vie sont précisément ce qui doit être « accepté » ; car elles sont « données »[1].

Ce que ne voient pas ceux qui veulent ainsi interpréter Wittgenstein dans le sens d'une acceptation obligatoire du donné social, c'est que mon accord ou mon appartenance à *cette* forme de vie ne sont pas donnés au même titre, et que tout n'a pas à être « accepté ». Que les formes de vie soient « données », cela ne veut pas dire seulement que notre donné, ce sont des *formes* de vie, mais que notre forme de vie est un donné. Ce qu'entend la notion de forme de vie, ce n'est pas le conservatisme mais, dit Cavell, « l'absorption réciproque du naturel et du social ».

> Lorsqu'il nous est demandé d'accepter ou de subir la forme humaine de vie, comme « un donné pour nous », on ne nous demande pas d'accepter, par ex., la propriété privée, mais la séparation ; non pas un fait particulier de puissance, mais le fait d'être un homme, pourvu donc de cette (étendue ou échelle de) capacité de travail, de plaisir, d'endurance, de séduction. L'étendue ou l'échelle exactes ne sont pas connaissables *a priori*,

1. *VR*, p. 66.

pas plus qu'on ne peut connaître *a priori* l'étendue ou l'échelle d'un mot[1].

Ici se révèle le sens de la comparaison des accords de communauté avec les accords de langage. Que le langage me soit *donné* n'implique pas que je sache comment je vais m'entendre, m'accorder *dans* le langage avec mes co-locuteurs.

> Je ne crois pas que cette idée puisse prouver ou expliquer quoi que ce soit. Au contraire, elle conduit à s'interroger sur la nécessité, ou le désir, de produire une explication philosophique du fait que les humains s'accordent sur le langage dont ils usent de concert ; une explication qui serait en termes de significations, ou de conventions, de termes de base, ou de propositions, toutes choses sur lesquelles nos accords devraient trouver leur fondement. Rien par ailleurs n'étant plus profond que le fait, ou l'étendue, de l'accord en lui-même[2].

JE suis le seul à déterminer l'étendue de « notre » accord. Ce qui constitue la communauté, c'est ma prétention (*claim*) à parler pour elle, pour les autres. Le je, loin d'être donné *a priori, est* revendication. Et c'est là le problème fondamental qui est le plus souvent évité dans les discussions politiques contemporaines de la communauté, celui de

> la prétention [*claim*] à parler au nom du « groupe » : comment ai-je pu participer à l'établissement des critères, alors que je ne reconnais pas l'avoir fait, et que je ne sais pas quels ils sont ? (…) enfin, il faudrait

1. S. Cavell, *Une nouvelle Amérique encore inapprochable, op. cit*, p. 48-49.
2. *VR*, p. 67-68.

souligner que ce qui est en cause ici n'est pas de pouvoir dire *a priori* qui est impliqué par « moi », puisque, au contraire, l'un des buts de l'espèce particulière d'investigation que Wittgenstein qualifie de « grammaticale » est, justement, de découvrir *qui* est ainsi impliqué[1].

Car c'est précisément la question. En quoi ma société, ma communauté est-elle la mienne, et peut-elle parler en mon nom, et inversement ? Comment, de quel droit, puis-je parler au nom du groupe dont je suis membre ? Comment ai-je pu acquérir un si extraordinaire privilège[2] ? C'est tout le sens de *claim* (la revendication) chez Cavell : *ma* prétention à parler pour « nous », qui fait du langage une question sociale, voire politique. L'accord de langage peut être rompu, il peut arriver que mes critères ne soient pas partagés.

> Le désaccord sur les critères, la possibilité de ce désaccord, sont des questions qui occupent, chez Wittgenstein, une place aussi fondamentale que l'élucidation de ce que sont des critères[3].

Le recours à la notion de communauté n'est en rien, chez Wittgenstein, une solution au problème politique. Si je renvoie à ma communauté, reste le problème de *mon* appartenance. « Car la seule source de confirmation, ici, c'est nous-mêmes ; chacun de nous ayant autorité complète »[4]. Cela pourrait conduire à suggérer que le partage sur lequel se fonde le débat libéral/communautarien, entre la voix de l'individu et la voix de sa société, est artificiel, et fondé sur une méconnaissance

1. *VR*, p. 54-55.
2. *VR*, p. 49.
3. *VR*, p. 61.
4. *VR*, p. 50.

de la nature de mon appartenance à la communauté. On peut renvoyer à l'analyse de la théorie de la communauté de Rousseau que Cavell propose au début des *Voix de la Raison*.

> Ce que [Rousseau] revendique comme une donnée philosophique, c'est le fait que les hommes (que lui-même) puissent *parler au nom de la société*, et que la société puisse parler en son nom à lui, révélant ainsi, chacun à leur tour, les pensées les plus intimes de l'autre (…). Le vrai problème est, pour moi, de découvrir *ma position* en regard de ces faits – comment je sais avec qui je suis en communauté, et avec qui, avec quoi, je suis dans un rapport d'obéissance[1].

On n'a pas, pour ainsi dire, le choix entre le moi et les autres, l'individu et la communauté. Le débat actuel, conduisant communautariens et libéraux à modifier leur position dans le sens d'une intégration des thèses de l'adversaire, a peut-être révélé cette impasse fondamentale, sans la résoudre. La communauté est à la fois ce qui me donne une *voix* politique, et qui peut aussi bien me la retirer, ou me décevoir, me trahir au point que je ne veuille plus parler pour elle, ou la laisser parler pour moi, *en mon nom*.

Ma participation est ce qui est constamment en question, en discussion – en *conversation*, pour reprendre un thème essentiel et commun à Rawls et Cavell – dans mon rapport à la communauté. L'appartenance à la communauté est aussi obscure et menacée que l'identité personnelle : je ne sais pas à quelle tradition j'appartiens. Cavell remarque que mon appartenance à une forme de vie commune est toujours menacée, par moi ou par les autres.

1. *VR*, p. 59.

> Parler en votre nom propre équivaut alors à prendre
> le risque d'être démenti – dans une occasion, voire
> une fois pour toutes – par ceux au nom desquels vous
> prétendiez (*claimed*) parler; et à prendre aussi le risque
> d'avoir à démentir ceux qui prétendaient parler pour
> vous[1].

Mais – c'est l'élément paradoxal de la structure
communautaire ainsi définie – en refusant mon accord,
je ne me retire pas de la communauté : le retrait
lui-même est inhérent à mon appartenance. L'adhésion
non critique à la communauté est un mythe fondateur
du communautarisme, qui nie ainsi un élément central
de la pensée libérale anglo-saxonne : la possibilité de
me retirer à la fois *de/dans* la société, de lui retirer mon
accord.

> Puisque l'octroi du consentement implique la
> reconnaissance des autres, le retrait du consentement
> implique la même reconnaissance : je dois dire à la fois
> « cela n'est plus à moi » (je n'en suis plus responsable,
> rien là ne parle plus en mon nom), et « cela n'est plus à
> nous » (le « nous » initial n'est plus maintenu ensemble
> par notre consentement; il n'existe donc plus)[2].

Au fondement des approches communautaristes de
la philosophie morale, il y a l'idée que notre incapacité
d'arriver à un accord en matière de questions morales
est le symptôme d'une irrationalité fondamentale.
Cavell la renverse : la difficulté d'arriver à un accord
est au contraire constitutive de ce qu'il appelle *claim
to rationality*. La raison n'est jamais donnée, mais
revendication, la raison étant elle-même objet autant que

1. *VR*, p. 61.
2. *VR*, p. 62.

sujet de *claim* (*The Claim* of *Reason*). La revendication de l'individu à parler au nom des autres, même si elle n'a rien pour la fonder, *est* rationnelle, et définit quelque chose qui serait propre à la rationalité humaine. Lorsque Wittgenstein dit que les humains « s'accordent dans le langage qu'ils utilisent », dans une forme de vie, il fait ainsi appel à un accord qui n'est fondé sur rien d'autre que la validité d'une voix. Dans *Must We Mean What We Say?*, Cavell, reprenant Kant, définissait la rationalité du recours au langage ordinaire, sur le modèle du jugement esthétique, comme revendication d'une « voix universelle » : se fonder sur *moi* pour dire ce que *nous* disons. Ce qui s'affirme alors chez Kant, c'est la revendication d'un assentiment universel, « et en fait chacun suppose cet assentiment (*Einstimmung*), sans que les sujets qui jugent s'opposent sur la possibilité d'une telle prétention »[1]. Cette revendication est ce qui définit l'accord, et la communauté est donc, par définition, *revendiquée*, pas fondatrice. C'est *moi* – ma voix – qui détermine la communauté, pas l'inverse. Trouver ma *voix* consiste, non pas à trouver un accord avec *tous*, mais à faire reconnaître ma compétence.

Une affirmation morale, pour Cavell, est ainsi une *revendication* (claim) qui porte aussi bien sur moi-même que sur l'objet de la revendication. Ce qui pose le problème de la moralité dans les termes de la question sceptique. On peut dire que chez Cavell et Wittgenstein la communauté ne peut exister que dans sa constitution par la revendication individuelle et par la reconnaissance de celle d'autrui. Elle ne peut donc être *présupposée*, et

1. E. Kant, *Critique de la Faculté de juger*, trad. fr. A. Philonenko, Paris, Vrin, 1993, § 8.

il n'y a aucun sens à résoudre le désaccord moral ou le conflit politique par le recours à elle. La communauté n'est possible que dans la reconnaissance que nous vivons dans le même monde moral, et là encore je suis, *moi*, le seul fondement possible. L'impossibilité d'arriver à un accord serait donc la preuve de l'existence d'une communauté – et non pas l'indice que nous l'avons perdue. Il ne s'agit pas d'une solution au problème de la moralité : bien plutôt d'un transfert de ce problème, et du fondement de l'accord communautaire, vers la connaissance et la revendication de soi. Dans le cas de l'accord moral comme de la revendication politique, je suis ramené à moi-même, à la recherche de ma position et de ma voix. La question demeure donc : comment sortir du scepticisme si je ne peux me fonder que sur moi-même ? C'est toute la question de ce qu'est « suivre une règle ».

RÈGLES, SCEPTICISME, CONFORMISME

Wittgenstein a énoncé au § 224 des *Recherches* la parenté (familiale : ils sont « cousins ») des termes de règle et d'accord. L'angoisse de l'apprentissage est celle de la règle : rien ne nous assure que nous sommes sur les bons « rails », sinon précisément nos formes de vie. Ainsi le scepticisme sera inhérent à toute pratique humaine : toute confiance en ce que nous faisons (poursuivre une série, compter, etc.) se modèle sur la confiance que nous avons en nos usages partagés du langage. John McDowell commente ainsi le passage de Cavell déjà cité, sur le caractère « terrifiant » du fait ordinaire que nous ne nous fondons *que* sur notre forme de vie :

> La terreur dont parle Cavell est une sorte de vertige, induit par la pensée qu'il n'y a rien d'autre que des formes de vie partagées pour nous conserver, en quelque sorte, sur les rails[1].

Mais le traitement pour ce « vertige » – l'angoisse inhérente à l'usage du langage ne sera pas dans le recours à la communauté, car cette angoisse est suscitée précisément par le rapport de l'individu à la communauté. Cela montre les limites d'une certaine conception sociologique de la règle, qui va trouver dans l'accord de communauté « l'arrière-plan » de toute justification de nos actions. Wittgenstein veut montrer *à la fois* la fragilité et la profondeur de nos accords, et la *nature* même des nécessités qui émergent de nos formes de vie. Il n'y a pas de « traitement » à ce scepticisme, qui n'est pas seulement un doute sur la validité de ce que nous faisons et disons, mais révèle à quel point JE suis la seule source possible de cette nécessité.

La lecture alternative de Wittgenstein serait donc celle de *l'ordinaire*. On fait comme si le recours à l'ordinaire, à nos *formes de vie* (en tant que donné) était une solution au scepticisme : comme si les formes de vie étaient, par exemple, des institutions sociales. Ici s'opposent deux représentations, celle de *l'arrière-plan*, (notamment chez Searle[2], qui affirme que les institutions constituent l'arrière-plan qui nous permet d'interpréter le langage et de suivre des règles sociales), et celle de la naturalité de la forme de vie. Le terme d'arrière-plan

---

1. J. McDowell, « Non cognitivisme et règles », trad. fr. S. Laugier, dans *Wittgenstein 1889-1951*, *Archives de philosophie* 64, 2001/3, p. 457-477.

2. J. R. Searle, *La construction de la réalité sociale*, trad. fr. Cl. Tiercelin, Paris, Gallimard, 1998, chap. VI.

(*Hintergrund*) apparaît dans les *Recherches* pour indiquer une représentation que nous nous faisons, pas pour *expliquer* quoi que ce soit. L'arrière-plan ne peut donc avoir de rôle causal, car il est le langage même – nos usages *ordinaires*, le tourbillon dont parle Cavell, et qui est décrit dans les *Remarques sur la philosophie de la psychologie* :

> Nous jugeons une action d'après son arrière-plan dans la vie humaine (...).

> L'arrière-plan est le train de la vie. Et notre concept désigne quelque chose dans *ce* train[1].

Un autre passage significatif :

> Comment pourrait-on décrire la façon d'agir humaine ? Seulement en montrant comment les actions de la diversité des êtres humains se mêlent en un grouillement [*durcheinanderwimmeln*]. Ce n'est pas ce qu'un individu fait, mais tout l'ensemble grouillant [*Gewimmel*] qui constitue l'arrière-plan sur lequel nous voyons l'action[2].

On voit ici l'inadéquation de l'expression d'arrière-plan : nous *voyons* l'action, mais *prise* au milieu du tourbillon de la forme de vie. Ce n'est pas la même chose de dire que l'application de la règle est *déterminée* par un arrière-plan, et qu'elle est à *décrire dans* l'arrière-plan d'actions et de connexions humaines. *Suivre une règle* fait partie de notre vie dans le langage, et est inséparable d'autres pratiques. La question n'est plus celle du contraste entre l'individu isolé et la communauté, mais entre la règle et la multiplicité des règles où elle est

1. *RPP* II, § 624-625.
2. *RPP* II, § 629.

prise et intriquée. Au thème trop perceptuel et statique de l'arrière-plan, on peut alors préférer ceux de la texture et du grouillement de la vie.

Nos pratiques ne sont donc pas épuisées par l'idée de règle ; au contraire, une chose que veut montrer Wittgenstein, c'est qu'on n'a pas dit grand-chose d'une pratique (comme le langage) quand on a dit qu'elle est gouvernée par des règles. En réalité, le questionnement sur les règles dans son ensemble est faussé par l'idée (philosophique) d'un pouvoir explicatif ou justificatif du concept de règle, qui mène droit au conformisme. Il faut donc en finir avec les lectures conformistes de la règle, et avec l'idée – commune à bien des doctrines politiques contemporaines – que certaines revendications sont impossibles, ou mal placées, qu'elles n'ont pas de sens dans notre société, parce qu'elles se placent en dehors de ses règles, et nient l'accord de départ qui la fonde. Mais justement, quel accord ?

Il y a, sous-jacente à l'idée de communauté, l'idée qu'il faudrait en quelque sorte apprendre à revendiquer comme il faut ; consentir à certaines *règles* pour pouvoir réclamer quoi que ce soit. Mais, comme l'a rappelé Cavell, il n'y a pas de règle qui nous dise *comment revendiquer* – « *how to stake a claim* »[1]. Penser la communauté et le politique à partir de l'ordinaire serait alors apprendre à reconnaître une dimension sceptique dans la règle elle-même.

---

1. Entretien de Stanley Cavell avec Elise Domenach, « Stanley Cavell, une autre histoire du scepticisme », *Esprit*, juin 1998, p. 81.

CHAPITRE II

D'UN TON ANTHROPOLOGIQUE
EN PHILOSOPHIE

> On ne peut que décrire ici, et dire :
> telle est la vie humaine[1].

Les « Remarques sur *Le Rameau d'or* de Frazer » de
Wittgenstein constituent certainement une étape cruciale
dans la reconstruction contemporaine des rapports entre
philosophie et anthropologie ; elles suscitent dans ce
rapport une mutation aussi radicale que les transformations
que Wittgenstein a apportées à la philosophie même. Les
Remarques ont toutefois été essentiellement commentées
par des philosophes, qui y ont trouvé un angle de lecture
de Wittgenstein, et notamment pour sa philosophie de la
religion, ou pour affirmer un tournant anthropologique
dans sa « dernière » philosophie. Mais aussi, trop souvent,
en vue d'évaluer l'anthropologie de Frazer et disons-le,
l'anthropologie en général, ou de décider quelles étaient
les bonnes méthodes en ethnographie. Bref, pour placer

---

1. L. Wittgenstein, *Remarques sur le Rameau d'or de
Frazer*, trad. fr. J. Lacoste, postface de J. Bouveresse, Lausanne,
L'Âge d'homme, 1982. Voir aussi la nouvelle édition *in* L. Wittgenstein,
The Mythology in Our Language. Remarks on Frazer's Golden Bough,
G. da Col, S. Palmié (eds.), London, HAU Books, 2018.

encore une fois la philosophie en position de surplomb ou d'utilisation par rapport à l'anthropologie, ce qui est paradoxal concernant un philosophe qui a toujours voulu détruire le privilège de la philosophie et la ramener au « sol rugueux » de la vie ordinaire. Bien des philosophes contemporains n'ont jamais été embarrassés de donner leur avis sur l'anthropologie, Wittgenstein le premier; voire de proclamer faire eux-mêmes de l'anthropologie. C'est sans doute au tour de l'anthropologie, en tant que discipline constituée, de se saisir de ce texte qui la concerne et la provoque.

Et il s'agit bien d'un anthropologue, Frazer, que Wittgenstein étudie et discute dans les *Remarques*. Prendre le point de vue de l'anthropologie permet en tout cas de se débarrasser d'emblée de l'idée que Wittgenstein opère une critique de Frazer (et donc de l'anthropologie ou d'une certaine anthropologie) en démontrant ses « erreurs ». C'est assez évident si on pense au passage où Wittgenstein reproche à Frazer d'attribuer aux indigènes des « opinions » erronées et où il suggère que c'est lui, Frazer qui est dans l'erreur, pas eux. La bonne façon de lire Wittgenstein ici, ou de comprendre son *enseignement* est de comprendre à quel point l'attribution de croyances, opinions ou thèses à qui que ce soit (y compris soi-même) est un piège.

On ne peut donc que s'étonner de ce que les philosophes qui lisent les « Remarques sur *Le Rameau d'or* de Frazer », même meilleurs spécialistes de Wittgenstein, font comme s'il était un philosophe « standard » – qui critique un point de vue ou un matériau à partir d'une théorie. On ne peut que rapprocher les usages qui sont faits de sa lecture de l'anthropologie de Frazer des usages qui sont fait de sa « critique » de Freud. Dans les deux

cas, on invente chez Wittgenstein une dénonciation de
« mythologies » – souvent avec une visée idéologique
et scientiste mais aussi dans l'ignorance de la méthode
habituelle de Wittgenstein, qui est de nous faire
comprendre ou voir ce que nous voulons réellement dire ;
redoublée, dans le cas ici de Frazer, d'une ignorance ou
mécompréhension de la notion même de « mythologie ».
Les « Remarques sur *Le Rameau d'or* de Frazer »
précisément visent non pas à critiquer l'anthropologie ou
à faire de l'anthropologie « philosophique », mais à se
laisser transformer par le point de vue anthropologique.

Il n'en reste pas moins qu'il s'agit là d'un texte
de Wittgenstein, et qu'il est même très fréquemment
commenté dans la scolastique wittgensteinienne, même
si beaucoup d'études ont plutôt porté sur sa philosophie
de la religion que sur sa vision de l'anthropologie et
de ses méthodes. Wittgenstein est un auteur qui est par
ailleurs objet d'une forme de respect craintif, voire
méfiant chez les philosophes et les anthropologues, et
une question qu'on pose souvent (notamment à ceux qui
le manient avec aisance, comme Veena Das ou Michael
Lambek) est celle du sens des références à, ou citations
de, Wittgenstein dans la littérature anthropologique ;
comme si cela avait une forme d'incongruité ; alors
que les ouvrages de philosophie fourmillent désormais
de références à Lévy-Bruhl, Mauss, Lévi-Strauss,
Descola, Ingold. Je cite à dessein des anthropologues
au *background* philosophique certifié et qui du coup se
prêtent à l'interaction. Mais sous la fascination réciproque
il y a toujours une forme de domination tacite, qui place
la philosophie en position de surplomb.

Nous voulons ici comprendre comment la philosophie de Wittgenstein est une réelle *prise en compte* de l'anthropologie, et de ses données – et non pas un usage cynique ou critique de l'anthropologie. Mais cela conduit inévitablement à se demander, dès lors que la philosophie a longtemps prétendu prendre en charge la tâche de l'anthropologie, *comment* l'anthropologie peut en un sens de revendiquer aujourd'hui comme philosophie, non par une forme de « promotion » mais parce qu'elle illustre la méthode en philosophie que propose Wittgenstein : d'attention aux formes de vie humaines ordinaires dans leur unité et leur diversité, donc aux formes de la vie. C'est pour cette raison que nous ne prétendons pas ajouter une pierre aux commentaires sur les « Remarques sur *Le Rameau d'or* de Frazer », que ce soit ceux des wittgensteiniens comme Hacker ou ceux des anthropologues rassemblés dans le volume *The mythology of our language*, ouvert par la magistrale présentation de Stephen Palmié[1].

Les rapports entre anthropologie et philosophie se sont diversement recombinés dans l'histoire récente de l'anthropologie conçue comme domaine autonome. Ce n'est pas offenser l'anthropologie que de dire qu'elle naît (comme discipline) d'une préoccupation philosophique. Avec une difficulté particulière : philosophie et anthropologie sont proches (« cousins » comme dit Wittgenstein de la règle et de l'usage) dès lors que la philosophie, par le tournant « moderne » opéré par Kant et analysé par Foucault, se tourne vers *l'humain* en général. Et elles sont éloignées, justement parce que la

---

1. G. Da Col et S. Palmié (eds.), *The mythology of our language. Wittgenstein's Remarks on Frazer's* Golden Bough, Chicago (IL), HAU Books, 2020.

philosophie, quand elle prend le ton anthropologique, parle de l'humain *en général*, sans toujours se préoccuper des différentes façons d'être humain ni des différentes façons dont l'humain est vivant.

L'anthropologie émerge, comme le montre sa version kantienne, lorsque la question de l'humain ne relève plus seulement de la métaphysique, mais devient un domaine propre de la philosophie. Non bien sûr que la préoccupation humaine ne soit pas présente avant la modernité – elle relève d'une dimension sociale, morale et « pratique » de l'étude générale de l'homme, un domaine des sciences morales sans autonomie. L'anthropologie émerge dans le cadre d'une philosophie débarrassée (ou au moins critique) de la métaphysique, alors que la question de « l'être de l'homme » était jusqu'alors subordonnée à la question de la métaphysique (concernant les fondements de tout être et de tout devenir). Alors qu'il n'y avait aucune place, dans cet ordonnancement des disciplines, pour une anthropologie autonome – mais seulement des développements sur l'humain en tant qu'être éthique et politique, dont *pratique* – qui vit en société : ce qu'on appelle traditionnellement dans les pays occidentaux les sciences morales. La question de l'humain recevait sa place systématique, et n'avait pas besoin du titre propre d'anthropologie. La rupture kantienne, suivie et renforcée par la rupture wittgensteinienne, est de réintroduire l'humain comme question philosophique indépendante de la métaphysique.

C'est en effet avec le renversement par Kant de l'ancienne métaphysique et de sa division entre connaissance et morale, que le titre d'anthropologie se revendique en tant que tel. La critique de la métaphysique a rendu nécessaire une reformulation de la question

de l'humain, de son lieu et de sa méthode. Dans
L'Anthropologie du point de vue pragmatique qui renvoie,
comme le *Blue Book*, à des cours qu'il n'a cessé de donner,
Kant distingue entre l'anthropologie d'un point de vue
« physiologique » (science de l'humain en tant qu'être
naturel, science de « ce que la nature fait de l'homme » ;
c'est bien celui de la *human life form*) et d'un point de vue
pragmatique, celle de l'homme « en tant qu'être agissant
librement fait de lui-même » – social et politique, les
human forms of life. La philosophie moderne a centré la
question philosophique autour de cette « anthropologie
du point de vue pragmatique », étude du comportement
qui convient à l'homme en tant que citoyen du monde. Or
cette anthropologie était comprise conformément au sens
des anciennes disciplines « pratiques » dont l'humain
était le thème en tant qu'être éthique et socio-politique[1].
On voit à la fois chez Kant la rupture antimétaphysique
nécessaire à l'émergence de cette anthropologie, mais
le maintien de cette question de l'humain comme lieu
spécifique. Le passage le plus radical, se trouve dans sa
classique introduction à la *Logique* ; si la philosophie est
« la science du rapport de toute connaissance et de tout
usage de la raison à la fin ultime de la raison humaine »,
elle se ramène aux célèbres questions suivantes :

> Que puis-je savoir ?
> Que dois-je faire ?
> Que m'est-il permis espérer ?
> Qu'est-ce que l'homme ?

---

1. Voir L. Landgrebe, « Philosophische Anthropologie – eine
empirische Erfahrungswissenschaft ? », in *Faktizität und Individuation.
Studien zu den Grundfragen der Phänomenologie*, Hambourg, Meiner,
1982, p. 1-20.

À la première question répond la métaphysique, à la deuxième la morale, à la troisième la religion (et donc les trois *Critiques*); et à la quatrième, dit Kant, l'anthropologie. On sait que Kant ajoute qu'« au fond, on pourrait tout ramener à l'anthropologie, puisque les trois premières questions se rapportent à la dernière »[1]. Ce qui revient à placer la philosophie dans le cadre d'une anthropologie et donc, en apparence, à réinventer les rapports des deux disciplines. Sauf que l'anthropologie n'est pas ici conçue comme domaine propre de connaissance... et donc sa mission relève encore de la philosophie, étant l'étude de l'humain en général. De « l'anthropologie du point de vue pragmatique » naît tout le domaine de « l'anthropologie philosophique » (essentiel à la pensée allemande contemporaine de Humboldt à Heidegger voire Habermas), qui renverse la découverte de Kant – l'anthropologie comme LA question parce que c'est la question de l'humain – en monopole de la philosophie sur l'anthropologie, devenue sa mission première.

Au-delà ou en deçà des *Remarques*, le rôle spécifique de Wittgenstein est donc la subversion du concept d'anthropologie philosophique; en ce sens sa curiosité intense et immédiate, pour *Le Rameau d'or*, est certainement due à son intuition que le matériau ethnographique serait une réponse à l'enflure des prétentions anthropologiques de la philosophie, comme aux théories de la valeur qui sont à l'arrière-plan du *Tractatus logico-philosophicus*. Plutôt que d'analyser les critiques de Frazer et d'en tirer quelque conséquence normative pour l'anthropologie, on peut reconnaître que Wittgenstein accomplit, dans cette histoire des

1. E. Kant, *Logique*, trad. fr. L. Guillermit, Paris, Vrin, 1997, p. 25.

rapports entre l'anthropologie et la philosophie, un pas supplémentaire après Kant : dès sa première philosophie, dans la critique de la métaphysique, et dans sa seconde philosophie dans l'autonomisation de l'anthropologie.

Affirmer l'existence et l'importance de l'anthropologie comme discipline, c'est en effet affirmer son autonomie par rapport à la philosophie (comme le fait la sociologie explicitement depuis le début du XXe siècle); et surtout par rapport à l'anthropologie philosophique. Ce qui n'est pas aisé, dans un univers de fascination et *revendications* réciproques – où la philosophie moderne se voit comme anthropologie, et où l'anthropologie vise une généralité au-delà d'une discipline académique. D'où une forme de rivalité ou de symétrie bien naturelle, et certainement structurante dans la pensée contemporaine. À condition de cesser en philosophie de prétendre faire de l'anthropologie et comme l'a clairement recommandé Wittgenstein dans les *Recherches Philosophiques*, de saisir la proximité de résultat et de méthode de la philosophie quand elle devient une attention à la vie ordinaire. Cela suppose de renoncer à « l'anthropologie philosophique » sorte de philosophie matinée d'anthropologie – qui maintient toujours en sous-texte que la philosophie est un point de vue dominant, par exemple la question récurrente « qu'est-ce que la philosophie peut tirer de l'anthropologie aujourd'hui ? » ou le désir régulièrement exprimé pour la philosophie de fournir des « fondements » ou une « ontologie » aux sciences sociales.

Pour Wittgenstein, ni la logique, ni les mathématiques, ni les sciences sociales n'ont besoin d'un *fondement* au sens où l'entendent habituellement les philosophes – c'est-à-dire au sens où ces domaines risqueraient de s'effondrer ou, en tout cas, d'apparaître totalement arbitraires, si les philosophes ne les fondaient pas. Elles « prennent soin d'elles-mêmes ». Au XXe siècle, le lien entre l'anthropologie et la pensée de Wittgenstein a été, pour l'essentiel, établi par des philosophes ou des praticiens des sciences sociales et des sociologues qui ont délibérément choisi de faire de la philosophie – y compris la proportion considérable d'anthropologues, en France et ailleurs, qui ont reçu une formation philosophique. L'anthropologie française a tiré une grande partie de son prestige, notamment avec Lévi-Strauss et *L'Homme*, d'un dialogue avec la philosophie française à la fin du XXe siècle (Sartre, Foucault, Derrida). Quant à la pensée de Wittgenstein, elle n'était guère disponible en France jusqu'à sa découverte par Pierre Hadot, Jacques Bouveresse, et plus tard par Pierre Bourdieu, Luc Boltanski. En France, Wittgenstein a été largement exploré par la sociologie[1] ; l'anthropologie a d'abord laissé Wittgenstein aux spécialistes de Wittgenstein. En fait, la première publication française des « Remarques sur *Le Rameau d'or* » a eu lieu dans la célèbre revue *Actes de la recherche en sciences sociales* en 1977, où il a été suivi du commentaire désormais classique de Bouveresse. L'amitié et l'alliance durables entre Bourdieu et Bouveresse ont joué un rôle majeur dans la réception de Wittgenstein dans la sociologie française : mais il était essentiellement ignoré par les anthropologues, peut-être en raison de son lien « officiel » avec la philosophie analytique. Ceci est particulièrement clair dans l'utilisation des *Remarques* pour rationaliser en quelque

---

1. Voir l'étude remarquable de C. Salgues, « Un nouveau Wittgenstein encore inapprochable. Le rôle et la place du philosophe dans l'anthropologie », *L'Homme* 187-188, 2008, p. 201-222.

sorte l'ethnographie par l'utilisation récurrente de passages choisis, concernant les croyances, les rites et les pratiques cérémonielles[1]. Il est intéressant de noter que Bourdieu, dans une intervention peu avant sa mort, pour un colloque philosophique sur le dernier Wittgenstein, s'est présenté comme un véritable spécialiste de Wittgenstein défendant les procédures rationnelles et Wittgenstein comme un auteur « sérieux » :

> L'un des philosophes les plus exigeants et les plus rigoureux peut ainsi [...] se trouver parfois converti en une sorte de philosophe pour non-philosophes, permettant aux sociologues ou aux historiens à prétention philosophique de se situer dans un lieu indéfinissable, à mi-chemin entre la philosophie et la sociologie, où ils peuvent échapper aux juridictions et aux sanctions des deux disciplines[2].

Comme si « philosophe pour les non-philosophes » était une sorte d'insulte – et comme s'il fallait empêcher que Wittgenstein soit utilisé par d'autres que les « bons » philosophes et sociologues. Cet usage normatif de Wittgenstein, et surtout des *Remarques sur* Le Rameau d'or, a été une caractéristique d'une forme d'anxiété analytique du XXe siècle[3] comme si la philosophie « post-analytique », après Quine et Davidson, après la thèse de l'indétermination de la traduction et l'idée d'un schéma conceptuel, avait créé le risque d'un pluralisme et d'un scepticisme radicaux, qui interdiraient toute

---

1. *RRO*, postface de J. Bouveresse, p. 42.
2. P. Bourdieu dans P. Bourdieu *et al*, *Wittgenstein. Dernières pensées*, Paris, Agone, 2002, p. 346-347.
3. Voir C. Geertz, « Distinguished Lecture, Anti-antirelativism », *American Anthropologist* 86(2), 1984, p. 263-278.

compréhension entre les formes de vie[1]. Les *Remarques
sur* Le Rameau d'or seraient ainsi recrutées contre
l'épouvantail relativiste – alors que, comme Lévi-Strauss
l'avait tôt indiqué, l'anthropologie consistait précisément
– comme le préconisait aussi Wittgenstein – à prêter
attention à la pensée des gens, en évitant à la fois d'y *lire*
des absurdités et de se conformer à une version plate de
« notre » sens commun.

> Mais on peut se demander si leur théorie du mana n'est
> pas autre chose qu'un moyen d'attribuer – à la pensée
> indigène des – propriétés impliquées par la place très
> particulière que l'idée de mana est appelée à occuper
> dans leur propre pensée[2].

Ici, la pertinence des remarques de Wittgenstein est
évidente :

> Frazer est beaucoup plus *sauvage* [anglais dans
> l'original] que la plupart de ses sauvages, car
> ces *sauvages* ne seront pas aussi éloignés de la
> compréhension des questions spirituelles qu'un
> Anglais du vingtième siècle. Ses explications des
> pratiques primitives sont beaucoup plus grossières que
> la signification de ces pratiques elles-mêmes[3].

Pourtant, pour Lévi-Strauss, la question – centrale
dans l'ethnographie – du risque de recourir à la « simple
description » demeure. Il écrit :

---

1. Voir S. Laugier, « Relativité linguistique, relativité anthropologique », *Histoire Épistémologie Langage* 18(2), 1996, p. 45-73,
https://www.persee.fr/doc/hel_0750-8069_1996_num_18_2_2460.
2. Lévi-Strauss, « Introduction à l'œuvre de Marcel Mauss », dans
Sociologie et anthropologie, Paris, P.U.F., 2013, p. 57.
3. *RRO*, p. 20-21.

Nous risquerions d'engager la sociologie sur une voie dangereuse, voire destructrice, si nous faisions un pas de plus en réduisant la réalité sociale à la conception que l'homme, même sauvage, s'en fait. Cette conception serait encore plus vide de sens si l'on oubliait son caractère réflexif. L'ethnographie se dissoudrait alors dans une phénoménologie verbeuse, un mélange faussement naïf dans lequel les obscurités apparentes de la pensée indigène ne seraient mises en avant que pour couvrir les confusions de l'ethnographe[1].

On pourrait confronter ici la notion de description proposée respectivement par Lévi-Strauss et Veena Das. Elle reprend le concept du second Wittgenstein : les *formes de vie*, qui nécessitent une description, et même un « excès de description » (peut-être même une « phénoménologie verbeuse »), car ce qui doit être décrit n'est plus la croyance ou les opinions, mais *la vie*.

Si la culture est une question de modes de vie partagés ainsi que de transmission et d'héritage de capacités et d'habitudes en tant que membres de la société, il est clair que c'est la participation à des formes de socialité (les formes de vie de Wittgenstein) qui définit simultanément l'intérieur et l'extérieur, qui permet à une personne de parler à la fois dans le langage et en dehors de celui-ci. L'accord dans les formes de vie, chez Wittgenstein, n'est jamais une question d'opinions partagées. Il faut donc un *excès de description* pour saisir les enchevêtrements de coutumes, d'habitudes, de règles et d'exemples[2].

---

1. Cl.. Lévi-Strauss, « Introduction à l'œuvre de Marcel Mauss », *op. cit.*, p. 57-58.
2. V. Das, « Wittgenstein et l''anthropologie » [1998], repris dans *Voix de l'ordinaire. L'anthropologie face à la violence*, Lausanne, BSN Press, 2021.

Là encore, il s'agit de délimiter la philosophie et l'anthropologie. Mais quelle serait cette philosophie que Lévi-Strauss appelle de ses vœux ?

> Entre l'absurdité fondamentale des pratiques et des croyances primitives, proclamée par Frazer, et leur validation spécieuse par l'évidence d'un supposé bon sens, invoquée par Malinowski, il y a place pour toute une science et toute une philosophie[1].

Une façon d'éviter ou de clarifier ces discussions sur la description (qui sont encore présentes sous des formes caricaturales aujourd'hui) serait, comme ce livre nous le permet, de revenir à la lettre du texte de Wittgenstein, qui, comme le montrent tous les commentaires rassemblés ici, nous appelle à nous tourner vers la description, ainsi qu'à revisiter la question du sens commun, qui n'est pas transparent pour nous-mêmes. La principale découverte de Wittgenstein, dans les « Remarques sur le *Rameau d'or* », mais aussi tout au long des écrits des années 1930, est celle du caractère d'inquiétante « étrangeté » du sens commun ou de la vie ordinaire, donc de la description.

> Les propositions mathématiques sont-elles des propositions anthropologiques qui disent comment nous, êtres humains, déduisons et calculons ? – Est-ce qu'un recueil de lois est un livre d'anthropologie qui dit comment les gens de tel peuple traitent les voleurs, etc. – Pourrions-nous dire : « le juge consulte un livre d'anthropologie et condamne le voleur à une peine de prison » ? Bien, mais le juge n'utilise pas le recueil de lois comme un manuel d'anthropologie[2].

---

1. Cl. Lévi-Strauss, *La pensée sauvage*, Paris, Pocket, 1990, p. 99.
2. *BGM*, p. 65.

La démarche du second Wittgenstein, en tant que méthode philosophique attentive aux usages ordinaires, se révèle plus puissante subversion de ce mythe d'un monopole de l'anthropologie par la philosophie. Cette subversion ne peut se réaliser que dans un renversement de la métaphysique; et un retour à la vie ordinaire. L'ordinaire n'est pas *donné*, il relève plutôt de cette idée que « toute une mythologie est déposée dans notre langage ». Le langage ordinaire est « hautement cultivé » et contient également tout ce qui importe à l'humain. Wittgenstein affirme explicitement que « notre » propre langage (par quoi il entend le langage qu'il partage avec son interlocuteur) est primitif.

> Et quand je lis Frazer, j'ai envie de dire à chaque étape : Tous ces processus, ces changements de sens sont toujours présents pour nous dans notre langage verbal.

> La représentation que Frazer donne des notions magiques et religieuses humaines est insatisfaisante : elle fait apparaître ces notions comme des *erreurs*. Augustin se serait-il donc trompé en invoquant Dieu à chaque page des *Confessions*[1] ?

Frazer, Augustin, mais aussi Freud, Dostoïevski… nous fournissent, selon Wittgenstein, des points de vue que nous sommes capables de comprendre, même s'ils peuvent être étranges voire terrifiants. L'anthropologie devient un nom pour l'exploration de cette capacité, souvent illustrée chez Wittgenstein au moment même où il découvre le sens concret des limites du langage posées dans le *Tractatus*. Comme le note Bouveresse :

> Ce que Wittgenstein reproche à Frazer, c'est un manque total de compréhension ou de considération

---

1. *RRO*, p. 13.

pour certaines images fondatrices, dont l'étrangeté lui semble devoir être expliquée à tout prix. Il ne lui vient pas à l'esprit que les « aberrations » qu'il condamne et dont il voudrait expliquer la présence autant que possible pourraient correspondre à des choses dont le sens lui est tout simplement inaccessible en raison de ses propres limites[1].

Bouveresse nous rappelle quelque chose que Wittgenstein a dit à Drury :

La cathédrale Saint-Basile du Kremlin est l'un des plus beaux bâtiments que j'aie jamais vus. On raconte – je ne sais pas si c'est vrai mais j'espère que ça l'est – que lorsqu'Ivan le Terrible a vu la cathédrale achevée, il a rendu l'architecte aveugle afin qu'il ne conçoive jamais rien de plus beau[2].

« J'espère que ça l'est » est très caractéristique de Wittgenstein, qui explicite ainsi sa réaction : « Quelle *merveilleuse* façon de montrer son admiration ! » Ce à quoi Drury répondit que c'était « une façon horrible ». Wittgenstein dit dans ses « Leçons sur la croyance religieuse » :

Supposons que quelqu'un, avant de partir en Chine, alors qu'il ne me reverra peut-être jamais, me dise : « Nous nous reverrons peut-être après la mort », devrais-je nécessairement dire que je ne le comprends pas ? Je pourrais dire [vouloir dire] simplement : « Oui, je le *comprends* tout à fait. » […] Non, ce n'est pas la

1. J. Bouveresse, *Le mythe de l'intériorité*, Paris, Minuit, 1976, p. 373.
2. M. Drury, *Conversations avec Wittgenstein*, in R. Rhees (ed.), *Personal Recollections*, p. 178. L. Wittgenstein, « A Lecture on Ethics », *The Philosophical Review* 74(1), Jan. 1965, p. 3-12.

même chose que de dire « Je vous aime beaucoup » – et ce n'est peut-être pas la même chose que de dire autre chose. Ça dit ce que ça dit[1].

Et quelques années avant les « Remarques sur le *Rameau d'or* », à la fin de sa célèbre *conférence sur l'éthique*, Wittgenstein a déclaré, à propos d'expressions apparemment dénuées de sens, telles que « Je m'interroge sur l'existence du monde » :

> Je vois maintenant que ces expressions absurdes ne l'étaient pas parce que je n'avais pas encore trouvé les expressions correctes, mais que leur absurdité était leur essence même. Car tout ce que je voulais faire avec elles, c'était *d'aller au-delà du* monde, c'est-à-dire au-delà du langage significatif. Toute ma tendance, et je crois la tendance de tous les hommes qui ont essayé d'écrire ou de parler d'éthique ou de religion, a été de *courir contre les limites du langage*. Cette course contre les murs de notre cage est parfaitement, absolument sans espoir. L'éthique, dans la mesure où elle naît du désir de dire quelque chose sur le sens ultime de la vie, le bien absolu, la valeur absolue, ne peut être une science. Ce qu'elle dit n'ajoute rien à notre connaissance, en aucun cas. Mais elle témoigne d'une tendance de l'esprit humain que, personnellement, je ne peux m'empêcher de respecter profondément et je ne voudrais surtout pas la ridiculiser[2].

1. L. Wittgenstein, « Lectures on Religious Belief », *in* C. Barrett (ed.), *Lectures and Conversations on Aesthetics, Psychology, and Religious Belief*, Oxford, Basil Blackwell, 1966, p. 70-1.
21. L. Wittgenstein, « A Lecture on Ethics », art. cit.; p. 12.

LECTURES ANTHROPOLOGIQUES DE WITTGENSTEIN

L'œuvre de Wittgenstein, note Bouveresse, dans « L'animal cérémoniel »[1], son commentaire des *Remarques sur* Le Rameau d'or *de Frazer*, est centrée sur l'anthropologie. C'est en un sens une philosophie de la *culture*. Cette philosophie se trouve moins, contrairement à ce qu'on pourrait croire, dans les *Remarques mêlées* même si elles sont un concentré de l'esprit autrichien de Wittgenstein, que dans les *Recherches Philosophiques* elles-mêmes. Elle s'interroge sur l'intégration à la culture, sur l'apprentissage du langage et des conventions.

La question centrale de Wittgenstein est celle de l'apprentissage, posée dans le *Blue Book* dès les premières pages (au moment du retour de Wittgenstein à la philosophie[2]), et reprise au début des *Recherches* avec la citation d'Augustin : « *cum ipsi (majores homines) appellabant rem aliquam* ». À la différence de l'interrogation sur l'apprentissage qui dirige les recherches en sciences cognitives, la question de l'apprentissage du langage reste, chez Wittgenstein, une *question*. Elle n'a pas de réponse (en tout cas, la science ne peut en donner). Bouveresse concluait le *Mythe de l'intériorité* ainsi : « On n'a sans doute pas fini de déplorer que cette œuvre monumentale soit pour ainsi dire en état d'inachèvement constitutif (…) qu'elle laisse à ce point le philosophe sur sa faim de réponses nettes »[3]. Le *moment anthropologique* de Wittgenstein,

1. « L'animal cérémoniel », postface à *RRO*.
2. Voir sur ce point Ch. Chauviré, *Wittgenstein*, Paris, Seuil, 1989, p. 122 sq. ; *id.*, Le moment anthropologique *de Wittgenstein*, Paris, Kimé, 2004.
3. J. Bouveresse, *Le mythe de l'intériorité, expérience, signification et langage privé chez Wittgenstein, op. cit.*

pour reprendre le titre de Christiane Chauviré, émerge de cette lecture.

À la fin du *Mythe de l'intériorité*, Bouveresse ouvrait ainsi un programme de recherche à partir de Wittgenstein : voir en quoi la question de l'apprentissage du langage restait justement une *question*. « Il n'est pas impossible que la philosophie des *Recherches* ait été déterminée de façon beaucoup plus directe qu'on ne l'a généralement supposé par les années durant lesquelles Wittgenstein avait apparemment délaissé complètement la philosophie »[1], mais s'est intéressé (lorsqu'il était instituteur) à l'apprentissage chez l'enfant. En lisant les *Recherches*, apparaît clairement, comme le montrent les nombreux passages consacrés à la question de l'apprentissage du langage chez l'enfant, la définition même des jeux de langage à partir de la notion d'apprentissage, etc.

Dans la *Parole malheureuse*, puis le *Mythe de l'intériorité* et « l'animal cérémoniel », Bouveresse définit l'objet de la philosophie du langage : ce qu'on pourrait à sa suite appeler « mythe de l'intériorité », et que Wittgenstein, puis Quine, appellent « mythe de la signification » :

> La négation : une « activité mentale ». Niez quelque chose et observez ce que vous faites. – Est-ce que vous secouez intérieurement la tête ? Et si vous le faites – ce processus mérite-t-il davantage notre intérêt que celui d'écrire un signe de négation dans une phrase ? Connaissez-vous à présent l'essence de la négation ? ». « Le fait que de trois négations il résulte à nouveau une négation doit déjà être contenu dans la négation simple que j'utilise maintenant » (La tentation d'inventer un mythe de la « signification »)[2].

1. J. Bouveresse, *Le mythe de l'intériorité, op. cit*, p. 649.
2. *RP*, § 547, p. 209-210.

Bouveresse cite, vers la fin du *Mythe de l'intériorité*, un passage de Wittgenstein qui résume sa position sur ce point : « Il est très remarquable que les processus qui ont lieu lors de la pensée ne nous intéressent pour ainsi dire jamais. *C'est remarquable, mais non étrange* »[1].

On peut penser à ce point aussi évoqué par Wittgenstein dans les *Recherches* : « "La signification du mot est ce qui est expliqué par l'explication de la signification." C'est-à-dire : si vous voulez comprendre l'usage du mot "signification", voyez donc ce que l'on appelle des "explications de signification" ». Poser des significations qui seraient en quelque sorte « au-delà » de nos explications, et voudraient transcender le langage, c'est cela produire un mythe de la signification. (« Car il n'y a rien de caché – ne voyez-vous pas toute la phrase ? »[2]). Pour Wittgenstein, l'adversaire est donc la philosophie, une certaine façon de faire de la philosophie. Quine dans son article « Le mythe de la signification », rejoint étrangement Wittgenstein en affirmant « C'est bien aux théories que j'en ai : aux théories des philosophes sur la signification ». La critique de la signification est une *critique* philosophique de la philosophie, et de son incapacité traditionnelle à tenir compte de l'usage et de sa richesse propre. Wittgenstein dissout ainsi définitivement ce que Lévi-Strauss a appelé « l'illusion totémique », typique de Frazer. Dans *Le totémisme aujourd'hui*, Lévi-Strauss démontrait que le totémisme n'était pas, comme la prétendue prélogicité, une caractéristique « injectée », pour reprendre le mot de Quine, par des hypothèses de traduction malencontreuses. Dans son commentaire des *Remarques sur le* Rameau

---

1. *Z*, § 88, et *Le mythe de l'intériorité*, *op. cit.*, p. 649, nous soulignons.
2. *RP*, § 560 et § 559 p. 213.

d'or *de Frazer*, Bouveresse note : « S'il est vrai que l'interprétation, pour être recevable, doit nécessairement préserver les lois logiques élémentaires (…), le principe de charité représenterait alors quelque chose comme le résidu d'ethnocentrisme constitutif qui est nécessaire pour rendre l'altérité culturelle déterminable et pensable »[1]. Dans cette lecture anthropologique, la charité n'est pas seulement une maxime d'interprétation ou une norme d'attribution des croyances : elle est la *reconnaissance* d'une communauté humaine, qui constitue sans doute la seule réponse (montrée et non dite) au scepticisme. « L'animal cérémoniel » serait donc une réponse aux questions du *Mythe de l'intériorité*. Le sol dur ou le fondement possible de mon interprétation de la pensée d'autrui n'est autre que la nature humaine. Ma bêche se recourbe, et il n'y a rien de plus : de toute façon, « le mode de comportement humain commun est le système de référence à l'aide duquel nous interprétons un langage qui nous est étranger »[2]. Il n'y a donc pas d'explication, et peut-être même pas d'interprétation. Wittgenstein ajoute : « Je crois que l'entreprise même d'une explication est déjà un échec parce qu'on doit seulement rassembler correctement ce qu'on *sait* et ne rien ajouter, et la satisfaction qu'on s'efforce d'obtenir par l'explication se donne d'elle-même »[3]. Cette approche anthropologique, découverte par Wittgenstein, se retrouve dans les réflexions récentes sur la pertinence sociologique de Wittgenstein, notamment le travail d'Albert Ogien[4].

1. *RRO*, p. 116.
2. *RP*, § 206 p. 127-128.
3. *RRO*, p. 14.
4. A. Ogien, *Les formes sociales de la pensée : la sociologie après Wittgenstein*, Paris, Armand Colin, 2007. Voir aussi : Ch. Chauviré,

> Si le langage doit être un moyen de communication, nous devons nous accorder, non seulement dans des définitions mais aussi (si bizarre que cela puisse paraître) *dans* des jugements[1].

Cette affirmation des *Recherches* joue aussi un rôle central dans la philosophie du langage de Bouveresse. Mais ce dernier voit la véritable réponse dans *De la certitude*, l'ultime écrit de Wittgenstein, auquel il a consacré un long commentaire, dans le *Mythe de l'intériorité* (chap. 5). L'interrogation philosophique, comme l'apprentissage du langage, comme le processus de recherche scientifique, comme notre sens moral, s'appuie sur des énoncés collectivement *et* subjectivement reconnus, pas par consensus mais par accord dans la forme de vie (naturelle et conventionnelle indissolublement).

> C'est-à-dire : les questions que nous posons et nos doutes reposent sur le fait que certaines propositions sont soustraites au doute, comme des gonds sur lesquels tournent ces derniers (...) Mais ce n'est pas que nous ne puissions entreprendre des recherches sur tout, et que nous soyons contraints de nous contenter de présuppositions. Si je veux que la porte tourne, il faut que les gonds tiennent.[2]

Chez Wittgenstein, les conventions doivent malgré tout avoir une justification *naturelle*, et notre nature est tissée de conventions. Ce point est noté par Putnam pour qui : « des manières de "continuer" qui nous sont

Le moment anthropologique de Wittgenstein, Paris Kimé, 2004; Cl. Gautier et S. Laugier (dir.), *L'ordinaire et le politique*, Paris, P.U.F., 2006.

1. *RP*, § 242, p. 135.
2. *UG*, § 341-343.

naturelles, étant données les "formes de vie" que nous avons héritées, sont premières, et présupposées par tout ce que nous pouvons appeler "convention" »[1]. Ce qui suggère aussi qu'il n'y a pas de convention sans critique, et que tout n'a pas à être accepté. Le lien entre la forme de vie wittgensteinienne et la critique sociale d'un Kraus, autre autrichien très proche, n'est pas si ténu que le laissent entendre les partisans d'une interprétation « conservatrice » de Wittgenstein. La volonté de critique du langage, héritée de Mauthner, est une constante de l'œuvre de Wittgenstein y compris quand elle semble s'en remettre à une description des usages. Sa passion pour la critique, Bouveresse la doit d'abord à Wittgenstein, et c'est son héritage qu'il exprime dans tous ses écrits récents, apparemment éloignés de ses premières analyses wittgensteiniennes.

Une idée essentielle de Wittgenstein, sans doute au fondement de cette anthropologie critique, est que l'apprentissage, chez l'homme, n'est jamais terminé. Apprendre, c'est peut-être continuer à grandir à l'âge adulte, à changer. Notre mythologie héritée peut alors, elle aussi, « se modifier plus ou moins profondément »[2], comme le note Bouveresse à propos de *De la certitude*.

« Une chose que nous faisons toujours quand nous discutons d'un mot, c'est nous demander comment nous l'avons appris »[3], dit Wittgenstein. C'est ce qui *définit* le langage. Bouveresse remarque que « nous n'aurions pas de raison suffisante d'appeler un langage

---

1. H. Putnam, *Philosophical Papers III* (*Realism and reason*), Cambridge, Cambridge University Press, 1983, p. 174.

2. *UG*, § 97. *RRO*, p. 116-117.

3. *Leçons et conversations sur l'esthétique, la psychologie et la croyance religieuse*, trad. fr. J. Fauve, Paris, Gallimard, 1971, § 5.

quelque chose qui ressemble à un langage, mais dont il est intrinsèquement exclu que nous puissions l'apprendre. En ce sens un langage est quelque chose qui est essentiellement humain »[1]. Du point de vue de l'apprentissage, le « processus » associé perd son importance, qu'il soit conçu comme psychologique ou physiologique. « Ce n'est *jamais* ce genre de chose qui est en question, chez Wittgenstein, dans la discussion philosophique »[2]. Peu importe le processus si le résultat est socialement uniforme. Là est la limite de la naturalisation.

L'enfant, à la naissance, ne sait pas parler. Cette vérité en dissimule une autre, aussi triviale mais qui est aussi à la base de la thérapeutique philosophique pour Pierre Hadot : il n'a à sa disposition que le langage des autres, pas le sien. Wittgenstein note ce point, qui montre combien est importante philosophiquement la différence entre apprentissage et traduction radicale, dans les *Recherches* : « Augustin décrit l'apprentissage du langage humain comme si l'enfant arrivait dans un pays étranger et ne comprenait pas la langue du pays ; c'est-à-dire comme s'il avait déjà un langage, seulement pas ce langage-ci »[3]. L'enfant apprend *tout* son langage des autres, le langage est un *héritage* : c'est cela – une affirmation métaphysique, pas une profession de foi behavioriste – qu'entend Wittgenstein lorsqu'il définit l'apprentissage, dans les *Recherches*, comme un

---

1. J. Bouveresse, *Le mythe de l'intériorité, op. cit.*, p. 672.
2. J. Bouveresse, « Wittgenstein et les problèmes de la philosophie », *La philosophie anglo-saxonne*, Paris, P.U.F., 1994, p. 291.
3. *RP*, § 32, p. 44.

« dressage » (*Abrichten*). L'apprentissage du langage
s'effectue par l'acceptation d'une norme sociale.

Il faudrait, dans l'esprit de Wittgenstein, réhabiliter la
convention, en lui donnant pour rôle de clarifier et décrire
ce qui, dans nos comportements et « formes de vie »,
habituellement va sans dire. Autrement dit, la notion
de convention devrait permettre, non point de classer
certaines vérités comme simplement conventionnelles,
mais d'en questionner le fondement naturel[1]. Bouveresse
note :

> L'intérêt pour les détails les plus concrets et les plus
> familiers de l'existence humaine et la passion pour le
> document anthropologique constituent un des éléments
> les plus frappants de sa personnalité philosophique.
> D'une certaine manière et à condition de bien
> comprendre quel était son objectif véritable, on peut
> dire qu'il ne s'est jamais occupé d'autre chose que
> d'anthropologie[2].

Réfléchir sur nos traditions, nos héritages, c'est
apprendre des choses que l'on sait déjà : c'est là ce qu'il
y a de plus difficile, comme le montre de façon différente
l'intérêt pour Freud qui se révèle chez Wittgenstein à la
même époque que celle des *Remarques* :

> Ce que nous fournissons, ce sont à proprement parler des
> remarques concernant *l'histoire naturelle de l'homme* ;
> non pas, cependant, des contributions relevant de la
> curiosité, mais des constatations sur lesquelles personne
> n'a jamais eu de doute et qui n'échappent à la prise de
> conscience *que parce qu'elles sont en permanence
> devant nos yeux*[3].

1. Cf. *VR*, p. 125.
2. *RRO*, p. 92.
3. *RP*, § 415, p. 182.

Ce passage explique ce que *voulait dire* Wittgenstein en se conformant toujours scrupuleusement « aux autorités, aux traditions et aux coutumes des gens parmi lesquels il vivait »[1], non par conformisme mais par acceptation d'un donné naturel, qui n'implique pas l'acceptation de tout.

Comme l'a montré Bouveresse et comme le suggère aussi fortement Pierre Hadot à propos de Wittgenstein[2], le philosophe est toujours perdu, *hilflos*, sans lieu de résidence. Il se trouve par rapport à son propre langage, qu'il a laissé partir en vacances, comme le primitif en face d'institutions civilisées qu'il ne comprend pas[3]. Il doit retrouver le sens de l'étrangeté du monde, comme l'émerveillement, mais aussi, et inséparablement, la distance par rapport à son langage, le sens commun et le sens critique. Là est l'exercice spirituel, pour parler comme P. Hadot, auquel nous entraîne Wittgenstein : il faut se méfier du langage, non parce qu'il serait une « prison » (mythologie de plus) mais quand il nous bloque l'accès à son fonctionnement ordinaire.

> C'est d'abord le langage lui-même et sa logique qui opposent un obstacle à peu près infranchissable à une compréhension correcte de leur fonctionnement. S'il y a une leçon à tirer de l'enseignement de Wittgenstein, c'est que nous acceptons toujours trop tôt et trop facilement de nous laisser faire par ce que nous avons fait, et notamment de nous laisser manœuvrer par notre langage[4].

1. *RRO*, p. 93
2. P. Hadot, *Wittgenstein et les limites du langage*, Paris, Vrin, 2004.
3. Cf. *RP*, § 194, p. 123-124.
4. *RRO*, p. 124.

Nous sommes tous, dirait Emerson (que Wittgenstein, Nietzsche et Musil tous les trois avaient lu) des « victimes de l'expression » (*Experience*) : nous sommes héritiers et porteurs d'un langage qui existe avant nous, notre maîtrise des mots est une illusion. Il nous faut apprendre à parler, trouver le ton juste.

> — Mais alors n'est-ce pas ainsi simplement affirmer que pour toi rien d'autre ne compte que le langage ?
> — D'une certaine manière c'est tout à fait faux, d'une autre manière tout à fait vrai. S'il y a certes d'autres choses au monde que le langage, pour ces créatures pour lesquelles notre langage est notre forme de vie, ceux qu'*Expérience* appelle victimes de l'expression – des mortels – le langage est partout où nous nous trouvons, ce qui veut dire partout dans la philosophie[1].

Il y a bien une difficulté spécifique et radicale de la philosophie – ce que Cora Diamond appelle « la difficulté de la réalité et la difficulté de la philosophie » et que Bouveresse a d'emblée interprétée en termes anthropologiques :

> La difficulté particulière de la philosophie », dit Bouveresse « tient au fait qu'elle doit être une anti-mythologie s'exerçant contre une mythologie qu'elle a pour l'essentiel suscitée elle-même à partir des formes de notre langage, c'est-à-dire de cet étonnement devant le fonctionnement de notre langage qui est tout à fait comparable à celui des primitifs devant les phénomènes « naturels »[2].

---

1. S. Cavell, *Une nouvelle Amérique encore inapprochable*, *op. cit.*, p. 116. *Cf.* III, 5 et III, 10.
2. *RRO*, p. 123.

L'œuvre de Wittgenstein, disait Bouveresse à la fin magnifique du *Mythe de l'intériorité*, laisse les choses telles quelles, mais nous apprend à les voir autrement, ou du moins à les voir tout court, à y prêter attention.

> Elle n'est pas seulement à prendre ainsi, mais est sans doute également plus grande et plus philosophique ainsi. Car Wittgenstein l'aurait certainement considérée comme un échec intégral si elle n'avait pas rendu en fin de compte les choses plus difficiles, et non pas plus simples, à ceux qui ont la volonté de penser par eux-mêmes[1].

ANTHROPOLOGIE DE L'ORDINAIRE
ET POLITIQUE DES FORMES DE VIE

L'accord dans le langage n'est pas dans les opinions mais dans la forme de vie[2]. Nos actions et nos conversations avec les autres ne sont pas fondées sur une quelconque *opinion* quant à leur caractère « humain », mais sur la reconnaissance du fait que nous partageons une texture de vie. En remplaçant les opinions ou les croyances par le concept de forme de vie, dans ce que nous pouvons appeler son anthropologie, Wittgenstein conteste l'idée d'attribution des croyances qui est au cœur de l'épistémologie traditionnelle (et dans la philosophie de l'esprit contemporaine). On sait que pour Cavell, l'*accessibilité* de la philosophie de Wittgenstein est conditionnée par la reconnaissance des formes de vie et des formes de LA vie – le « tourbillon de l'organisme »[3] – comme objets de la description philosophique et anthro-

1. J. Bouveresse, *Le mythe de l'intériorité*, *op. cit.*, p. 706.
2. *RP*, § 242, p. 135.
3. Cf. *DVD*, p. 138-139.

pologique. La méthode anthropologique en philosophie
(ce qu'Austin appelle son « travail de terrain ») ne fait pas
de la philosophie une anthropologie, mais souligne une
tâche commune de l'anthropologie et de la philosophie :
l'attention à l'ordinaire. Cavell s'inspire de Wittgenstein
lorsqu'il définit « l'étrangeté de l'ordinaire » inhérente
au ton anthropologique. Dans sa préface au livre de
Veena Das *Life and Words*, Cavell note que l'ordinaire
est le langage ordinaire dans la mesure où nous le
rendons constamment étranger à nous-mêmes, ce qui
renvoie à l'image wittgensteinienne du philosophe en
tant qu'explorateur d'une tribu étrangère : cette tribu,
c'est nous-mêmes, car c'est nous qui sommes étrangers
et étrangers à nous-mêmes – « at home perhaps nowhere,
perhaps anywhere ». Cette intersection du familier et de
l'étrange est le lieu de l'ordinaire et de la philosophie de
la culture de Wittgenstein[1]. *L'inquiétante étrangeté* est la
tonalité de l'anthropologie.

> La perspective anthropologique de Wittgenstein est
> celle d'un être perplexe en principe par tout ce que
> les êtres humains disent et font, donc peut-être, à un
> moment donné, par rien[2].

Il est crucial pour Cavell que Wittgenstein dise que
nous sommes d'accord *dans* et non *sur le* langage. Cela
signifie que le langage précède cet accord autant qu'il
est produit par l'usage. La lecture de Wittgenstein par
Das et d'autres anthropologues est ainsi une expression

---

1. « Declining Decline », première partie du livre de S. Cavell *This New Yet Unapproachable America* (*Une nouvelle Amérique encore inapprochable*) a pour sous-titre : « Wittgenstein as a philosopher of culture ».
2. S. Cavell, *Une nouvelle Amérique encore inapprochable*, *op. cit.*, p. 170.

remarquable de la communauté anthropologique : la volonté de travailler avec la philosophie dans l'exploration et la réparation des textures de l'ordinaire (des formes de vie) mais aussi bien des descriptions et transformations des formes de vie. Le passage des formes de vie sociales aux formes de vie humaines n'est pas le retour à un universel humain, mais croise plutôt deux dimensions de la forme de vie, naturelle et sociale. Le concept de forme de vie est probablement le concept le plus prometteur à naître de la nouvelle alliance entre la philosophie et l'anthropologie : il n'est pas seulement social et biologique, mais aussi indissociablement ethnologique et éthologique.

Wittgenstein fait en effet indissociablement référence au primitif, à l'enfantin et à l'animal. « Le mode de comportement humain commun est le système de référence par lequel nous interprétons un langage qui nous est étranger »[1]. Wittgenstein considère ainsi qu'il veut partir d'une sorte d'application primitive des mots : partir du *primitif* « dissipera la brume » qui entoure « le fonctionnement du langage »[2]. Le langage ordinaire est *primitif* au sens *où telle est la forme que prend une vie primitive*. Il ne s'agit plus seulement de la forme de vie des institutions ou des structures sociales, ou des normes, mais de l'expressivité humaine, et c'est ce second sens de la forme de vie qui est en jeu dans l'anthropologie actuelle de la souffrance et de la pauvreté. Ainsi, décrire une forme de vie signifie regarder attentivement (comme le disait Wittgenstein, « ne pensez pas, regardez ! »[3])

1. *RP*, § 206, p. 127-128.
2. *RP*, § 107, p. 83.
3. *Ibid.*, § 66, p. 64.

à la fois les réseaux de relations et d'institutions, et la forme que prend la vie des créatures vivantes. C'est à ce stade que les critiques formulées par Cavell à l'encontre des interprétations habituelles de la « forme de vie » en utilisant l'expression « forme de *vie* » (*Lifeform*) deviennent plus pertinentes. Ce qui est donné, ce sont nos formes de vie. Ce qui nous conduit à vouloir rompre nos accords, nos critères, ou à fantasmer le fait que d'autres n'en font pas partie, c'est le refus de ce donné. Ce qui est donné dans les formes de vie, ce ne sont pas seulement les structures sociales et les diverses habitudes culturelles, mais tout ce qui est visible dans « la force et les dimensions spécifiques du corps humain, des sens, de la voix humaine ».

Cela nous ramène encore à ce que Cavell appelle l'inquiétante étrangeté de l'ordinaire, qui définit la tonalité anthropologique de toute approche de la vie quotidienne : « C'est *notre* langage qui nous est, ou que nous rendons perpétuellement, étranger »[1]. La figure de l'enfant apprenant le langage, centrale chez Cavell dans *Les Voix de la raison*, devient celle de l'explorateur découvrant une culture étrangère.

Comme le notent les éditeurs de *Philosophical Occasions*, les mots exacts de ce qui est devenu le § 415 des *Recherches* de Wittgenstein, « Ce que nous fournissons sont en réalité des remarques sur l'histoire naturelle des êtres humains ; nous n'apportons pas de curiosités, cependant, mais des observations dont personne n'a douté, mais qui n'ont échappé à la remarque que parce

---

1. S. Cavell, *Une nouvelle Amérique encore inapprochable*, *op. cit.*, p. 47.

qu'elles sont toujours sous nos yeux »[1] – un résumé de ce qui est considéré comme la dernière perspective anthropologique de Wittgenstein – se retrouve au début d'un manuscrit (MS 119[2]) de 1937 – donc juste après sa découverte du *Rameau d'or*.

L'engagement réciproque de l'anthropologie du XXIe siècle avec la philosophie wittgensteinienne des formes de vie apparaît ainsi moins surprenant dans cette perspective. Après Wittgenstein, la philosophie *devra* devenir une mythologie – une clarification et une expression des mythes déposés dans notre langue, un travail archéologique, ainsi qu'anthropologique. Notre mythologie héritée – notre forme de vie – peut alors aussi changer plus ou moins profondément, comme l'imagine Wittgenstein dans *De la certitude*[3]. C'est bien la philosophie de Wittgenstein, à partir des « Remarques sur le *Rameau d'or* », qui est une exploration de l'anthropologie – et un effort pour donner un sens et une signification à une philosophie qui devient anthropologie.

1. *RP*, § 415, p. 182.
2. L. Wittgenstein, *Nachlass*, année 1937 (je remercie les Archives Wittgenstein de Bergen et Aloys Pichler pour son aide décisive dans mes recherches dans les différents manuscrits qui ont constitué les *Remarques sur le Rameau d'or*).
3. *UG*, § 97. Voir aussi S. Laugier « This is us: Wittgenstein and the social », *Philosophical Investigations* 41(2), 2018, p. 204-222, et S. Laugier, *Wittgenstein. Le mythe de l'expressivité*, Paris, Vrin, 2010.

CHAPITRE III

WITTGENSTEIN, CAVELL
ET LA POLITIQUE DE LA VOIX[1]

Stanley Cavell, dans toute son œuvre, s'est donné pour but de « réintroduire la voix humaine en philosophie ». L'enjeu pour lui de la philosophie du langage ordinaire – notamment l'œuvre de Wittgenstein, et celle d'Austin – est bien de faire comprendre que le langage est *dit*, prononcé par une voix humaine au sein d'une « forme de vie ». Il s'agit alors de déplacer la question de l'usage commun du langage, centrale dans les *Recherches Philosophiques*, vers la question, plus inédite, du rapport du locuteur individuel à la communauté du langage : ce qui conduit pour Cavell à une réintroduction de la voix en philosophie, et à une redéfinition de la subjectivité dans le langage à partir, précisément, du rapport de la voix individuelle à la communauté linguistique, de la voix aux voix (le pluriel « voix » en français est indistinguable du singulier « voix »). Il y a aussi dans la voix l'idée de *claim*, de revendication : la voix individuelle ré-clame une validité commune. C'est aussi une question politique, celle de la représentativité et de l'expression du sujet par

1. Une première version de ce chapitre a été publiée dans les *Cahiers philosophiques* 109, 2007.

sa communauté, et inversement. Ici, Cavell rencontre son auteur américain fétiche, Emerson, mais aussi la pensée de la démocratie et d'une politique de la voix.

SUJET ET VOIX

L'intérêt philosophique du recours à « ce que nous disons » apparaît lorsque nous nous demandons, non seulement ce qu'est *dire,* mais ce qu'est ce *nous*. Comment moi, sais-je ce que *nous* disons dans telle ou telle circonstance ? En quoi le langage, hérité des autres, que je parle est-il le mien ? C'est l'écho de ces questions qu'entend Cavell dans l'ouverture des *Recherches Philosophiques* (qui commencent par la citation d'Augustin : parce que « tous mes mots sont ceux d'un autre »).

> Quand mes aînés nommaient quelque objet et qu'ils se mouvaient en direction de quelque chose conformément à un son, je percevais cela et je saisissais que l'objet était désigné au moyen du son qu'ils émettaient quand ils voulaient le montrer. Cette intention était manifestée par leurs mouvements de leur corps, sorte de langage naturel de tous les peuples, langage qui, à travers les expressions du visage, le jeu des yeux, les gestes et l'intonation de la voix, indique les affections de l'âme quand elle recherche, ou détient, ou rejette, ou fuit quelque chose. Ainsi, au fur et à mesure que j'entendais les mots être émis à leur place dans diverses phrases, j'apprenais peu à peu à comprendre quelles choses ces sons désignaient. Et, au fur et à mesure que ma bouche s'habituait à ces signes, j'exprimais par leur moyen mes propres désirs[1].

1. Augustin, *Confessions*, I, 8.

Dans ce premier paragraphe, qui est certainement un des débuts les plus étranges de l'histoire de la philosophie, on trouve tous les thèmes classiques des *Recherches* : l'apprentissage du langage, la communauté, la signification. Se met en place alors une conception du langage comme accord de communauté, signification héritée, apprentissage par ostension. Mais on découvre aussi dans ce début une autre thématique, moins évidente dans les *Recherches* : celle du sujet, de la voix et de l'expression du désir. L'écart de ces deux thématiques a conduit longtemps à ignorer la seconde chez Wittgenstein – voire à lire dans la première une réfutation de la seconde, la communauté comme réfutation de la voix subjective. L'apport essentiel de la lecture opérée par Cavell dans *Les Voix de la Raison* est d'arriver à les mettre ensemble, et à montrer que la question de l'accord dans le langage commun était, précisément, celle – *sceptique* – de la voix subjective, celle de savoir comment ma voix peut être « la nôtre », et celle du langage qu'elle hérite. La question de la description, et de son adéquation à son objet, réglée dans le *Tractatus* par la voie représentationnaliste (la proposition image de l'état de choses), s'avère celle de la vérité de la confession : pas une vérité subjective ou intérieure (qui serait encore celle de la description, description d'un état intérieur) mais une vérité de la confession. En témoigne ce passage de la fin de la seconde partie des *Recherches* où Wittgenstein différencie la confession et la description :

> Les critères pour la vérité de la confession ne sont pas les critères de la description véritable d'un processus. Et l'importance de la vraie confession ne réside pas

dans le fait qu'elle rende compte de manière correcte d'un certain processus[1].

Les *Recherches* définissent ainsi, contre le *Tractatus*, le dire sur le mode de la confession, définie comme extérieure (ce d'après quoi on juge l'intérieur : il n'y a rien d'autre)

> Il y a bien le cas où quelqu'un plus tard me révèle le fond de son cœur (*sein Innerstes*) par une confession : mais qu'il en soit ainsi ne peut rien m'expliquer de la nature de l'intérieur et de l'extérieur, car je dois donner foi à la confession. La confession est bien sûr encore quelque chose d'extérieur[2].

Il ne s'agit pas de l'expression d'un secret ou de quoi que ce soit de caché. Caché est *faux*, car tout simplement l'intérieur n'a rien de caché. Comme le demande Cavell :

> Mais pourquoi concevons-nous un état, disons d'esprit, comme *intérieur ?* Pourquoi jugeons-nous que la signification d'un poème (d'un certain poème) est « intérieure » ? (Ne pourrions-nous même concevoir comme intérieurs certains états d'un objet physique ? Si ce n'est sa dureté, peut-être son magnétisme ? ou sa radioactivité ?) Ce qui appartient à l'âme est conçu comme intérieur. Mais pourquoi ? « Intérieur » renvoie pour une part au registre de l'inaccessible, du caché (comme l'est une pièce d'une maison) ; mais c'est aussi l'idée d'une *propagation* (comme celle d'une atmosphère, ou des pulsations du cœur). Ce que j'ai ici en tête est contenu dans des expressions comme « beauté intérieure », « conviction intérieure », « rayonnement intérieur », « calme intérieur ». Toutes expressions qui suggèrent que plus profond une caractéristique a

1. *RP*, p. 312.
2. *Z*, § 558.

> pénétré une âme, plus manifeste elle est (*cf.* l'envie, à
> la fois impression aiguë, et état de l'âme)[1].
>
> Voici mon sentiment : que « quelque chose (peu
> importe quoi) » soit là-dedans, c'est déjà ce que le mot
> « extérieur » *dit.* Le mot par lui-même ne retire à la
> notion de critère rien de son pouvoir ; il ne lui en ajoute
> pas non plus. Mais une fausse conception de l'intérieur
> induit une fausse conception de l'extérieur[2].

Je ne sais pas, non pas que je ne sois pas certain, ou
qu'il y ait doute, mais parce qu'il n'y a pas lieu de savoir.
Le scepticisme serait alors moins un problème cognitif
(la possibilité de connaître le monde, ou autrui, ou d'avoir
accès à l'intérieur de l'autre) qu'un symptôme, celui de
mon refus de l'expression. La question de la connaissance
d'autrui agit comme un double, ou un masque, de celle
de ma propre accessibilité (à autrui, à moi-même). Il n'y
a pas de secret, « rien n'est caché ». Non pas que tout
soit extérieur : mais parce que les seuls secrets sont ceux
que nous ne voulons pas entendre, et que le seul privé est
celui que nous ne *voulons* pas connaître, ou auquel nous
refusons de donner accès, ou expression.

Mais on pourrait aussi bien, en suivant Cavell,
renverser plus radicalement le questionnement sur le
« langage privé ». Le problème n'est pas de ne pas
pouvoir exprimer, extérioriser ce que j'ai « à l'intérieur »,
de penser ou ressentir quelque chose sans pouvoir le dire
(problème évoqué par Wittgenstein dans le *Tractatus* : il
y a de l'inexprimable, mais il ne se peut assurément pas
dire, ni penser, ni même sentir) ; le problème est inverse,
de ne pas *vouloir dire ce que je dis.* Ainsi se découvre

1. *VR*, p. 161.
2. *VR*, p. 162.

peut-être une source de l'idée de langage privé : non une difficulté à connaître (ce n'est pas, comme le répète Wittgenstein, un problème de connaissance), mais un refus, voire une peur, de vouloir dire, et d'accéder, ou de *s'exposer* à l'extérieur. D'où les séductions de l'idée de secret : nous préférons l'idée que notre privé est secret, plutôt que de reconnaître la nature même de ce privé, qui est d'être pris dans une structure d'*expression*.

C'est encore la possibilité même de l'expression (linguistique ou autre), et celle du faire semblant, qui définit la subjectivité. Dans les *Recherches*, particulièrement dans les passages concernant le langage privé, cette possibilité est envisagée dans les termes du scepticisme : pas seulement sur l'accès à autrui, mais à soi-même. Cette inquiétude est représentée par les différents moments où Wittgenstein imagine l'impossibilité, ou la dépossession de la parole : est-ce moi qui parle par ma bouche (ou quelqu'un d'autre, voire d'autres)?

> Qu'en est-il de mon propre cas : comment reconnais-je moi-même ma propre disposition? – Là, je dois me prêter attention comme le font les autres, écouter mes mots, et en tirer des conclusions[1].

Ici le mythe du privé cède la place, comme le dit Cavell, à un mythe de l'*inexpressivité*. Cette idée de l'inexpressivité, présente dans ces fameux passages des *Recherches* où Wittgenstein (§ 260-261, § 270) imagine que j'inscris un signe « S » pour ma sensation, s'avère l'anxiété même de l'expression, de la *naturalité* même du passage de l'intérieur à l'extérieur.

1. *RP*, II, p. 272.

> Quelle raison avons-nous d'appeler « S » le signe pour
> une sensation? (…) – alors en philosophie on parvient
> à la fin au point où on aimerait seulement émettre un
> son inarticulé[1].

Wittgenstein envisage ici la tentation ou la
mythologie, non pas du silence, mais de l'*inexpression*.
Comme si précisément le passage *à l'extérieur* était une
perte du contrôle de ce que je *veux dire*, et donc, pour
finir, comme si « un son inarticulé », inexpressif, était
parfois préférable à l'expression douée de sens. Accepter
l'expression, c'est accepter la réalité de l'extériorité
(corporelle) du vouloir dire. « Le corps humain est la
meilleure image de l'âme humaine »[2], non pas en tant
qu'il la représente (et qu'est-ce que cela voudrait dire?),
ou la possède, mais en tant qu'il lui donne expression.
Cela, comme le rapport intérieur extérieur ainsi redéfini,
fait partie de notre forme de vie (c'est cela, le donné), ce
qui doit être « accepté ». Reconnaître ce rapport intérieur/
extérieur,

> C'est également reconnaître que vos expressions *vous
> expriment*, qu'elles sont *à vous*, et que vous êtes *en elles*.
> Cela signifie que vous vous autorisez à être compris,
> chose que vous pouvez toujours refuser. J'aimerais
> souligner que ne pas vous y refuser, c'est reconnaître
> que votre corps, le corps de vos expressions, est à vous[3].

Une telle reconnaissance serait l'acceptation de
l'expression (*Ausdruck*) comme identiquement intérieure
(elle m'exprime) *et* extérieure (elle m'expose). C'est dans
cette identité finale que se révèle la nature même de la

1. *Ibid.*, § 261, p. 141.
2. *Ibid.*, II, p. 254.
3. *VR*, p. 551.

subjectivité telle qu'elle est réinventée par Wittgenstein :
le sujet est certes sujet du langage, Wittgenstein le montre
de toutes les façons possibles dans les *Recherches*, mais
au sens où il est sujet de (à) l'expression. Les remarques
de Wittgenstein sur la philosophie de la psychologie,
dans leur ensemble, semblent alors donner une voix à ce
sujet problématique.

Or ce sujet du langage apparaît en effet sous forme
d'une *voix*, et non d'une intériorité. Car une *voix
intérieure* est-elle intérieure ? C'est la question que
soulèvent plusieurs des analyses de Wittgenstein dans ses
derniers écrits sur la philosophie de la psychologie

> Tu sais que tu mens ; quand tu mens, tu le sais. Est-ce
> une voix intérieure (*innere Stimme*), un sentiment, qui
> me le dit ? Est-ce toujours une voix intérieure qui me le
> dit ? et quand parle-t-elle ? Tout le temps[1] ?

On pourrait alors supposer que le sujet, chez
Wittgenstein, existe exactement comme cette voix,
dans et par le langage. Or ce qui définit cette voix, c'est
justement qu'elle est à la fois, identiquement, intérieure
(je la dis) et extérieure (je l'entends). Elle peut être,
comme on va le voir, la voix commune de notre entente
(*Übereinstimmung*[2]), de notre accord *dans* le langage,
mais elle est la mienne, ou une des miennes, au sens
trivial (factuel) où mon corps est le mien. J'ai envers elle
« un comportement différent »[3].

Qu'elle soit inséparablement intérieure et extérieure
signifie qu'elle n'est évidemment pas une voix qui
m'assure de mon identité, ni de ma pensée, ni de quoi

1. *RPP*, § 779.
2. *RP* I, *op. cit.*, § 241, p. 135.
3. *Ibid.*, II, p. 272.

que ce soit (dès lors qu'elle est voix, elle est expression, et m'échappe). Autrement dit, il n'y a pas de *moi* à qui elle parle.

Le sujet ainsi défini par la *voix* n'est pas une limite ou un point, ni un centre, ni un interlocuteur – pour citer quelques représentations traditionnelles – mais, suggère Wittgenstein, un « espace troué ».

> Un jeu de langage analogue à un fragment d'un autre. Un espace projeté dans des fragments limités d'un autre espace. Un espace « troué » (*Ein « löchriger » Raum*) (Pour « intérieur et extérieur »)[1].

On voit que définir le sujet comme sujet du langage est moins une façon de surmonter le scepticisme que de le reformuler. Le scepticisme, dans la lecture de Wittgenstein par Cavell, est le symptôme d'une impossibilité plus générale, l'incapacité d'entendre le langage ordinaire, et donc de le parler, de *vouloir dire ce que nous disons*. Cette incapacité à être sujet de sa parole, qui est celle de parler le langage commun, est tout le sujet des *Voix de la raison*.

VOIX COMMUNE

Ce qui est dès le départ en cause chez Cavell, ce sont nos *critères*, c'est-à-dire notre accord commun sur ou plutôt *dans* le langage, et plus précisément le *nous* qui est en jeu dans « ce que nous disons quand ». Qu'est-ce qui fonde le recours au langage ordinaire ? Tout ce que nous avons, c'est ce que nous disons, et nos accords de langage. Ce n'est pas sur des significations que nous nous accordons, mais sur des usages, comme

1. *Z*, § 648.

Wittgenstein l'a bien vu. On détermine « la signification
d'un mot » (donné) par ses usages. La recherche de
l'accord (demander « que diriez-vous si... », comme
Austin le fait constamment) est fondée sur tout autre
chose que des significations ou la détermination de « sens
communs » aux locuteurs. L'accord dont parlent Austin
et Wittgenstein n'a rien d'un accord intersubjectif. C'est
un accord aussi *objectif* qu'il est possible. Mais quel est
cet accord ? D'où vient-il, et pourquoi donc lui accorder
tant de portée ? Tel est le problème que traite Cavell.
Dans toute son œuvre, il pose la question : qu'est-ce qui
permet à Austin et Wittgenstein de *dire ce qu'ils disent de*
ce que nous disons ? Pour Cavell, l'absence radicale de
fondement de la prétention à « dire ce que nous disons »
– sa première découverte – n'est pas la marque d'un
quelconque manque de rigueur logique ou de certitude
rationnelle dans la procédure qui part de cette prétention
– deuxième découverte. C'est là la signification de ce que
dit Wittgenstein de notre « accord dans les jugements »,
et dans le langage : il n'est fondé qu'en lui-même, en
le *nous*. Évidemment, il y a là matière à scepticisme.
Les Voix de la raison sont, dans leur ensemble, un
développement d'une remarque de « The Availability
of Wittgenstein's Later Philosophy ». Une remarque qui
est une simple lecture de Wittgenstein, mais qui y lit une
découverte qui est aussi, comme certaines découvertes de
Wittgenstein, « simple et difficile » à la fois.

> Nous apprenons et nous enseignons des mots dans
> certains contextes, et on attend alors de nous (et
> nous attendons des autres) que nous puissions (qu'ils
> puissent) les projeter dans d'autres contextes. Rien ne
> garantit que cette projection ait lieu (et en particulier

ce n'est pas garanti par notre appréhension des universaux, ni par notre appréhension de recueils de règles), de même que rien ne garantit que nous fassions et comprenions les mêmes projections[1].

Cavell montre *à la fois* la fragilité et la profondeur de nos accords, et s'attache à la nature même des nécessités qui émergent, pour Wittgenstein, de nos formes de vie. Il n'y a donc pas pour Cavell de « traitement » au scepticisme qui émerge de la fragilité de nos accords. Que notre langage ordinaire ne se fonde que sur lui-même, ce n'est pas seulement source d'inquiétude quant à la validité de ce que nous faisons et disons : c'est la révélation d'une vérité sur nous-mêmes que nous ne voulons pas reconnaître, le fait que « je » suis la seule source possible d'une telle validité. Récuser cela, tenter d'effacer le scepticisme, revient à le renforcer. C'est ce qu'entend Cavell par sa fameuse proposition des *Voix* : le scepticisme est *vécu*. Ce n'est pas une interprétation « existentielle » de Wittgenstein, mais une nouvelle entente du fait que le langage est notre forme de *vie*. L'acceptation de ce fait – que Cavell définit comme « l'absence de fondement ou de garant pour la finitude, pour des créatures dotées du langage, et soumises à ses pouvoirs et à ses impuissances, soumises à leur condition mortelle » – n'est donc pas ici un soulagement, une délivrance, mais la reconnaissance (*acknowledgement*) de la finitude et du quotidien, dont Cavell trouve la source chez Emerson et Thoreau. C'est à cette condition qu'on peut retrouver le « contact perdu avec la réalité », la proximité au monde et aux mots, rompue dans le scepticisme.

1. *DVD*, p. 2.

L'originalité de Cavell est bien dans sa réinvention de la nature du langage, et dans le lien qu'il instaure entre cette nature et la *nature humaine*, la finitude. C'est en ce sens que la question des accords de langage reformule à l'infini celle de la condition de l'homme, et que l'acceptation de celle-ci va de pair avec la reconnaissance de ceux-là. Ce qui est en jeu alors, c'est l'acceptation de l'*expression* même : tolérer d'être expressif, de vouloir dire.

Le problème philosophique que soulève la philosophie du langage ordinaire est donc double. D'abord, on l'a vu : de quel droit se fonder sur ce que nous disons ordinairement ? Ensuite : sur quoi, ou sur qui, se fonder pour déterminer ce que nous disons ordinairement ? Mais – là est le génie du questionnement de Cavell dans *Must We Mean What We Say ?* et dans les *Voix de la raison* – ces questions n'en font qu'une : celle du rapport du moi (de mes mots) au réel (à notre monde), c'est-à-dire, pour Cavell comme pour Wittgenstein, celle de nos *critères*. Pour le voir, reprenons le questionnement sur les accords du langage. « Nous partageons des critères aux moyens desquels nous régulons notre application des concepts, par lesquels nous instaurons les conditions de la conversation ». Ce que Wittgenstein recherche et détermine, dans les *Recherches*, ce sont nos critères, qui gouvernent ce que nous disons. Mais *qui est-il* pour prétendre savoir des choses comme cela ? C'est cette absence de fondement de la prétention à savoir ce que nous disons qui sous-tend l'idée de critère, et définit *claim*. L'énigme centrale de la rationalité et de la communauté est donc la possibilité pour moi de parler *au nom des autres*.

Cela explique selon Cavell non seulement le passage de la description à l'expression et à la confession, mais surtout le ton très particulier des *Recherches*, qui ont quelque chose de l'autobiographie, mais une curieuse autobiographie qui serait aussi bien la nôtre.

> On a parfois l'impression que Wittgenstein a entrepris de révéler nos secrets, des secrets dont nous n'imaginions pas que d'autres que nous pussent les connaître ou les partager. Dès lors, indépendamment du fait qu'il ait tort ou raison, sa seule intention ou sa présomption paraîtront, aux yeux de certains, exorbitantes[1].

C'est ce ton de la confidence qui rapproche Wittgenstein, par exemple, de Rousseau et de Thoreau, et plus généralement du genre de l'autobiographie, qui se substitue chez Wittgenstein à celui du traité philosophique ou de l'aphorisme :

> L'auteur a des secrets à dire qui ne peuvent être révélés qu'à des étrangers. Ces secrets ne sont pas les siens, et ne sont pas les confidences d'autres. Ce sont des secrets parce que rares sont ceux qui tiennent à en avoir connaissance. Seuls ceux qui se reconnaissent comme étrangers peuvent les entendre, car ceux qui s'en croient familiers penseront qu'ils ont déjà entendu ce que l'auteur dit. Ils ne comprendront pas qu'il parle en confidence[2].

Cela nous ramène encore à la voix et à la question du fondement de l'accord : celle de la nature du *moi* – de *ma* capacité à parler, donc à me conformer aux critères communs. Il ne suffit pas d'invoquer la communauté ;

1. *VR*, p. 52.
2. S. Cavell, *The Senses of Walden*, San Francisco, North Point Press, 1981, p. 92-93.

reste à savoir ce qui m'autorise (me donne titre) à m'y référer.

> En faisant remarquer que la recherche philosophique de nos critères est une recherche de communauté, je répondais, en réalité, à la question soulevée par la prétention [*claim*] à parler au nom du « groupe » : comment ai-je pu participer à l'établissement des critères, alors que je ne reconnais pas l'avoir fait, et que *je ne sais pas* quels ils sont?

> (...) il faudrait souligner que ce qui est en cause ici n'est pas de pouvoir dire *a priori* qui est impliqué par « moi », puisque, au contraire, l'un des buts de l'espèce particulière d'investigation que Wittgenstein qualifie de « grammaticale » est, justement, de découvrir *qui* est ainsi impliqué[1].

Que nous nous accordions *dans* le langage n'est certes pas la fin du problème du scepticisme, et le conventionnalisme n'est pas une réponse aux questions posées ici. En effet il est capital pour Cavell que Wittgenstein dise que nous nous accordions *dans* et pas *sur* le langage. Cela signifie que nous ne sommes pas acteurs de l'accord, que le langage précède autant cet accord qu'il est produit par eux, et que cette circularité même constitue un élément irréductible de scepticisme. On ne trouvera pas dans la convention une réponse au problème du langage, parce qu'elle ne constitue pas une *explication* du fonctionnement du langage, mais une difficulté. L'idée de convention veut bien dire quelque chose (en ce sens, elle est indépassable) : elle reconnaît la force de nos accords, et le caractère extraordinaire de notre capacité à parler ensemble. Mais elle ne peut rendre

---

1. *VR*, p. 54-55.

compte de la pratique réelle du langage, et nous sert plutôt à éviter de voir la *naturalité* du langage. Comme le dit Cavell :

> Puisque nous ne pouvons supposer que les mots que nous avons possèdent une signification par nature, nous sommes conduits à supposer qu'ils la tiennent d'une convention ; et pourtant, aucune conception courante de la « convention » ne semble pouvoir rendre compte du travail qu'accomplissent les mots – car il faudrait, pour ainsi dire, faire entrer en scène un trop grand nombre de conventions. Nous *ne pouvons pas* être tombés d'accord au préalable sur tout ce qui serait nécessaire[1].

S'accorder *dans* le langage veut dire que le langage – notre forme de vie – produit notre entente autant qu'il est le produit d'un accord, qu'il nous est naturel en ce sens, et que l'idée de convention est là pour à la fois singer et masquer cette nécessité. Le donné des formes de vie, ce n'est pas seulement les structures sociales, les différentes habitudes culturelles, mais ce qui a à voir avec « la force et la dimension spécifique du corps humain, des sens, de la voix humaine »[2]. On oublie ou on refoule dans l'idée de convention la naturalité du langage, qui est, contrairement aux apparences, autant, voire plus essentielle à la *publicité* du langage que sa conventionnalité.

Mais je ne suis pas « par définition » représentatif de l'humain. L'accord peut toujours être rompu. Je peux être exclu (ou m'exclure) de la communauté, linguistique comme politique. Le désaccord possible est inhérent même à l'idée d'accord, dès lors que je revendique (par

---

1. *Ibid.*, p. 67-68.
2. S. Cavell, *Une nouvelle Amérique encore inapprochable*, *op. cit.*, p. 47.

ma parole) mon caractère représentatif. Ce désaccord toujours possible résume la menace du scepticisme : la rupture du passage, la suspension de la généralisation du *je* au *nous*.

Pour Cavell, c'est la question du contrat social qui sous-tend ou définit celle des accords de langage, comme le montre la géniale analyse de Rousseau qu'il offre au début des *Voix de la raison*. Si je suis représentatif, je dois avoir ma voix dans la conversation commune. Ma société, si elle est mon expression, devrait aussi me permettre de trouver ma voix. Mais est-ce vraiment le cas ? Si les autres étouffent ma voix, parlent pour moi, j'aurai toujours l'air de consentir. On n'a pas une voix, *sa voix propre*, par nature : il faut la trouver pour parler au nom des autres et les laisser parler en votre nom. Car si mes paroles ne sont pas acceptées des autres, je perds plus que le langage : ma voix.

> Nous ne connaissons pas à l'avance le contenu de ce que nous accepterons naturellement, ni jusqu'à quel point nous tomberons d'accord ; et je ne sais pas non plus à l'avance à quelle profondeur je suis en accord avec moi-même, ni jusqu'où peut aller ma responsabilité envers le langage. Mais si je veux faire entendre à l'intérieur de celui-ci ma voix propre, il me faudra parler au nom des autres et autoriser les autres à parler en mon nom. L'alternative à parler en mon propre nom à titre représentatif (avec le consentement de *quelqu'un* d'autre) n'est donc pas parler en mon nom à titre privé, mais n'avoir rien à dire, être, pas même muet : sans voix[1].

L'erreur de la scolastique wittgensteinienne est de voir une alternative dans le couple privé/public (c'est le

---

1. *VR*, p. 63.

préjugé qui sous-tend les discussions sur « l'argument du langage privé » : soit tout est caché, soit rien n'est caché, soit je suis entièrement privé, soit je suis public). Cavell fait exploser l'alternative. Ne pas être public, ce n'est pas être *privé* : c'est être *inexpressif*. « Pas même muet, sans voix ». Si je ne parle pas, ce n'est pas qu'il y a de l'inexprimable, mais que je n'*ai* rien à dire.

VOIX ET REVENDICATION

Notre accord (avec les autres, avec moi-même) est un accord des *voix* : notre *überein*stimmen, dit Wittgenstein.

> Qu'un groupe d'êtres humains *stimmen* dans leur langage *überein* dit bien que ces hommes ont harmonisé mutuellement leurs voix en ce qui concerne ce langage, et qu'il existe de haut en bas, parmi eux, un accord mutuel[1].

Cavell définit ainsi un accord qui n'est *pas* psychologique ni intersubjectif, qui n'est fondé sur rien d'autre que purement la validité d'une voix : ma voix individuelle prétend à être (*claim*), est une « voix universelle ». *Claim* est ce que fait une voix lorsqu'elle ne se fonde que sur elle-même pour établir un assentiment universel – prétention que, pour exorbitante qu'elle soit déjà, Cavell nous demande de formuler de manière encore plus exorbitante, c'est-à-dire, en lieu et place de toute condition de la raison ou de l'entendement.

Dans *Dire et vouloir dire* (*Must We Mean What We Say ?*), Cavell posait la question du fondement du langage dans les termes kantiens de la « voix universelle », montrant la proximité entre les démarches de Wittgenstein,

1. *Ibid.*, p. 68.

d'Austin et un paradoxe inhérent au jugement esthétique :
se fonder sur *moi* pour dire ce que *nous* disons. Cavell
renvoie à Kant, au passage bien connu du § 8[1] de la
Critique de la faculté de juger, une source de la pensée
de l'accord. Avec le jugement esthétique, Kant nous fait
« découvrir une propriété de notre faculté de connaître
qui sans cette analyse nous serait restée inconnue » :
la « prétention à l'universalité » propre au jugement
de goût, qui nous fait « attribuer *à tout un chacun* la
satisfaction apportée par un objet ». Kant distingue alors
l'agréable du beau (qui prétend, *claim*, à l'assentiment
universel) en termes de jugement *privé* contre *public*.
Comment un jugement qui a tous les caractères du
privé peut-il alors prétendre à être public, à valoir pour
tous ? Kant relevait lui-même le caractère profondément
étrange, « déconcertant », de ce point, dont Wittgenstein
a conduit l'étrangeté à ses limites. Le jugement de goût
exige l'assentiment universel, « et en fait chacun suppose
cet assentiment (accord, *Einstimmung*) ». Ce qui soutient
une telle prétention, c'est ce que Kant appelle une voix
universelle (*allgemeine Stimme*). Or cette « voix », on
l'entend dans l'idée d'accord : *übereinstimmen*, le verbe
employé par Wittgenstein à propos de notre accord dans
le langage[2]. C'est la voix universelle qui postule notre
accord, donc notre prétention à parler au nom des autres
– à parler tout court.

La question de la voix universelle est celle de la
voix même, celle de son arrogance (*arrogation*), la voix
individuelle prétendant parler au nom des autres. Quel est
alors le statut de la voix philosophique ? Cette question

1. E. Kant, *Critique de la faculté de juger*, op. cit., § 8.
2. *RP*, § 241-242, p. 135.

ne recevra de réponse que dans *A Pitch of Philosophy*. Le philosophe parle avec les mots ordinaires, dont rien ne dit qu'ils seront acceptés des autres hommes, alors qu'il prétend parler pour tous. De quel droit?

> Mais qui va dire si un homme parle pour tous les hommes?
>
> Et pourquoi la question nous bouscule-t-elle tellement? Nous imaginons-nous que si elle a une réponse raisonnable, celle-ci doit être obvie ou immédiate? Mais il n'est pas plus facile de dire *qui* parle pour tous les hommes que de parler pour tous les hommes. Et pourquoi cela serait-il plus facile que de savoir si un homme parle pour moi[1]?

On peut repenser à ce propos à l'un des enjeux de l'œuvre d'Austin : la méthode de la philosophie du langage ordinaire, qui consiste en effet à se demander ce que « nous » disons ordinairement. Or c'est bien la question que pose Cavell : comment puis-je savoir si je parle au nom des autres, si je « projette » adéquatement les mots que j'ai appris dans de nouveaux contextes? Il est difficile de ne pas remarquer qu'il y a une dimension « malheureuse », d'échec dans la philosophie du langage ordinaire, obsédée – en tout cas dans le cas d'Austin – par les cas où le langage rate, est inadéquat, inexpressif. On peut renvoyer à la classification des échecs (*infelicities*) proposée par Austin dans *How To Do Things With Words* en association avec la définition des performatifs. Austin attire l'attention sur les connotations sexuelles (qu'il dit « normales ») des termes qu'il choisit pour désigner

---

1. S. Cavell, *Un ton pour la philosophie. Moments d'une autobiographie*, trad. fr. S. Laugier et E. Domenach, Paris, Bayard, 2003, p. 68.

les différents échecs des performatifs (*misfires*, *abuses*, c'est-à-dire *fiascos* et *abus*). L'échec toujours possible du performatif définit le langage comme activité humaine, heureuse ou malheureuse.

Un des buts de la philosophie du langage ordinaire sera alors de déterminer les (des) manières pour un énoncé d'être malheureux, raté, inadéquat au réel. Ces manières sont nombreuses, car pour rater, l'énoncé peut être faux, certes, mais aussi exagéré, vague, inadéquat, incongru, inepte, etc. : Austin aime à énumérer ces différentes possibilités, qui élargissent la notion de faux (et de vrai) à tous les énoncés, y compris ceux qu'on en imaginerait « dispensés ». Cette possibilité toujours présente de l'échec du langage est au centre des préoccupations d'Austin. Cette inquiétude est exprimée de manière plus radicale chez Wittgenstein, et les *Voix de la raison* la conduisent à ses limites. Le scepticisme traverse tout notre usage ordinaire du langage. Telle est la forme que prend alors l'échec du langage. Je suis tenté constamment, ou menacé, par l'inexpressivité. (*Pas même muet* : *sans voix*). Ce refus de l'expression est aussi un refus de la communauté de langage, au sens où elle m'imposerait, ou représenterait, les limites et les contraintes du langage.

Cavell rapproche ainsi Freud et Wittgenstein, dans leur commune conscience que la désillusion est source d'erreurs nouvelles, et ne nous rapproche jamais d'une quelconque maîtrise de nous-mêmes, de nos actions, de nos paroles. Là encore, il n'y a même pas de secret à découvrir, et l'idée même de secret masque cette inadéquation radicale, cette absence de contrôle sur notre discours, notre voix

Parce que la rupture d'un tel contrôle est le propos constant du dernier Wittgenstein, son écriture est profondément pratique et négative, à la manière de celle de Freud. Et comme la thérapie de Freud, elle désire empêcher une compréhension qui ne s'accompagne pas d'une transformation intérieure. Chez tous deux, ce malheur se révèle par le manque de congruence entre ce qu'on dit et ce qu'on veut dire ou ce que l'on exprime; pour tous les deux, le moi se dissimule dans l'affirmation et l'action, et se dévoile dans la tentation et le souhait[1].

L'examen – que ce soit par la philosophie du langage ordinaire, ou par la psychanalyse – de nos énoncés ne nous rend pas plus maîtres de nos vies ou de nos mots. Là est le dernier passage, radical, opéré par Cavell : le langage ne m'apporte pas de maîtrise, au contraire. C'est pourquoi, en définissant, comme le fait Cavell, le langage ordinaire par la *voix,* la voix du moi qui parle, au nom de tous les autres, dans cette arrogance de la voix qui est la marque de toute parole humaine – on ne reconstitue *pas* un nouveau sujet comme sujet de la parole. Certes, c'est ma voix (du premier cri, auquel il est fait allusion au tout début des *Voix*) jusqu'au dernier souffle[2], qui est la première manifestation de moi. Mais Cavell récuse, dans ses derniers textes, l'idée d'une métaphysique de la présence dans le concept de voix, ou de parole, et manifeste même une certaine impatience envers cette idée. Je ne suis pas plus présent dans ma voix que dans mes autres œuvres, actions ou possessions, et la voix humaine, comme le langage ordinaire, est traversée par le scepticisme des *Voix de la raison.*

1. *DVD*, p. 72.
2. S. Cavell, *Un ton pour la philosophie, op. cit.*, p. 125-126.

VOIX ET DÉPOSSESSION

Pour comprendre les ramifications de cette thèse de la dépossession de la voix chez Cavell, il faut venir au travail récent de Cavell, dans *Une Nouvelle Amérique* et *Un ton pour la philosophie*.

Must We Mean What We Say? posait la question : comment *vouloir dire* (*mean* : qui veut dire aussi penser, signifier) ce que je dis ? Cavell renverse radicalement le questionnement sur le « langage privé ». Le problème n'est pas de ne pas pouvoir exprimer ce que j'ai « dans moi », de penser ou sentir quelque chose sans pouvoir le dire (problème définitivement traité par Wittgenstein dans le *Tractatus* : il y a de l'inexprimable, mais il ne se peut assurément pas penser, ni en quelque sorte montrer hors du langage) ; le problème est inverse, de ne pas pouvoir « être dans ce que je dis », *vouloir dire ce que je dis*. Ici intervient de nouveau l'enseignement d'Austin : dire, comme Austin l'a montré dans *How to do things with words*, que le langage est aussi action, ne signifie pas que je contrôle le langage comme (certaines de mes) actions. Cela signifie surtout que je ne peux « vouloir dire ce que je dis ». Je suis plus possédé par le langage que je ne le possède. Ce point, exprimé dans *A Pitch of philosophy*, explicite une intuition profonde de *Must We Mean What We Say?* sur la source du scepticisme, à savoir une impossibilité de dire le monde, non à cause d'un éloignement (imaginaire) du monde, mais de l'impossibilité ou du refus de *vouloir dire*.

> Ce dont ils ne s'étaient pas rendu compte, c'est de ce qu'ils étaient en train de dire, ou de ce qu'ils étaient *vraiment* en train de dire, et ainsi ils ne savaient pas

ce qu'ils voulaient dire. En ce sens, ils ne s'étaient pas connus eux-mêmes, et n'avaient pas connu le monde[1].

Notre éloignement (voulu) du monde crée une chimère, la chimère du privé, de l'*inexpressivité*. Mais ici cette inexpressivité devient anxiété même du poids de l'expression.

Ainsi la chimère d'un langage privé, sous-jacente au désir de dénier le caractère public du langage, s'avère chimère ou peur de l'inexpressivité; une inexpressivité sous le poids de laquelle je me trouve non seulement inconnu, mais impuissant à me faire connaître – ou une inexpressivité qui affecte ce que j'exprime et le met hors de mon contrôle[2].

La question du secret et du privé est transformée, et devient celle de la fatalité du vouloir-dire, ou de ma « condamnation » à la signification. Le problème n'est donc plus celui du non-sens (*meaninglessness*), ou de l'impossibilité de « faire sens », mais plutôt la fatalité de l'expression.

Le problème, si l'on se dispose de l'intérieur de la chimère, est bien plutôt: pourquoi attribuons-nous une signification à quelque mot ou acte que ce soit, qu'il vienne des autres, ou de nous-mêmes? La chimère d'une inexpressivité nécessaire résoudrait simultanément toute une série de questions métaphysiques: elle me soulagerait de la responsabilité d'avoir à me faire connaître aux autres – comme si être expressif avait voulu dire trahir continuellement ce que j'éprouve, en me livrant sans cesse – comme si, du fait même que les

1. *DVD*, p. 40.
2. *VR*, p. 507.

autres ne puissent connaître ma vie (intérieure), je ne pouvais manquer, moi, de la connaître[1].

Comprendre, comme a dit Wittgenstein, que le langage est notre forme de vie, cela veut dire accepter la naturalité du langage, la fatalité de la signification. Ce n'est pas là une reconnaissance aisée à accomplir. D'où naît le scepticisme sous ses différentes formes, l'impossibilité de l'accès au monde étant un masque pour mon propre refus de le (re)connaître, c'est-à-dire, de supporter (*bear*) la signification, le vouloir dire, l'expression. D'où naît le réalisme sous ses différentes formes, ma prétention à connaître ou théoriser le réel étant un masque pour mon refus d'un contact, d'une proximité avec les choses. Vouloir dire ou savoir ce qu'on veut dire, ce serait d'abord parvenir à replacer la phrase, pour ainsi dire, et pour reprendre une expression de Wittgenstein, dans son pays d'origine, son « milieu naturel » ; retrouver la naturalité du langage. C'était la tâche de la philosophie du langage ordinaire : comme dit Wittgenstein, « ramener les mots de leur usage métaphysique à leur usage quotidien »[2]. Mais Cavell désormais dépasse cette imagerie du retour au bercail (*Heimat*). Il n'y a *rien* à retrouver. Je ne « fais » pas plus mes paroles que mes actions. Nous ne sommes pas des acteurs de notre langage, mais, pour reprendre le mot d'Emerson, des *victimes de l'expression* : c'est en ce sens qu'on peut parler de loi de l'expression.

Ainsi se précise ce qui était esquissé, à la fin des *Voix de la raison*, de l'essentielle passivité du rapport à la voix.

1. *VR*, p. 508.
2. *RP*, § 116, p. 85.

> C'est en reconnaissant cet abandon à mes mots, comme
> à autant d'épitaphes, présages du départ de la mort, que
> je connais ma voix, et reconnais mes mots (les mêmes
> que les vôtres) comme miens[1].

Être ainsi livré au langage, c'est bien le contraire
de ce que semble en apparence impliquer le concept de
parole (active, vivante, etc.). C'est pourtant ce qui est
profondément impliqué, pour Cavell, dans le concept de
voix. Je suis aussi actif (et aussi passif) dans ma voix que,
disons, dans ma respiration ou mon souffle, et la question
désormais n'est plus celle de pouvoir accéder au langage,
à la communauté des locuteurs, de trouver sa voix :
c'est celle de supporter précisément, dit-il, l'« inévitable
extension de ma voix, qui toujours m'échappera et pour
toujours retrouvera son chemin vers moi ».

Et donc, ce qui est insupportable, ce n'est pas
l'inexprimable, ou l'impossibilité d'être expressif (une
forme de ce qu'on appelle le mythe de l'intériorité), c'est
l'expression même. Le fantasme du privé transforme ou
déguise en peur de l'inexpressivité (l'idée du « langage
privé ») notre peur symétrique d'être publics, la « terreur
d'être expressifs au-delà de nos moyens ». C'est bien
la question qui se pose à la littérature, dans son rapport
problématique à l'autobiographie et à la confession.
La question de la subjectivité s'avère, bien au-delà
du misérable petit secret personnel, celle du poids de
l'expression, expression singulière et naturelle (mais
aussi respiration individuelle, suffocation) du langage
commun. On aurait alors chez Wittgenstein, avec le
passage du *Tractatus* aux *Recherches*, une première mise
à l'épreuve du sujet moderne, déjà esquissé avec le sujet

1. S. Cavell, *Un ton pour la philosophie, op. cit.*, p. 126.

romantique et par exemple les *Confessions* de Rousseau, mais radicalisé à travers cette question de l'expression :

> Il s'agit pour le sujet de dire ce qu'il a de plus singulier, de donner forme à ce sui est sans mesure commune. Le projet des *Confessions* est emblématique de cette définition nouvelle des tâches de la littérature. Rousseau cherche bien à y dire le plus personnel (…) Mais dès lors, l'individu doit dire avec le langage, qui est par essence bien commun, langage de tous, sa plus extrême singularité (…) Le mouvement même de la modernité, du sujet et de l'écrivain moderne, semble bien être de se livrer de plus en plus à nu à cette épreuve, de s'y risquer avec toujours plus de décision[1].

VOIX POLITIQUE

Cette tension entre le singulier et le commun, entre l'« arrogance » et la légitimité de la prétention philosophique, exprimable par le terme *claim*, est développée chez Cavell sur le plan politique. Ce qui sous-tend la question du fondement de la connaissance, c'est celle (politique et pas seulement épistémologique) du fondement de *notre* usage commun du langage. Pour Cavell, la revendication de connaissance est le masque d'une revendication première : la prétention à parler pour les autres, et à accepter des autres qu'ils parlent en mon nom.

> L'invocation philosophique de « ce que nous disons », et la recherche des critères qui sont les nôtres, « sur la base desquels nous disons ce que nous disons », en appellent à [*are claims to*] la communauté. Or le *claim*

---

1. D. Rabaté, *Poétiques de la voix*, Paris, Corti, 1999, p. 127.

> de communauté est toujours une recherche de la base sur laquelle celle-ci peut être, ou a été, établie[1].

Cavell transforme la question juridique et la question gnoséologique soulevées par *claim* : c'est la question de nos critères communs, de nos accords *dans* le langage.

> En faisant remarquer que la recherche philosophique de nos critères est une recherche de communauté, je répondais, en réalité, à la question, elle-même soulevée par la prétention [*claim*] à parler au nom du « groupe », question que voici : comment ai-je pu participer à l'établissement des critères, alors que je ne reconnais pas l'avoir fait, et que *je ne sais pas* quels ils sont[2] ?

La question est celle de mon appartenance à la communauté du langage, mais aussi celle de ma représentativité : d'où me viennent ce droit ou cette prétention (*claim*) à parler pour autrui ? C'est la question qui, selon Cavell, est posée chez les philosophes du langage ordinaire, Austin et Wittgenstein. Le sens de *claim* étant inséparable de la possibilité de perdre ma représentativité, ou mon appartenance, d'être réduit au silence.

> Tous les réquisits [*claims*] de Wittgenstein à propos de ce que nous disons vont de pair avec la conscience que d'autres pourraient tout à fait ne pas être d'accord, qu'une personne ou un groupe donné pourraient ne pas partager nos critères[3].

Cavell produit ainsi une analyse de Rousseau en termes de *claim* :

1. *VR*, p. 51-52.
2. *VR*, p. 54-55.
3. *VR*, p. 55.

> Ce qu'il [Rousseau] prétend [*claim*] connaître, c'est sa
> propre relation avec la société; et ce qu'il revendique
> [*claim*]comme une donnée philosophique, c'est le fait
> que les hommes (que lui-même) puissent *parler au*
> *nom de la société*, et que la société puisse parler en son
> nom[1].

Ma société doit être mon expression. C'est ce qu'espèrent toujours les théoriciens de la démocratie, et c'est l'illusion qu'a dénoncée Cavell à propos, par exemple, de Rawls : si les autres étouffent ma voix, prétendent parler pour moi, en quoi ai-je consenti?

> Parler en votre nom propre équivaut alors à prendre
> le risque d'être démenti – dans une occasion, voire
> même une fois pour toutes – par ceux au nom desquels
> vous prétendiez parler; et à prendre également le
> risque d'avoir à démentir – dans une occasion ou
> définitivement – ceux qui prétendaient parler pour
> vous[2].

L'accord entre les hommes, linguistique ou politique, justement parce que toujours *claim*, est aussi fragile qu'il est profond. C'est cette fragilité essentielle de l'accord politique, toujours menacé par le scepticisme, qui constitue le sens linguistique de *claim*.

L'accord politique est de même nature que l'accord linguistique, auquel Wittgenstein donne le nom d'*übereinstimmung*[3]. Cet accord n'existe qu'en tant qu'il est revendiqué, réclamé, *invoqué* : ma voix individuelle prétend à être, *est* « voix universelle ».

1. *VR*, p. 59.
2. *VR*, p. 61.
3. *RP*, § 241.

On retrouve ici, avec l'appel à la *voix*, le sens premier de *claim* (*clamare* : crier, *call*). Le concept de voix s'avère ainsi constamment sous-jacent au concept technique de *claim*. *Claim* est ce que fait une voix lorsqu'elle ne se fonde que sur elle-même pour établir un assentiment : se fonder sur *moi* pour dire ce que *nous* disons. Cette revendication est ce qui définit l'accord, et la communauté est donc, par définition, revendiquée, pas fondatrice. C'est moi – ma voix – qui demande la communauté. Trouver ma voix consiste, non pas à trouver un accord avec *tous*, mais à effectuer une revendication.

On peut ainsi dire que chez Cavell et Wittgenstein la communauté ne peut exister que dans sa constitution par la revendication individuelle et par la reconnaissance de celle d'autrui. Elle ne peut donc être présupposée, et il n'y a aucun sens à résoudre le désaccord moral ou le conflit politique par le recours à elle. Il ne s'agit pas d'une solution au problème de la moralité : bien plutôt d'un transfert de ce problème, et du fondement de l'accord communautaire, vers la connaissance et la revendication de soi. Dans le cas de l'accord moral comme de la revendication politique, je suis ramené à moi-même, à la recherche de ma voix.

Ce sont là des thèmes que Cavell reprend à Emerson et Thoreau : chacun vaut les autres, et une voix individuelle revendique (*claim*) la généralité : c'est le principe de la *Self-reliance* (c'est cette possibilité de revendication – par la voix – qui permet de prolonger aujourd'hui le modèle de la désobéissance civique). Emerson et Thoreau refusaient la société de leur temps pour les mêmes raisons que l'Amérique avait voulu l'indépendance, et revendiqué les droits que sont la liberté, l'égalité, la recherche du bonheur. Ils prenaient à la lettre la Déclaration d'Indépendance : « Les gouvernements sont établis parmi les hommes pour garantir ces droits, et leur juste pouvoir émane du *consentement* des gouvernés. Toutes les fois qu'une forme de gouvernement devient destructive de ce but, le peuple a le droit de la changer et de l'abolir, et d'établir un nouveau gouvernement ». C'est ici et maintenant, chaque jour, que se règle mon consentement à ma société ; je ne l'ai pas donné, en quelque sorte, une fois pour toutes. Non que mon consentement soit mesuré ou conditionnel : il est, constamment, en discussion, ou en *conversation*. C'est cela qui définit la possibilité du dissentiment, de la rupture de l'accord de langage.

Thoreau, dans la *Désobéissance civile*, déclare « je souhaite refuser de faire allégeance à l'État, m'en retirer de manière effective »[1]. Si l'État refuse de dissoudre son union avec le propriétaire d'esclaves, alors « que chaque habitant de l'État dissolve son union avec lui (l'État) »[2]. « Je ne peux reconnaître ce gouvernement pour mien, puisque c'est aussi celui de l'esclave »[3], dit Emerson. Ceux qu'ils défendent, Indiens et esclaves, n'ont pas de droits (ils n'ont pas de voix dans leur histoire, dit Cavell). Plutôt que de revendiquer à leur place, et de les maintenir ainsi dans le silence, ils préfèrent revendiquer les seuls droits qu'ils puissent défendre, les leurs. Leur droit d'avoir un gouvernement qui parle et agit en leur nom, qu'ils reconnaissent, à qui ils donnent leur consentement, leur voix.

---

1. H.-D. Thoreau, *La désobéissance civile*, trad. fr. N. Mallet, Marseille, Le mot et le reste, 2018, p. 31.

2. *Ibid.*, p. 35.

3. Emerson, « La loi sur les esclaves fugitifs », dans S. Cavell, *Qu'est-ce que la philosophie américaine ?*, trad. fr. Ch. Fournier et S. Laugier, Paris, Gallimard, 2009.

Ainsi se forme le concept (central dans toute la philosophie politique américaine, sous diverses formes, même dans la théorie libérale de Rawls) de *conversation* démocratique : pour que le gouvernement soit légitime, tous doivent y avoir, ou y trouver leurs voix. Le droit de retirer sa voix à la société se fonde sur la *Self-Reliance* émersonienne. Ma voix privée sera « le sentiment universel; car ce qui est le plus intime finit toujours par devenir le plus public »[1]. Faire en sorte que ma voix privée soit toujours publique : c'est le problème de la démocratie, et la traduction politique de la « critique » wittgensteinienne du langage privé.

Cavell s'est donné pour but de « réintroduire la voix humaine en philosophie »[2]. L'enjeu pour lui de la philosophie du langage ordinaire – notamment l'œuvre de Wittgenstein, et celle d'Austin – est bien de faire comprendre que le langage est *dit*, prononcé par une voix humaine au sein d'une « forme de vie ». Il s'agit alors de déplacer la question de l'usage commun du langage, centrale dans les *Recherches Philosophiques*, vers la question, plus inédite, du rapport du locuteur individuel à la communauté du langage : ce qui conduit pour Cavell à une réintroduction de la voix en philosophie, et à une redéfinition de la subjectivité dans le langage à partir, précisément, du rapport de la voix individuelle à la communauté linguistique, de la voix aux voix. Il y a aussi dans la voix l'idée de *claim*, de revendication : la voix individuelle ré-clame une validité commune. C'est aussi une question politique, celle de la représentativité et de l'expression du sujet par *sa* communauté, et inversement. Ici, Cavell rencontre son auteur américain

1. R. W. Emerson, *Self-reliance*, *op. cit.*
2. Voir S. Laugier, présentation de *DVD*, p. 14.

fétiche, Emerson, mais aussi la pensée de la démocratie et d'une politique de la voix.

Dans le cas de l'accord moral comme de la revendication politique, je suis ramené à moi-même, à la recherche de ma position et de ma voix… La question de la démocratie est bien celle de la voix. Je dois avoir une voix dans mon histoire, et me reconnaître dans ce qui est dit ou montré par ma société, et ainsi, en quelque sorte, lui donner ma voix, accepter qu'elle parle en mon nom. La désobéissance est la solution qui s'impose lorsqu'il y a dissonance : je ne m'entends plus, dans un discours qui sonne faux, dont chacun de nous peut faire l'expérience quotidienne (pour soi-même aussi, car pour Emerson le conformisme qu'on doit d'abord chasser est le sien propre, le moment où on s'entend parler faux).

La critique radicale du conformisme n'est pas une simple mise en cause du consentement à la société. Au contraire, elle définit la condition de la morale démocratique *ordinaire*. La question de la justice et de l'injustice ne concerne pas seulement ceux qui ne parlent pas, qui, pour des raisons structurelles ne peuvent pas parler (qui ont définitivement été « exclus » de la conversation de la justice) : mais ceux qui *pourraient parler*, mais qui se heurtent à l'inadéquation de la parole telle qu'elle leur est donnée. C'est dans cette inadéquation et cette mésentente que se définit le sujet politique : non dans une fondation nouvelle du sujet par sa parole, mais dans l'étouffement et la revendication de sa propre voix. C'est cela qui explique l'intérêt de Cavell sur cette communauté particulière qu'est le couple[1], déterminée

1. S. Cavell, *À la recherche du bonheur. Hollywood et la comédie du remariage*, trad. fr. Ch. Fournier et S. Laugier, Paris, Vrin, 2017.

par un contrat qui pose deux individus juridiquement égaux, mais où reste entièrement à surmonter l'inégalité de parole qui est constitutive de cette égalité donnée. L'idéal d'une conversation politique – de la démocratie – serait non pas celui de la discussion rationnelle, mais celui d'une circulation de la parole où personne ne serait mineur, sans voix.

Un discours *revendique* une voix. Le sujet n'est pas un fondement, il est pour toujours revendiqué, absent, *réclamé*. Il me semble que cette approche du sujet échappe aux critiques de la subjectivité moderne, rénovée, que nous a fournies par exemple Vincent Descombes dans son dernier livre, *Le complément de sujet*[1]. En redéfinissant le sujet par la subjectivité du langage définie par la voix, on le place à la fois dans la naturalité (la voix comme souffle) et dans l'absence : c'est une subjectivité sans sujet, une subjectivité dans le langage. Dans une entente du langage où on s'intéresse à ce qui est dit (« ce que les hommes disent ») je suis en effet autant dans toute chose que je dirais que dans mes énoncés en « je ». C'est dans cette naturalité, et pas en effet dans la tradition classique ou moderne de réflexion sur le sujet, qu'il faut chercher la subjectivité. Le sujet comme sujet de la parole au sens précisément du suppôt, celui qui a à supporter : le sujet passif, celui enfin de l'*agency*. Austin lui-même dans sa classification des actes de langage et de leurs échecs exprime un caractère irréductible de toute action, à savoir qu'elle est destinée à rater, manquer son but, être inadéquate. C'est bien le cas de l'acte ordinaire de parler, qui est à la fois actif et

---

1. V. Descombes, *Le complément de sujet. Enquête sur le fait d'agir de soi-même*, Paris, Gallimard, 2018. Voir chap. 4.

passif. C'est exactement là qu'on trouve la subjectivité :
dans cette possibilité permanente de l'échec. De même
que la véritable subjectivité juridique se trouve dans la
transgression ou le non-suivi de la règle. C'est ainsi qu'il
faudrait définir et réhabiliter le *moderne*, pas dans le
débat effectivement stérile entre adversaires et partisans
du sujet, ou entre les définitions positives-fondatrices et
les définitions négatives-fragilisantes du sujet. Mais cela
conduit inévitablement à penser la question du sujet en
termes d'absence, de quête et de revendication, et ainsi
amènera au terrain politique.

La dimension de l'échec comme celle du souffle ne
sont pas accidentelles, complémentaires, mais inhérentes,
naturelles à la voix et à son *agency* propre. Ce n'est pas
seulement la fragilité ou la pluralité ou l'obscurité du sujet,
mais sa passivité essentielle qui est à mettre en évidence
– il doit *supporter* la voix, comme l'action (le *suppôt*).
La subjectivité de l'action, c'est l'*agency* elle-même et la
passivité inhérente à l'action. La subjectivité du langage,
c'est alors l'impossible adéquation entre le locuteur et sa
(ses) voix.

On notera que cette dissociation/délocalisation de la
voix et de l'agent, selon Cavell, est au cœur de différentes
formes d'expression par la voix humaine :

> Au cinéma, l'acteur est le sujet de la caméra, soulignant
> que cet acteur pourrait devenir (être devenu) d'autres
> personnages (soulignant en fait la potentialité de
> l'existence humaine, les voyages du soi), à la différence
> du théâtre qui porte l'accent sur la possibilité que
> ce personnage accepte (acceptera) d'autres acteurs
> (et donc sur le caractère de destinée de l'existence
> humaine, sur la finitude et la particularité du soi à tout
> moment du voyage). Dans l'opéra, les accents relatifs

portés sur le chanteur et sur le rôle ne semblent pas déterminables en ces termes, et semblent de fait dénués d'importance comparés à la nouvelle conception de la relation entre la voix et le corps que l'opéra introduit : cette relation où ce n'est pas l'acteur et le personnage qui s'incarnent l'un l'autre mais où cette voix est située – on pourrait dire *désincarnée* – dans cette figure, ce double, ce personnage, ce chanteur, dont la voix, pour l'essentiel, n'est pas affectée par le rôle[1].

---

1. S. Cavell, *Un ton pour la philosophie*, *op. cit.*, p. 195.

CHAPITRE IV

SUBJECTIVITÉ, AGENTIVITÉ, SOCIÉTÉ

Le livre de Vincent Descombes, *Le complément de sujet*[1], veut repenser la notion de sujet à partir de Wittgenstein, l'élucider, c'est-à-dire se donner les conditions pour poser clairement, à savoir grammaticalement, la question du sujet. Cet *usage* de Wittgenstein donne sa tonalité, sa problématique et sa justification au livre. C'est aussi cet usage qui fait de ce livre, de façon générale bien sûr, mais aussi et en particulier pour nous, wittgensteiniens, un événement si important, puisque pour la première fois ce n'est pas seulement une problématique du sujet, mais une problématique du social – du sujet social qui nous est ainsi donnée, à partir de Wittgenstein. Et c'est bien une certaine *lecture* de Wittgenstein qui nous est proposée, et du coup le mode même d'élucidation du concept de sujet est orienté par cette lecture : positivement, car tout le déploiement grammatical des constructions verbales qui y est opéré par Descombes donne à son livre son exhaustivité et sa précision conjuguées, par une véritable description du

1. V. Descombes, *Le complément de sujet, op. cit.* Une première version de ce chapitre a été publiée dans le volume collectif *Vincent Descombes, Questions Disputées*, C. Michon et B. Gnassounou (dir.), Nantes, Éditions Cécile Defaut, 2010.

langage ordinaire, de la syntaxe et des usages, et permet une critique radicale de la notion de sujet telle qu'elle a été développée et promue sous diverses formes au XXᵉ siècle. Négativement aussi, car en lisant d'emblée chez Wittgenstein une critique grammaticale du sujet, Descombes exclut toute une dimension de l'outil même qu'il utilise, la philosophie du langage ordinaire : le fait que le langage soit *de fait* ordinaire, parlé et donc, d'une certaine façon que je vais essayer de mettre en évidence, *subjectif*, et que cette subjectivité est définie précisément par l'agentivité dans l'usage commun du langage. En ramenant le sujet de la conscience à celui de l'action, ce qui est certainement le mouvement le plus important qui pouvait être opéré au début du XXIᵉ siècle, Descombes n'a pas seulement déplacer le problème du sujet. Il a permis de poser aussi la question du sujet de l'action de façon nouvelle et d'en suggérer (volontairement ou non, comme dirait Austin dans « Excuses »[1]) quelques difficultés. Ce sont elles que nous allons présenter, non pour critiquer le projet du livre, mais pour en montrer toute la fécondité, et pour mettre en évidence, à partir du *Complément de sujet*, ce que Wittgenstein peut apporter aujourd'hui à une philosophie sociale de l'esprit.

L'ÉLUCIDATION ET LA GRAMMAIRE

La méthode d'élucidation prônée par Descombes est bien wittgensteinienne : dans le *Tractatus*, à la fin, Wittgenstein parle ainsi de l'élucidation qu'il a recherchée comme d'une façon de surmonter les propositions du *Tractatus*[2]. Mais il faut faire attention : on conçoit

1. J. L. Austin, « Plaidoyer pour les excuses », dans *Écrits Philosophiques*, trad. fr. L. Aubert et A. L. Hacker, Paris, Seuil, 1994. p. 139.
2. *TLP*, proposition 6.54.

parfois la notion d'élucidation sur le modèle de l'analyse ou de la définition, comme si élucider une question c'était s'en débarrasser, ce qui est bien une des visées de Descombes : non pas se débarrasser du sujet (il dit bien qu'il n'y a pas plus de sens à vouloir nier le sujet que l'affirmer) mais se débarrasser de la « querelle du sujet », en clarifiant ce que nous voulons dire. Mais qu'est-ce qu'une élucidation wittgensteinienne ? Nous devons rendre claires les propositions du langage (celles qui contiennent notamment des « verbes psychologiques » qu'analyse Descombes) qui sinon seraient confuses. On peut pour cela procéder par la voie grammaticale, admirablement décrite par Descombes : « les mots s'emploient dans un contexte et on explique leur sens en les y replaçant : d'abord dans celui de la construction d'une phrase, ensuite dans ceux d'un jeu de langage pour l'emploi de cette phrase et d'une forme de vie pour la pratique du jeu de langage »[1]. Cette progression contextualiste, du mot à la forme de vie est exactement la méthode des *Recherches Philosophiques*. C'est aussi une méthode qui explore nos modes de description : qui veut décrire la façon dont nous décrivons. Descombes cite Wittgenstein : en philosophie, « notre recherche est dirigée non vers les phénomènes mais vers les *possibilités des phénomènes*, sur le genre d'énoncés que nous faisons sur les phénomènes »[2]. Il me semble que toute la construction du livre, dans le détail de ses parties et chapitres, est déterminée par ce plan ; elle mériterait une analyse à elle seule, par son exploration systématique des possibilités, et du genre d'énoncés que nous faisons sur les phénomènes de la subjectivité.

1. V. Descombes, *Le complément de sujet, op. cit.*, p. 11-12.
2. *Ibid.*, p. 221.

Mais une telle élucidation (désembrouillage, pour reprendre l'expression de Descombes) n'est pas une clarification d'un donné obscur ou confus : « Le résultat de la philosophie, dit Wittgenstein, n'est pas de produire des "propositions philosophiques", mais de rendre claires les propositions »[1]. Il semble à première lecture que le rôle d'une élucidation soit d'introduire de la clarté dans les propositions qui, avant l'élucidation, manquent de clarté : l'élucidation rend précis ce qui est logiquement trouble et confus, par une transposition dans un langage clair. Mais Wittgenstein, dans sa correspondance avec Ogden, récuse cela : il rejette la traduction de *das Klarwerden von Sätzen* par « la clarification des propositions », et suggère : « les propositions sont *désormais devenues claires* qu'elles SONT claires » [« *the propositions* now have become clear *that they ARE clear* »][2]. Élucider revient à montrer une clarté déjà présente dans ce que nous disons, ou voulons dire. De ce point de vue le langage ordinaire est entièrement clair, reste à montrer qu'il l'est.[3] Ce n'est pas la position de Descombes, comme le montre sa note sur la non-primauté du langage ordinaire où très honnêtement il précise d'emblée qu'il ne s'intéressera pas à l'usage commun. En ce sens il est moins un philosophe du langage (ordinaire) que de l'analyse conceptuelle, grammaticale en ce sens.

Cette analyse, même si elle se veut élucidatoire, est donc correctrice, ce qui a beaucoup d'avantages puisqu'elle met en évidence toutes sortes de confusions dont s'entourent les théories contemporaines du sujet. Elle

---

1. *TLP*, proposition 4.112.
2. *Ibid.*
3. S. Laugier, *Du réel à l'ordinaire*, Paris, Vrin, 1999.

permet, conformément au point de vue de Wittgenstein, d'ébranler des caractéristiques couramment attribuées au sujet, comme la connaissance de soi, la conscience de soi, l'autoposition du sujet, le rapport subjectif à soi. Mais chez Wittgenstein la grammaire, on l'a dit, est aussi descriptive que normative : elle ne dit pas à quoi notre réflexion ou notre langage doivent se conformer, mais nous permet de savoir *ce que nous voulons dire* (*mean*), de nous rendre intelligibles à nous-mêmes, comme y aspire explicitement le *Tractatus* avant même plus la seconde et la dernière philosophie. Le wittgensteinien ne peut que suivre Descombes dans sa volonté de clarification théorique sur le sujet, et dans sa critique grammaticale des philosophies de la conscience, mais peut aussi être perplexe dans sa volonté de « grammaticalisation » de ce discours. Car quand on examine nos usages, il s'agit bien de ce que nous voulons dire : et *nous*, comme l'a noté Cavell, est aussi une première personne. Le but de l'élucidation est bien de nous montrer ce que nous voulons dire, et savoir ce que nous voulons dire est bien une question qui engage une forme de subjectivité.

Nous ne suggérons pas une voie de réhabilitation d'un sujet du langage, mais plutôt une difficulté : fonder sur le tournant linguistique une méthode (féconde) d'analyse des usages et du langage ordinaire, tout en refusant d'accepter ce qui est inhérent à cette méthode et la rend féconde, à savoir un certain type de « thérapeutique subjective » qu'elle met en œuvre : comment savons-nous ce que nous disons ? Quels vont être les critères de l'analyse ?

Ce sera la question que nous allons développer ici. Si on récuse la fondation du sujet en lui-même, que l'on revendique un sujet désubjectivé de l'agir, on retrouve pour l'agent toute une série des problèmes que l'on voulait dissoudre à propos du sujet. Descombes le sait très bien, et c'est toute la puissance du livre de développer grammaticalement ces problèmes. Mais on peut trouver qu'il manque encore quelque chose à la solution, et en tout cas que l'usage qui est fait de Wittgenstein finit par en éloigner.

Notons que l'interprétation de Wittgenstein par Descombes est féconde un peu comme le sont, par exemple, celle de Cavell ou celle de Taylor, parce qu'elle fait un usage de l'auteur et le radicalise, en y lisant, à travers une grammaire, une politique, au sens ou la question du langage et de ses règles serait au fond *la* question politique, celle du rapport du je au nous, de l'individu au collectif, du locuteur aux règles. Les choses sont claires pour Descombes : « Le terme de l'enquête est atteint lorsqu'il apparaît que les questions de Wittgenstein sur la possibilité de suivre une règle définissent le programme d'une philosophie de l'esprit renouvelée à la suite du tournant linguistique »[1]. Mais à partir de cette articulation fondamentale du sujet (du langage) au social (l'esprit objectif), en réalité des réponses bien différentes peuvent être données à partir de Wittgenstein.

LA SUBJECTIVITÉ DANS LE LANGAGE

Un point aveugle de la théorie de Descombes est le statut du langage ordinaire : non pas la référence à l'usage commun, mais aussi le fait que le langage est le langage parlé, et toujours parlé par quelqu'un (par une *voix* humaine). Cela signifie quelque chose et il faut en tenir compte si l'on veut traiter la question du sujet comme

1. V. Descombes, *Le complément de sujet, op. cit.*, p. 22.

sujet (du langage) ordinaire, sujet d'après le tournant linguistique. Il semble difficile de récuser la validité de l'usage tout en revendiquant une analyse grammaticale.

Ce que l'examen des usages apporte aux théories du sujet, c'est l'idée que *je* est un complément, un usage grammatical. Là-dessus, le livre est particulièrement clarifiant, et Descombes a saisi et rendu accessible, sous une forme concrète, un élément fondamental de l'œuvre de Wittgenstein à savoir le caractère *non référentiel* du je, le fait qu'il ne renvoie pas à un objet (de connaissance). Descombes dit bien qu'il ne veut pas éliminer le sujet : il veut critiquer ce qu'on pourrait appeler, pour reprendre un terme qu'il aime bien et qu'il a employé dans *Philosophie par gros temps* en référence à Clément Rosset[1], la *grandiloquence* que l'on place sur le sujet (le style grandiloquent) : ce qu'a de particulièrement remarquable sa critique, c'est qu'elle montre bien qu'il y a la même grandiloquence dans l'affirmation du sujet classique (le je, le cogito) maître et conscient de soi, et dans celle du sujet contemporain divisé, historicisé, impotent etc., jusqu'à Foucault[2] : la grandiloquence du sujet faible, mou. Rosset dénonçait ainsi l'emphase de la sobriété, et il y a quelque chose de cela, que Descombes épingle avec l'ironie géniale qui lui est propre, dans l'affirmation répétée et complaisante du sujet comme divisé, fragile, et qui finit par puiser de la force et une nouvelle légitimité dans son impuissance. Paradoxalement, il y a bien quelque chose d'assez nietzschéen dans le livre. Un des acquis de *Complément de sujet*, c'est en effet que les versions du sujet que nous offre la pensée

1. V. Descombes, *Philosophie par gros temps*, Paris, Minuit, 1989, *page ?*

2. V. Descombes, *Le complément de sujet*, op. cit., p. 255.

contemporaine ne sont pas si radicales, qu'il n'y a au fond guère de différence autre que de tonalité entre la position des adversaires du sujet, qui veulent toujours mettre le sujet (même dépourvu de sa transparence et de sa souveraineté etc.) au centre de l'ordre du monde, et les classiques philosophies de la conscience. Un autre acquis important est de nous faire renoncer à définir le sujet par l'auto-référence et l'auto-désignation et en général, d'en finir avec la mythologie contemporaine de la réflexivité, toujours présente dans les approches contemporaines (notamment dans le champ de la pragmatique, comme de la philosophie de l'esprit, par les théories de l'indexicalité). Cette mythologie de la réflexivité ressortit bien, pour le coup, à une mythologie de la grammaire, et une « sacralisation du langage » sur le mode religieux, telle que la dénonçait Austin. Le *Complément* prône, exactement à l'inverse, le renoncement au *self* non seulement comme entité, objet, mais comme opérateur grammatical *self-* : à l'auto-position, à la connaissance de soi, ou au rapport à soi comme rapport de connaissance, transparent ou non, et là Descombes a non seulement raison de dire que Wittgenstein a eu des arguments très forts et définitifs[1], mais il les développe de façon très novatrice.

À partir de là, on peut avoir deux objections.

Pour Descombes, l'autorité de la première personne n'est pas fondée sur la conscience, mais sur l'action, et « le concept de sujet dont nous avons besoin est celui de l'agent ». C'est la thèse principale, et autant son premier pas suscite l'adhésion, autant le second ne s'impose pas. On a envie de demander : pourquoi pas la subjectivité de l'agent ? Car s'il n'y a pas chez Descombes de rejet

---

1. V. Descombes, *Le complément de sujet*, *op. cit.*, p. 20.

systématique du sujet, il y a bien dans le livre un rejet de la subjectivité, de l'expression subjective.

Le point (ou le dilemme) serait le suivant : doit-on lire chez Wittgenstein une critique du subjectif, ou du mental ? S'il y a effectivement une critique wittgensteinienne du sujet traditionnel, en tant qu'ego et réflexivité, pourquoi vouloir la faire porter essentiellement sur la subjectivité et pas d'abord sur l'esprit ? Wittgenstein s'est toujours intéressé aux « phénomènes de l'esprit » (pour reprendre l'heureuse expression de Descombes). Pourquoi ne pas s'intéresser alors aux « phénomènes de la subjectivité » ? Il me semble que c'est là une dimension importante de l'œuvre de Wittgenstein, et qu'en faisant du sujet une question grammaticale (en un sens spécifique de grammaire) Descombes récuse la réalité du phénomène de la *subjectivité* dans le langage, en mettant sur le même plan sujet et subjectivité, sans explorer la solution qui consisterait à examiner la subjectivité comme simple caractère de nos discours, comme l'*agency* serait un caractère de certains phénomènes voire actions. Si l'on veut redéfinir le sujet par l'agent, on risque de réintroduire une mythologie de l'agent et l'on ne voit pas pourquoi l'agentivité aurait un tel privilège sur la subjectivité, alors que les deux termes peuvent être employés pour caractériser les phénomènes, sans hypostase.

Ce qu'on pourrait opposer à la grammaire, c'est quelque chose comme la *voix*, ce qui revient à opposer au cercle *vertueux* de l'institution sociale et de l'apprentissage prôné en conclusion par Descombes le cercle *sceptique* de la voix. Descombes parle de façon très intéressante du cercle du langage, qui est aussi celui de la règle[1] : comment enseigner le langage à quelqu'un

1. *Ibid.*, p. 457.

qui ne sait pas déjà le langage ? Mais : comment enseigner
le langage à quelqu'un qui sait déjà le langage ? Et
qu'est-ce qu'avoir une voix dans le langage ? La voix
dans une telle approche n'est pas celle de la certitude
ou de la possession de soi ou du *self-* au sens classique :
c'est ma capacité à *vouloir dire ce que je dis*. (*Mean
What We Say*, pour reprendre un thème de Cavell, mais
aussi de Davidson). Il semble que cette dimension de
revendication de la voix est constamment présente chez
Wittgenstein, et ce dès le projet élucidatoire du *Tractatus*,
et qu'elle permet de définir la subjectivité du langage,
de façon élémentaire, naturelle en quelque sorte, sans
pour autant revenir au sujet ou à LA subjectivité. C'est
l'idée même de langage *ordinaire* : l'idée que c'est de
la parole vivante que doit partir la philosophie[1], que la
philosophie a pour seul donné *ce que nous disons* (*ce que
nous dirions quand*, dit Austin). Si l'on veut tirer toutes
les conséquences de ce recours au « langage ordinaire »
pour la problématique du sujet, la grammaire en tant que
système normatif, la grammaire de la première personne,
l'asymétrie 3e/1e personne etc. ne suffisent pas. Définir
le sujet par sa grammaire, c'est-à-dire par sa *place*, n'est
radical qu'en apparence. Car si cette place est déterminée
(même si elle n'est pas *a priori* ni définitive) par le tout
des institutions sociales, seul garant et lieu de l'autorité
du sujet/agent, on perd certes l'autoposition du sujet,
mais au profit du conformisme de l'institution.

La grammaire indique, on l'a dit, des possibilités,
et des manières de vouloir dire, des modes de notre
description. Elle ne peut alors éviter la question de
l'expression, comme l'indique toute la grammaire des

1. *Cf.* ce que dit Cavell dans *Un ton pour la philosophie, op. cit.*

äusserungen chez Wittgenstein. On doit tenir compte du fait qu'une grande référence de Vincent Descombes, pour lire Wittgenstein, est Jacques Bouveresse, et particulièrement le *Mythe de l'intériorité*. Mais ce livre, outre qu'il ne constituait pas une pure et simple critique de la subjectivité, ne tenait pas compte (car il visait déjà, comme Descombes aujourd'hui, à combattre une certaine mythologie du sujet sûr et certain de soi) de tonalités de Wittgenstein dans sa toute dernière philosophie, celle des écrits sur la philosophie de la psychologie, domaine précisément dont relève le livre de Descombes. La différence sujet/objet, comme la différence intérieur/extérieur, est grammaticale, pas au sens d'une normativité, mais au sens d'une structure : intérieur, comme « subjectif » aurait-on envie de dire, ne désigne pas un objet ou un lieu, mais une caractéristique des phénomènes – de notre description des phénomènes. Cavell note joliment à ce propos :

> « Intérieur » renvoie pour une part au registre de l'inaccessible, du caché ; mais c'est aussi l'idée d'une propagation (comme celle d'une atmosphère, ou des pulsations du cœur). Je pense ici à des expressions comme « beauté intérieure », « conviction intérieure », « rayonnement intérieur », « calme intérieur ». Toutes expressions qui suggèrent que plus profond une caractéristique a pénétré une âme, plus manifeste elle est[1].

Il me semble qu'une telle description grammaticale fait entendre quelque chose qui définit la subjectivité, tout en défaisant la dualité intériorité/extériorité. Descombes rejoint cela en grammaticalisant le sujet et

1. *VR*, p. 159.

en le définissant en termes de *complémentarité* dans le discours[1], mais refuse très logiquement la présence du subjectif dans le discours même, puisque le subjectif serait pour lui est défini par les conditions extérieures (sociales, institutionnelles – objectives) du discours.

Il semble que ce qui fait problème pour Descombes, le plaçant ainsi en léger porte à faux par rapport à sa revendication du tournant linguistique, c'est le fait même (naturel et social) que le discours soit *dit*. En cela, il est bien « analytique », et intellectualiste, même s'il va assez loin dans l'exploration de l'expression de soi dans certains chapitres. Il faut dire qu'il a la part belle quand il choisit Ricœur comme illustrant la dimension pragmatique du langage et la position de l'énonciateur ; Ricœur, comme d'autres penseurs contemporains épinglés judicieusement par Descombes dans le cours de son ouvrage, a tenté de restaurer un sujet de l'acte de parole et de recoller le sujet de l'action au sujet de la parole, lui donnant ainsi une nouvelle assise. Descombes s'est également prémuni de cette critique par son ironie vis-à-vis de la philosophie d'Oxford[2] et du slogan « ce ne sont pas les énoncés qui réfèrent mais les locuteurs qui font référence ». Mais là l'ironie est trop rapide ; Descombes fait comme si on savait très bien qu'il n'y a pas de langue sans quelqu'un qui la parle, et considère tout rappel autre que trivial de ce fait comme une fuite vers le mentalisme. Or cette idée, que le langage est dit *par une bouche*, un corps, est bien l'obsession de Wittgenstein, et est inséparable de sa critique du sujet. Ce qui fait partie de l'élucidation philosophique, c'est le *fait* (que Descombes perçoit bien et appelle grammatical

1. V. Descombes, *Le complément de sujet, op. cit.*, p. 156.
2. *Ibid.*, p. 141-142.

et traite en termes d'asymétrie, suivant exactement en cela Wittgenstein) et qui fait que je n'ai pas le même rapport à mes actions et à mes paroles qu'à mon voisin et à ses paroles. Même si on élimine la rhétorique et la mythologie du sujet, il reste cette asymétrie constamment relevée par Wittgenstein. Descombes cite à ce propos Anscombe et l'anecdote amusante de l'évêque qu'on surprend la main sur le genou de la voisine et qui peut prétendre qu'il a pris ce genou pour le sien, mais pas qu'il s'est pris pour la dame. On peut se tromper d'objet, mais pas de sujet, note Descombes, qui fait usage de l'anecdote pour illustrer l'idée wittgensteinienne selon laquelle on ne *peut* employer « je » à tort. Car il s'agit là d'une règle grammaticale du jeu de l'usage du mot « je ». Mais le surréalisme de l'épisode (comment prendre le genou d'un autre pour le sien) plutôt que de l'effacer, ouvre plutôt la question de la subjectivité, de l'inquiétante étrangeté de l'asymétrie, du rapport non réflexif à soi, exactement comme d'autres histoires que raconte avec talent Descombes, comme celle (qui rappelle quelque chose à chacun) de Mach[1] se demandant, descendant d'un train, qui est ce professeur un peu miteux, avant de s'apercevoir que c'est son propre reflet dans un miroir.

On peut penser à cette occasion à des expressions connues de Wittgenstein : « Je peux savoir ce que pense quelqu'un d'autre, non pas ce que je pense »[2] ; « On ne peut absolument pas dire de moi (sauf peut-être par plaisanterie) que je *sais* que je souffre »[3]. Il s'agit de remarques grammaticales, qui décrivent une asymétrie sans privilège ; elles défont la conscience et

1. *Ibid.*, p. 131.
2. *RP*, II, xi, *op. cit.*, p. 311.
3. *Ibid.*, § 246, p. 137.

la connaissance de soi mais ne nient pas la subjectivité, puisque *je* suis précisément ce qui n'est pas connu. L'introduction du scepticisme dans la problématique est capitale : elle permet de définir la subjectivité par cette asymétrie même, par l'impossibilité de la connaissance.

CERTITUDE, VOIX ET PSYCHOLOGIE

De même pour les énoncés analysés par Wittgenstein dans *De la certitude* (*cf.* les débats du volume *Dernières pensées*). Descombes analyse dans le chapitre XIII du *Complément de sujet* des énoncés comme *Je sais p*, *je crois p* - qui font intervenir ce que Wittgenstein appelle les « verbes psychologiques ». Mais Descombes cherche moins, à l'inverse de Wittgenstein, à dépsychologiser ces énoncés qu'à les désubjectiver. De tels énoncés sont décrits pertinemment par Descombes comme non *expérientiels* : un énoncé comme « je sais p » ou « je crois p » ne décrit pas une expérience, mais accomplit un jugement. Descombes a raison d'insister sur la variété des « verbes psychologiques » et de montrer qu'ils ne renvoient pas à *quelque chose* de fixe qui serait la conscience ou le je. Mais il a tort, empiriquement, de dire que la validité des énoncés comme *je crois* etc. ne tient qu'à leur contenu intellectuel. Wittgenstein note par exemple :

> Nous nous demandons ce que nous faisons avec un énoncé « je *sais* » Car ce n'est pas une affaire de processus mentaux ou d'états mentaux. Et c'est *ainsi* que l'on doit décider si quelque chose est du savoir, ou pas[1].

1. *UG*, § 230.

Ce que *nous faisons* avec ces énoncés psychologiques ordinaires, c'est bien quelque chose. Sinon il n'y aurait pas besoin de dire *je crois* ou *je sais*. Ici se pose encore une fois la question, mentionnée en commençant, du rapport au langage ordinaire chez Descombes. Wittgenstein serait d'accord pour dire que l'énoncé de croyance en première personne n'est pas un énoncé d'attribution (énoncé qui attribuerait ma croyance à quelqu'un, qui se trouverait être moi), et donc en lui, il n'y a pas de « référence » au sujet. Mais n'empêche, c'est bien moi (si indéterminée que soit cette notation) qui dis quelque chose quand je parle. « L'homme qui crie de douleur ou qui dit qu'il a mal *ne choisit pas la bouche qui le dit* »[1], « Je ne peux m'observer comme je le ferais de quelqu'un d'autre, me demander : qu'est-ce qu'il va faire maintenant, celui-là »[2]. Wittgenstein parle aussi de « coordination différente »[3]. Descombes montre très bien que le sujet n'est pas un supplément à ce qui est dit, cru ou su, qu'il n'est pas décrit par nos énoncés, lesquels n'y font pas référence, d'aucune façon. Le problème est qu'une fois qu'on a éliminé l'hypothèse du sujet comme quelque chose qui viendrait s'ajouter au contenu et qui serait, comme tel, *décrit* (référé, supposé) par l'énoncé (je crois, je sais, etc.) c'est là que *commence* le problème de la subjectivité : après le sujet. Descombes veut éliminer à la fois le sujet référentiel, et le sujet énonciateur, le locuteur. Il critique efficacement le sujet énonciateur, en tant qu'autoréférentiel, fondé dans la réflexivité. Mais que

---

1. *BB*, *BrB*, p. 128.
2. L. Wittgenstein, *L'intérieur et l'extérieur*, *II*, *Derniers écrits sur la philosophie de la psychologie : 1949-1951*, Mauvezin, T.E.R., 2000, p. 10.
3. *Ibid.*

faire de la subjectivité inhérente au fait trivial, humain, de parler? De cette subjectivité de l'action? En quoi suis-je agent, sujet de mes actions? Qu'est-ce qu'une action sociale, désubjectivée?

On comprend ainsi un peu mieux ce qu'est une action dépsychologisée. Wittgenstein dit dans le *Tractatus* qu'il veut parler du moi « de manière non-psychologique » (*non-psychologisch*)[1]. Ce n'est pas de l'antipsychologisme « général », qui contesterait la validité de la psychologie pour traiter des questions, par exemple, sociologiques ou scientifiques. C'est une manière qui transforme l'idée même de psychologie : le projet de traiter des questions *de la psychologie même* (ce que nous disons de nos opinions, pensées, états d'esprits) « de manière non psychologique ».

Wittgenstein n'a jamais voulu nier l'existence de tels phénomènes (« du mental »), des processus internes, psychiques, etc. Qui d'ailleurs voudrait la nier? « Et ainsi nous avons l'air d'avoir nié les processus psychiques. Alors que nous ne voulons naturellement pas les nier! »[2]. Wittgenstein s'intéresse à *ce* que nous disons, notre usage public du langage. Reste à savoir ce qu'est ce *nous*, comment le langage « veut dire », qu'est-ce qui lui « donne vie »[3]. Il faudra alors comprendre que ce qui donne vie aux « signes morts », ce n'est pas le processus mental (qu'il existe ou pas, peu importe), mais l'usage, et la communauté de cet usage, la société, et que c'est là que se trouve la réponse à la question du sujet.

1. *TLP*, proposition 5.641.
2. *RP*, § 308, p. 154.
3. *RP*, § 432, p. 186.

> Je regarde la vie comme quelque chose qui est ajouté à la chose dépourvue de vie (Atmosphère psychologique)[1].

C'est l'examen de nos usages (« recherche grammaticale », précise Wittgenstein) qui peut nous dire tout ce qu'il y a d'important à dire sur les processus dont croit s'occuper la psychologie. Ce qui est important, c'est notre usage des mots comme penser, se rappeler, attendre etc., qui est obscurci à nos yeux pour nous par les images de « processus intérieur », de croyance, qui nous bloquent l'accès à l'usage du mot tel qu'il est[2], à la *description* de ses emplois. Revenir au langage ordinaire, c'est retrouver un accord avec nous-mêmes, et notre usage du langage. Ce n'est pas éliminer la subjectivité, mais l'étendre à l'ensemble du social, à l'accord dans le langage.

> Lorsque nous sommes en désaccord avec les expressions du langage ordinaire (qui ne font que leur travail) nous avons une image dans notre tête qui est en conflit avec l'image de notre manière ordinaire de parler. Alors nous sommes tentés de dire que notre manière de parler ne décrit pas les faits tels qu'ils sont vraiment[3].

Les philosophes et les psychologues (la philosophie du sujet ou la philosophie quand elle s'occupe de psychologie) ont ainsi « perdu l'accord » avec le langage, en oubliant quel était le donné de la recherche – l'*usage* du langage, rien d'autre que cet usage ordinaire. Cavell décrit bien dans *Dire et vouloir dire* cette spécificité de la démarche de Wittgenstein, en montrant qu'elle n'a rien de behavioriste, mais exclut l'idée de prendre le je comme objet ou référence.

1. *Z*, § 128.
2. *RP*, § 305, p. 153.
3. *RP*, § 402, p. 177-178.

Certains philosophes, je crois, ont reçu l'impression que Wittgenstein nie que nous puissions connaître ce que nous pensons et ressentons, et qu'il nie même que nous puissions nous connaître nous-mêmes. Assurément, cette idée extravagante vient de remarques de Wittgenstein telles que : « Je peux savoir ce que pense quelqu'un d'autre, non pas ce que je pense » (II, xi, p. 222) ; « On ne peut absolument pas dire de moi (sauf peut-être par plaisanterie) que je *sais* que je souffre » (§ 246). Mais dans ces remarques, le « peux » et le « ne peut pas » sont grammaticaux ; ils veulent dire : « il n'y a aucun sens à dire ces choses » (de la manière dont nous pensons que cela a un sens) ; aussi, il n'y aurait non plus aucun sens à dire de moi que je ne sais pas ce que je pense, ou que je ne sais pas que je souffre. Ce qui est impliqué, ce n'est pas que je ne peux pas me connaître, mais que se connaître – quoique ce soit une chose radicalement différente de la manière dont nous connaissons autrui – n'est pas une question de faire des objets de cognition des actes mentaux et des sensations particulières[1].

C'est ce que Cavell appelle la dépsychologisation de la psychologie même, et ce qui complique les choses et différencie cela, par exemple, d'un projet transcendantal, c'est qu'il s'agit bien d'une tâche descriptive :

Nous connaissons les efforts de philosophes tels que Frege et Husserl pour défaire la « psychologisation » de la logique (comparables au travail de Kant pour défaire la psychologisation de la connaissance par Hume) : or, ce qui serait pour moi la façon la plus lapidaire de décrire un livre tel que les *Recherches* de Wittgenstein, c'est de dire qu'il tente de *défaire la psychologisation*

1. *DVD*, p. 188.

de la psychologie, de montrer la nécessité qui préside à notre application de catégories psychologiques et comportementales[1].

Reconnaître que ce sont les usages qui donnent vie au signe, et pas des états ou processus sous-jacents ou associés, ni un sujet psychologique, ce n'est pas renoncer à « la rigueur de la logique », en faveur d'un subjectivisme, mais les retrouver pragmatiquement, dans notre usage du langage.

> « Tout se trouve déjà dans... » Comment se fait-il que cette flèche >>———> montre ? Ne semble-t-elle pas porter en elle quelque chose d'autre qu'elle-même ? – « Non, ce n'est pas ce trait mort ; seul le psychique, la signification le peut ». – C'est vrai, et c'est faux. La flèche montre seulement dans l'application que l'être humain en fait.

> Ce montrer n'est pas un abracadabra [Hokuspokus] que seule l'âme pourrait exécuter[2].

On voit l'enjeu d'une critique sociale de la psychologie : abandonner la mythologie, soit du psychique, soit de la signification, c'est rechercher ce qu'on attendait de ces entités dans notre pratique du langage même. Mais il en est de même pour la subjectivité. Car « le langage », qu'est-ce que c'est, si ce n'est plus le psychologique, ni la matérialité physique des mots (le trait mort) ? La réponse de Wittgenstein – l'usage – n'est compréhensible dans sa radicalité qu'à la lecture de l'ensemble de sa philosophie de la psychologie. L'usage n'est pas le mien, il est *nôtre*, mais il n'est pas *résultat* d'accords ou de

---

1. *DVD*, « Aesthetic Problems of Modern Philosophy », p. 91.
2. *RP*, § 454, p. 191.

conventions sociales, ni produit de l'institution. Il est
« l'accord dans le langage » et l'accord avec soi en tant
que projection de l'accord dans le langage, ma capacité
à tenir cet accord. Notre thèse ici est que cet accord, loin
d'être intersubjectif, ou conventionnel, permet de définir
une *subjectivité sans psychologie*. « C'est ce que les êtres
humains disent qui est vrai et faux »[1].

Descombes critique efficacement le sujet énonciateur,
mais en tant qu'autoréférentiel, fondé dans la réflexivité,
supplément du discours. Mais que faire de la subjectivité
inhérente au fait trivial, naturel, commun de parler?
Cette subjectivité n'est plus LE sujet, ni un objet de
certitude supplémentaire (un objet qui s'appelle moi, que
je connaîtrais ou auquel j'aurais accès par les autres). Il
s'agit de reconnaître la difficulté (voire le non-sens) de
l'idée que ce qui est dit est dit par une bouche qui est la
mienne et que je ne choisis pas.

> J'ai à mes propres mots une relation entièrement
> différente de celle qu'ont les autres. Si j'écoutais les
> mots sortir de ma bouche, je pourrais dire que quelqu'un
> d'autre parle dans ma bouche[2].

Que la parole en quelque sorte soit délocalisée, ne
puisse être localisée dans un sujet, Descombes le sait et
le note, mais il n'en tire pas une conséquence sceptique,
comme le ferait Cavell, qui explore l'idée d'une voix
qui m'échappe et toujours revient vers moi. Pourtant on
pourrait utiliser toute la critique brillante et systématique
des variétés d'approches du rapport à soi que fait
Descombes dans les parties II et III du *Complément de*

1. *RP*, § 241-242, p. 135.
2. *RP* II, *op. cit.*, p. 308.

sujet pour une conclusion très différente que celle qu'il en tire apparemment : celle de la dépossession de soi, audible dans de nombreux passages de Wittgenstein y compris ceux qu'on peut utiliser dans le sens de l'impersonnalisation : « Lorsque quelqu'un dit "j'ai un corps", on peut lui demander "qui parle ici avec cette bouche ? " »[1]

Cette impression, récurrente dans les derniers textes, d'une vacuité non pas de la parole mais de son *lieu* d'émission, défiit le sujet en termes de scepticisme. Wittgenstein, en affirmant l'accessibilité de l'autre, est ainsi conduit à suggérer l'ignorance ou la méconnaissance de soi, dont Cavell fera le thème central des *Recherches*, et à mettre en cause conjointement « L'apparente certitude de la première personne, l'incertitude de la troisième »[2]. Il est de toute façon artificiel de séparer les deux questions, celle de l'accessibilité à moi de ce qui se passe en moi étant aussi celle de l'accessibilité à l'autre à lui-même, comme le montrerait un autre passage :

> L'opposé de mon incertitude quant à ce qui se passe en lui, ce n'est pas *sa* certitude. Car je peux être aussi certain des sentiments d'autrui, mais ce ne sont pas pour autant les miens[3].

Tout se passe comme si, vers la fin, et après des moments, sans doute plus proches du behaviorisme, de critique radicale du « moi », Wittgenstein revenait à l'interrogation première du *Tractatus*, et posait de manière nouvelle la question de la nature du moi.

1. *UG*, § 244.
2. Derniers écrits sur la philosophie de la psychologie, trad. fr. G. Granel, Mauvezin, T.E.R., 2000.
3. *Ibid.*, § 963.

> Il y a réellement un sens où on peut parler du je en
> philosophie de façon non-psychologique. (..) Le je fait
> son entrée en philosophie par le fait que « le monde est
> mon monde »[1]

Wittgenstein poursuit sa définition d'un moi
non-psychologique : la menace du solipsisme cède la
place à ce dont elle était (Wittgenstein plus tard s'en
rend compte) le masque : l'inquiétude du rapport à soi.
On est tenté ici de suivre les analyses cavelliennes :
l'inconnaissabilité prétendue d'autrui déguise le refus,
ou l'angoisse de se connaître, de se *sentir*.

> Tout se passe comme si Wittgenstein ressentait le
> risque, pour les êtres humains, de perdre entièrement le
> contact avec leur vie intérieure, avec précisément l'idée
> que chaque personne est le centre d'une vie, que chacun
> a une vie[2].

Ce que dit souvent Wittgenstein de la confusion
inhérente à l'idée que nous n'avons pas accès à autrui et
à ses pensées, renvoie à cette anxiété centrale, celle de
l'accès à ses propres sensations et pensées. La critique
par Descombes du sujet sûr et certain de soi n'atteint pas
le sujet du scepticisme, qui précisément n'est *pas là*. Ce
que dit Wittgenstein de la confusion inhérente à l'idée
que nous n'avons *pas* accès à autrui, renvoie non à un
effacement de la première personne mais à cette anxiété
centrale proche du non-sens, celle du pour soi, le rapport à
ses propres sensations, pensées et connaissances. Alors la
volonté d'en finir avec le sujet, perceptible dans beaucoup
d'usagers de Wittgenstein, serait alors un symptôme
de cette anxiété, de la méconnaissance de sa propre

---

1. *TLP*, proposition 5.641.
2. *VR*, p. 150

subjectivité par l'auteur. À traiter systématiquement la question de la première personne par celle de l'ipséité, de la conscience et de la connaissance de soi, on manque donc l'approche proprement wittgensteinienne de la subjectivité, et on s'interdit du même coup de penser le fait d'avoir une *voix* subjective. Pourquoi donc ? Pour Cavell, la négation récurrente de la subjectivité est un autre symptôme du scepticisme, le refoulement d'une anxiété centrale, qui est celle de l'expression, de la parole et du langage comme exposition à autrui, et revendication. Certes Descombes ne veut pas entrer dans la querelle du sujet, il veut la débrouiller : mais par son approche tout « extérieure » et objectiviste de la subjectivité, il est conduit à un déni de la subjectivité du discours. En ce sens on pourrait voir le *Complément* comme la dernière étape de ce que Cavell définit dans *Un ton pour la philosophie* comme la négation de la voix.

Pourtant Wittgenstein insiste souvent sur la spécificité de la voix : « mon intonation »[1]. Une chose qu'a soulignée Cavell dans *Un ton pour la philosophie*, c'est la tonalité du discours, la voix, cette voix par exemple que je ne reconnais pas (et souvent que je déteste) quand je l'entends enregistrée et qu'autrui seul reconnaît. Ce qui est central chez Wittgenstein, c'est la voix, et la subjectivité (pas exactement un sujet) que veut faire entendre, et que recherche, cette voix. C'est bien la question de l'expression. L'énoncé n'a de sens qu'exprimé par une personne. Reprenons le passage déjà cité des *Recherches* : « C'est ce que les hommes *disent* qui est vrai, et faux »[2]. Ce qui n'est pas une affirmation relativiste ou communautariste, mais simplement la recon-

1. *UG*, § 588-589.
2. *RP*, § 241-242, p. 135.

naissance que le langage est *dit*, par une voix humaine et finie. Cette subjectivité dans la parole, dans le dire n'intéresse pas tellement Descombes, sauf dans le chapitre passionnant consacré à Castoriadis, à propos du *vivant*. Se situer après le tournant linguistique, c'est pourtant reconnaître le caractère *dit* du langage, exprimé (en un sens non psychologique et dédramatisé de l'expression) :

> « Je sais » n'a de sens que s'il est exprimé par une personne. Mais c'est la même chose si son expression est "Je sais" ou "C'est cela" »[1].

La subjectivité du langage apparaît sous forme d'une *voix* étrangère. Ce qui la définit, c'est qu'elle est, identiquement, mienne (je la dis) et extérieure (je l'entends). Cela signifie qu'elle n'est pas une voix qui m'assure de mon identité, ni de mon savoir, ce n'est pas un sujet ou le reflet d'une une autorité. La voix est toujours cherchée, revendiquée.

L'ACTION COMME EXPRESSION SOCIALE

Une telle approche de la voix peut en effet conduire à rendre plus problématique la notion d'autorité, développée par Descombes. Car la voix n'est *pas* une autorité. Il ne faut pas mésinterpréter la thématique de la voix chez Wittgenstein, car elle est plutôt là pour dépsychologiser et délocaliser le sujet, pas pour le refonder. La multiplicité des voix qui se font entendre dans les écrits du second et du dernier Wittgenstein met en évidence cette sape du sujet par la subjectivité, par la recherche de la voix.

1. *UG*, § 588-589.

C'est la conclusion de Cavell, qui pose, au-delà d'une réexploration du subjectif dans le langage, la question même de l'autorité :

> Si j'avais alors eu à dire d'une seule phrase la raison d'être des *Voix de la raison*, cela pourrait avoir été : « Contribuer au retour de la voix humaine au sein de la philosophie ». C'est la charte qu'Austin et le second Wittgenstein assument en confrontant leur lecteur à leur arrogation de la voix, dans toute son arrogance infondée, et en un certain sens infondable – d'établir leur idée que la voix a été perdue dans la pensée. Elle s'est perdue méthodiquement, dans la méfiance chronique de la philosophie à l'égard du langage ordinaire, parvenant à une sorte de crise finale dans la comparaison défavorable opérée par la philosophie analytique entre le langage ordinaire et les constructions logiques. Elle s'est perdue théoriquement dans la conclusion du scepticisme moderne, dont l'avènement commence (de façon la plus spectaculaire avec Descartes et Hume) avec la perte de la voix individuelle, ou du souffle, coupés dans le fol « étonnement » privé de Descartes face à la découverte de son impuissance à prouver son existence. Derrida, en affirmant que la philosophie a *surévalué* la voix, m'a donné l'impression d'enrayer définitivement mon appel à cette voix perdue[1].

On ne saurait séparer chez Wittgenstein la volonté claire de dé-subjectiver les propositions en « je » de celle de subjectiviser tout ce que nous disons, y compris les propositions d'apparence impersonnelle. « C'est ce que les hommes *disent* qui est vrai, et faux ». Le fait que le langage soit *dit*, c'est cela la subjectivité du langage, qui

---

1. S. Cavell, *Un ton pour la philosophie, op. cit.*, p. 98.

au contraire de la démarche de Descombes, se définirait *contre* le sujet.

> Est-ce que « Je sais que ceci est un arbre » dit quelque chose d'autre que « Ceci est… » ? – Dans la première proposition, il y a mention d'une personne, dans la seconde non. Mais cela ne montre pas qu'elles ont des sens différents. De toute façon, on remplace souvent la première forme par la seconde en donnant à celle-ci une intonation spéciale. « Je sais » n'a de sens qu'émis de la bouche d'une personne[1].

Tout est dans le ton. Cela permet de repenser l'autorité, l'accord, et la règle, et de reprendre le parallèle entre verbes sociologiques et verbes psychologiques que construit Descombes, utilisant Wittgenstein pour le passage du sujet au social[2]. L'accord est premier, certes, et je suis défini socialement par cet accord : mais c'est *moi*, dit Wittgenstein, qui suis d'accord.

> Moi, L.W., crois, suis sûr, que mon ami n'a pas de la sciure dans son corps et dans sa tête, même si je n'ai pas de preuve directe et sensorielle du contraire. (…) Avoir des doutes à ce propos me semblerait être de la folie – bien sûr, là aussi c'est en accord avec d'autres ; mais c'est moi qui suis en accord avec eux[3].

Définir le sujet comme celui du langage ou du social partagé, ce qui est la conclusion qu'on tire souvent (de façon justifiée) des *Recherches* ou de *De la certitude*, ne peut alors constituer une solution au scepticisme, ni à la question politique comme semble le suggérer la fin du livre de Descombes. Que nous nous accordions *dans* le

---

1. *UG*, § 587-588.
2. V. Descombes, *Le complément de sujet*, op. cit., p. 312.
3. *Ibid.*, § 281.

langage n'est pas la fin du scepticisme, ni l'effacement de la subjectivité dans le langage. Il ne suffit pas de dire que ma certitude (mon action) se fonde sur un ensemble d'institutions acceptées et une forme de vie (je dois donner mon accord, *übereinstimmen* avec les autres). Il reste que c'est *moi* qui suis d'accord, comme c'est toujours *moi* qui sais que p, moi qui suis la règle. Cela ne me place pas au fondement de l'accord ou de la règle, car il n'y a *pas* de tel fondement[1]. Descombes observe pertinemment à la fin (et on touche là au point essentiel du livre) qu'il n'y a pas de règle qui dise qu'il faut suivre des règles en général (il n'y aura que des règles particulières). On peut penser à ce sujet à la division opérée par Rawls, et reprise en d'autres termes par Searle, entre *summary rules* et *practice rules*. Il n'y a que des *practice rules*, immanentes à l'acceptation générale d'une pratique (des pratiques diverses et pas de définition univoque de la règle). C'est là le cœur de la critique descombienne du sujet : ce qui est avant le sujet, c'est la forme de vie (on retrouve le contextualisme défini dans les premières pages du *Complément*). Mais la forme de vie est première par rapport au jeu de langage et à la règle, Elle ne constitue pas un ensemble de règles, ni un arrière-plan causal. Comme le suggère Descombes au début du livre, et dans le chapitre LIV, et dans une note renvoyant aux *Remarques sur le* Rameau d'or *de Frazer*, le conventionnel s'enracine dans le naturel. Mais si la forme de vie, ce que Wittgenstein appelle « le donné » est cette nature, et que c'est « la voix de la nature », comme dit Descombes, qui s'exprime dans nos conventions, la solution ne peut pas être dans la règle et l'esprit objectif,

---

1. *Cf.* les analyses profondes de *Philosophie par gros temps*, *op. cit.*

mais bien dans une forme de naturalisme, ou de définition de la convention en termes de naturalité, comme ce que revendique Cavell dans une tonalité proche de celle d'un Pascal (et de Descombes) :

> On peut dire que les conventions auxquelles nous faisons appel sont « fixées », « adoptées », « acceptées » par nous, etc. ; mais cela ne signifie pas en retour que ce que nous avons fixé ou adopté soit (simplement) les *noms* (conventionnels) des choses. Les conventions qui gouvernent l'application des critères grammaticaux ne sont pas fixées par la coutume, ou par quelque accord ou concordat que l'on pourrait, sans que soit rompu le tissu de nos existences, modifier pour des raisons de commodité. (La commodité est *un* aspect de la convention, ou plutôt un aspect d'une sorte, ou d'un niveau, de convention). C'est bien plutôt de la nature de la vie humaine elle-même que les conventions tiennent leur fixité, de l'humaine fixité elle-même, de ces « faits de nature très généraux », « inaperçus parce que si évidents », et en particulier, d'après moi, de faits absolument généraux au sein de la *nature humaine* : par exemple, que la réalisation d'une intention requiert l'action, que l'action requiert le mouvement, que le mouvement inclut des conséquences que notre intention ne contenait pas, que notre connaissance (et ignorance) de nous-mêmes et des autres dépend de la manière dont nos pensées sont exprimées (et distordues) à travers paroles, actions, et passions ; que les actions et les passions ont une histoire.

> Ainsi conçue, la série des « conventions » ne renvoie pas à des structures de vie qui différencient les êtres humains entre eux, mais à ces exigences, de conduite comme de sentiment, que tous les humains partagent.

Ce que Wittgenstein a découvert, ou redécouvert, c'est la profondeur de la convention dans la vie humaine; or, cette découverte ne met pas seulement l'accent sur ce qu'il y a de conventionnel dans la société humaine, mais aussi, pourrions-nous dire, sur *ce qu'il y a de conventionnel dans la nature humaine elle-même*[1].

Je renverrai aussi à ce propos à un passage excellent de *Philosophie par gros temps* où Descombes explique très bien que les jeux de langage n'ont pas besoin de justification ou de fondement, et renvoie à un manuscrit inédit où Wittgenstein compare les règles des échecs (qui ne correspondent pas à l'essence des échecs, mais donnent leur essence aux pièces) et celles de la cuisine et de la rôtisserie, qui doivent correspondre à la nature de la viande[2]. Wittgenstein précise de cette remarque qu'elle est « grammaticale », ce qui ne veut pas dire, comme pourrait le faire penser une entente mythologique du moment grammatical de Wittgenstein, qu'elle est de l'ordre de la pure normativité. Le mythe de l'autonomie de la grammaire est un mythe de la validité essentielle et isolable de la règle, qui conduit ensuite à en avoir une vision trop abstraite et comme le dit Diamond[3], et très nettement à sa façon Descombes, empêche de « regarder au bon endroit » pour trouver les règles, c'est-à-dire dans notre forme de vie. La forme de vie, c'est aussi la nature.

Ce que nous apportent le second et le dernier Wittgenstein, c'est l'idée que les règles qui gouvernent notre vie et notre langage – et cela vaut pour le politique –

1. *VR*, p. 177-178.
2. V. Descombes, *Philosophie par gros temps, op. cit.*, p. 172.
3. Voir S. Laugier, « Où se trouvent les règles? », dans Ch. Chauviré, S. Laugier (dir.) *Lire Wittgenstein, les Recherches Philosophiques*, Paris, Vrin, 2006, p. 131-156.

même si parfois on peut les comparer à celles des échecs, sont *aussi proches* de celles (voire : plutôt comme celles) de la cuisine et de la rôtisserie. Descombes a bien raison de vouloir critiquer l'individualisme et la mythologie d'un individu instituant la règle ou choisissant librement de la suivre. Là-dessus le livre est magistral, et notamment, sur le plan politique, dans sa critique de l'individualisme méthodologique. Mais il faudrait aller jusqu'au bout et opposer à l'individualisme, non pas un esprit collectif et objectif, mais la naturalité de la forme de vie. Là encore on est tenté de suivre Cavell :

> Car ce qui est à « expliquer » (…) est affaire de ce que nous avons en commun des voies d'intérêt et de sentiment, des modes de réaction, des sens de l'humour, de l'importance et de l'accomplissement, le sens de ce qui est scandaleux, de quelle chose est semblable à telle autre chose, de ce qu'est un reproche, de ce qu'est le pardon, des cas où tel énoncé est une affirmation, où c'est un appel, et où c'est une explication – tout ce tourbillon de l'organisme que Wittgenstein appelle des « formes de vie »[1].

Une fois qu'on a « accepté le donné », c'est là que *ça commence*. La dimension à la fois « simple et terrifiante » de ce fait de nature est ce qui est refoulé dans certains usages de Wittgenstein. Descombes par exemple trouve dans la règle et son suivi social « la réponse à l'inquiétude qui saisit le saisit le philosophe du langage quand il découvre qu'on ne peut enseigner le langage à quelqu'un qui n'aurait pas de langage »[2]. Mais cela ne dissout pas l'inquiétude, ou le scepticisme : le rapport du sujet au social est constitutif du scepticisme.

1. *DVD*, p. 52.
2. V. Descombes, *Le complément de sujet, op. cit.*, p. 458.

C'est toute la question, développée par Charles Taylor dans plusieurs articles très importants, de l'expression naturelle :

> L'expression naturelle du vouloir est d'essayer d'obtenir. (…)
>
> Essayer d'obtenir est vraiment l'expression naturelle du désir, non seulement pour l'aspect physionomique le plus immédiat, mais aussi comme quelque chose d'inséparable du désir « par nature », en entendant par là les faits fondamentaux de la condition humaine, qui sont déterminants pour notre langage[1].

La subjectivité dans le discours, ainsi entendue en termes naturalistes, ceux de notre style personnel de représentation (au sens de *Darstellung*, de se faire représentant) de la nature humaine, n'a pas besoin de trace grammaticale. C'est une subjectivité définie par la capacité d'expression, ou mieux qu'une capacité : une disposition (passive) à l'expression.

SUBJECTIVITÉ, PERFORMATIVITÉ ET FÉLICITÉ

Un discours peut être subjectif en étant à la troisième ou à la deuxième personne[2]. Il n'affirme, ni ne présuppose, ni ne décrit, ni ne fait référence à, un sujet. Un discours, néanmoins *revendique* une voix, et je sais à quel point Descombes refuse de définir le politique, pas plus que le langage, par la *revendication*. Pour Cavell, à l'inverse, une telle revendication est inhérente à la parole ordinaire. Le langage est en quête de sa voix, et cette quête est vouée

---

1. Ch. Taylor, « L'action comme expression », trad. fr. Ph. de Lara dans *La liberté des modernes*, Paris, P.U.F., 1997.

2. Le *on* proustien du journaliste, évoqué dans V. Descombes, *Le complément de sujet*, *op. cit.*, p. 135.

à l'échec. Le sujet est pour toujours revendiqué, absent, *réclamé* par l'expression même. Il me semble que cette approche du sujet échappe aux critiques de la subjectivité moderne, rénovée, que nous a fournies Descombes, et qu'il permettrait aussi de redonner une signification au sujet de droit tel que Descombes le défait dans sa partie VI. À propos de ce sujet, il note : « je ne me suis pas du tout donné les moyens de déterminer si nous avons tel ou tel droit, mais seulement ceux de juger si nous avons un langage pour exprimer de façon pour nous satisfaisante les droits que nous pensons avoir »[1]. Il réintroduit ici une problématique de l'expression. Mais là est bien là tout le problème, de savoir ce que signifie « avoir un langage pour exprimer » certains droits, et comment on trouve ce langage, comment on apprend à maîtriser un jeu de langage, à trouver l'autorité, l'arrogance pour être sujet de sa parole. Du coup on peut tenter de repenser la question de la subjectivité juridique dans des termes qui éviteraient son essentialisation.

En redéfinissant le sujet par la subjectivité du langage définie par la voix, on le place à la fois dans la naturalité (la voix comme souffle) et dans l'absence : c'est une subjectivité sans sujet, une subjectivité dans le langage. Dans une entente du langage où l'on s'intéresse à ce qui est dit (« ce que les hommes disent ») je suis en effet autant dans toute chose que je dirais que dans mes énoncés en « je ». C'est dans cette naturalité, et pas en effet dans la tradition classique ou moderne de réflexion sur le sujet, qu'il faut chercher la subjectivité. Le sujet comme sujet de la parole au sens précisément du suppôt, celui qui a à supporter : le sujet passif, celui enfin de l'*agency*. C'est

---

1. .V. Descombes, *Le complément de sujet, op. cit.*, p. 21.

ainsi que Cavell, dans son *Ton pour la philosophie*, lit la théorie des *actes* de langage au rebours de l'interprétation de Derrida, c'est-à-dire en voyant dans l'acte de langage quelque chose de subi par le sujet, pas l'affirmation d'une présence ou d'un sujet métaphysique :

> C'est en reconnaissant cet abandon à mes mots, comme à autant d'impossibles épitaphes, présageant les adieux de la mort, que je connais ma voix, reconnais mes mots (pas différents des vôtres) comme miens[1].

Cavell suit ici fidèlement Austin, qui dans sa classification des actes de langage et de leurs échecs présente de façon générale un caractère de toute action, à savoir qu'elle est destinée à rater, manquer son but, être inadéquate. C'est bien le cas de l'acte ordinaire de parler, constamment menacé de l'inadéquation (même dans l'affirmation et la description). Le fait de voir l'acte de langage dans sa totalité sociale conduit Austin à *étendre* la catégorie *felicity/infelicity* aux affirmations, et à tout cours d'action : mon affirmation peut rater, comme un ordre inadéquat que je ne suis pas en position de donner. Austin présente ce point de façon amusante dans son intervention au colloque de Royaumont :

> On a, je le sais, l'impression que s'il s'agit d'une assertion, d'un énoncé constatif, le cas est tout à fait différent (de l'ordre) : n'importe qui peut affirmer n'importe quoi (…) On est libre, non ? Affirmer ce qui est faux, c'est un Droit de l'Homme. Et cependant, cette impression est fourvoyante. En fait, il n'y a rien de plus commun que de trouver qu'on ne peut absolument rien affirmer au sujet de quelque chose parce qu'on n'est pas en position d'en dire quoi que ce soit (…)

1. S. Cavell, *Un ton pour la philosophie*, *op. cit.*, p. 126.

Dans ce cas mon « j'affirme » est au même niveau que
votre « j'ordonne », dit, nous nous souvenons bien,
sans avoir le droit pour ordonner. Encore un exemple.
Vous me confiez « je m'ennuie », je réponds d'un ton
impassible « vous ne vous ennuyez pas ! ». Et vous :
« que voulez-vous dire par là, que je ne m'ennuie pas ?
De quel droit ? »[1].

C'est exactement là qu'on trouve la subjectivité : dans
cette possibilité permanente de l'échec. De même que la
subjectivité juridique se trouve dans la transgression ou
le non-suivi de la règle. C'est ainsi qu'il faudrait définir
et réhabiliter le *moderne*, pas dans le débat effectivement
stérile entre adversaires et partisans du sujet, ou entre
les définitions positives-fondatrices et les définitions
négatives-fragilisantes du sujet. Mais cela conduit
inévitablement à penser la question du sujet en termes
d'absence, de quête et de revendication, et ainsi amènera
(par une tout autre voie que celle de Descombes) au
terrain politique.

La dimension de l'échec n'est pas accidentelle,
complémentaire, mais inhérente, *naturelle* au langage et
à son *agency* propre. Ce n'est pas seulement la fragilité
ou la pluralité ou l'obscurité du sujet, mais sa passivité
essentielle qui est à mettre en évidence – il doit *supporter*
la voix, comme l'action (le *suppôt*). La subjectivité
de l'action, c'est l'*agency* elle-même et la passivité
inhérente à l'action. La subjectivité du langage, c'est
l'impossible adéquation entre le locuteur et sa (ses) voix,
la dissociation/délocalisation de la voix et de l'agent[2].

1. J. L. Austin, *Cahiers de Royaumont. La philosophie analytique*,
Paris, Minuit, 1962, p. 278.
2. Voir S. Cavell, *Un ton pour la philosophie*, *op. cit.*, p. 195.

L'examen des *échecs* des performatifs a des conséquences remarquables pour la pensée sur le sujet : il permet de voir comment les affirmations (constatives) peuvent aussi mal fonctionner et révèle la nature de *tous* nos énoncés : les constatifs sont sujets à tous les malheurs qui affectent les performatifs, ce qui défait la dichotomie performatifs(heureux-malheureux)/constatifs(vrai-faux). L'essai d'Austin sur les « Excuses »[1] est, symétriquement à *Quand dire c'est faire*, un répertoire des échecs et actes de parole manqués. Les malheurs des performatifs sont donc un élément essentiel de sa théorie (et il est curieux que Benveniste ait voulu exclure les ratés de la catégorie des performatifs, et de sa définition de la subjectivité dans le langage, et qu'en général cet aspect de la théorie d'Austin soit négligé). La fausseté n'est pas le seul dysfonctionnement du langage, et le langage n'échoue pas seulement, comme l'imagine la philosophie, en manquant le réel, *le vrai* ; il peut rater, mal tourner, *go wrong* dit Austin, comme toute activité humaine. En ce sens, l'acte de langage définit *le propre de l'acte*. Austin attire malicieusement l'attention sur les connotations sexuelles (qu'il appelle « normales ») des termes qu'il choisit pour désigner les échecs des performatifs (*misfires*, *abuses*, c'est-à-dire *fiascos* et *abus*). L'échec toujours possible du performatif définit le langage comme activité humaine, heureuse ou malheureuse.

Réciproquement, par son insistance sur l'échec, Austin, par un revirement (*sea change*) typique, se retrouve où on ne l'attendait pas : du côté d'une mise en cause de l'action, définie, sur le modèle de l'énoncé performatif, comme ce qui peut échouer, mal tourner,

---

1. J. L. Austin, « Plaidoyer pour les excuses », art. cit., p. 139.

et du sujet de l'action comme précisément voulant fuir ses responsabilités, n'être pas celui qui... Ainsi le grand thème du pragmatisme (le titre *How to do things with words* a été choisi par Austin, hommage ironique au pragmatisme, pour ses *William James Lectures*) est renversé ; l'action, loin d'être au commencement de tout, devient aussi problématique que la parole, définie par la possibilité de rater.

EXCUSES ET AGENTIVITÉ

C'est ce que montre la théorie des excuses. « Excuses » pose le même problème – la relation entre une action et une parole – que celui du performatif, mais à partir de l'action. On constate, si l'on y fait attention, que la production verbale d'excuses « a toujours occupé une part essentielle des activités humaines ». Or, remarque Austin, nous ne savons pas « ce qu'on entend ou non par « accomplir une action », faire quelque chose, et ce que l'on inclut, ou non »[1]. Il ne faut pas oublier qu'à l'arrière-plan de la théorie des performatifs, il y a une perplexité sur ce que c'est que *faire quelque chose* (avec des mots ou non : *how to do things*). En fait, nous n'en savons rien, et les philosophes qui réfléchissent à la question se laissent prendre au mythe du verbe, selon lequel il y aurait quelque « chose » ou un concept, « accomplir une action », qui résumerait les caractéristiques essentielles de ce qu'on *classe* sous « accomplir une action ».

Toutes les « actions » étant, « en tant qu'actions » (c'est-à-dire ?) sont égales, se quereller est égal à

---

1. J. L. Austin, « Plaidoyer pour les excuses », art. cit.

> gratter une allumette, gagner la guerre à éternuer. Pis
> encore, nous les assimilons toutes aux cas les plus
> faciles et les plus évidents, comme par ex. à poster une
> lettre ou bouger les doigts, comme nous assimilons
> toutes les « choses » à des chevaux ou à des lits[1].

Austin veut inverser la démarche philosophique classique, qui pose d'abord l'action, et en examine les justifications. Ce sont les excuses – *ce que nous disons* quand il apparaît que nous avons mal (maladroitement, inadéquatement, etc.) fait – qui permettent de mieux savoir ce qu'est une action, ou plutôt de commencer à classer ce que nous rassemblons sous le vocable général, le « dummy » *action*. L'existence des excuses est même essentielle à la nature de l'action humaine – elles ne viennent pas en quelque sorte après-coup, mais y sont impliquées. L'action pour Austin a quelque chose de spécifiquement humain, parce qu'elle est incluse dans notre *forme de vie* : la *praxis* au sens de Wittgenstein, définie par la constellation langagière des excuses.

> On a encore trop peu enquêté sur ces expressions pour
> elles-mêmes, tout comme en logique on néglige encore
> avec trop de légèreté la notion générale de dire quelque
> chose. Il y a en effet à l'arrière-plan l'idée vague et
> rassurante que, en dernière analyse, accomplir une
> action doit revenir à faire des mouvements avec des
> parties de son corps; idée à peu près aussi vraie que
> celle qui consiste à penser que, en dernière analyse, dire
> quelque chose revient à faire des mouvements avec la
> langue[2].

1. *Ibid.*
2. J. L. Austin, *Écrits Philosophiques*, trad. fr. L. Aubert et A. L. Hacker, Paris, Seuil, 1994, p. 145.

C'est ainsi qu'Austin présente la complexité des actions humaines et de leur possible classification par les excuses. On peut en avoir un aperçu par des exemples connus :

> Vous avez un âne, moi aussi, et ils paissent dans le même champ. Un jour, le mien me devient antipathique. Je décide de le tuer, je vise, je tire : la bête s'effondre. J'inspecte la victime et m'aperçois alors, à ma grande horreur, que c'est *votre* âne. Je me présente à votre porte avec la dépouille et dis – que dis-je ? « écoutez, mon vieux, je suis terriblement confus etc., j'ai tué votre âne « par accident » ? ou « par erreur » ? Ou encore : je m'en vais pour tuer mon âne, comme précédemment, je vise et tire ; à ce moment, la bête bouge, et, à ma grande horreur, c'est le vôtre qui tombe. À nouveau, la scène à votre porte : que dis-je ? « par erreur » ? « par accident ? »[1].

L'exemple d'Austin montre qu'il y a des différences entre faire quelque chose par erreur ou par accident, alors qu'on croit souvent que les deux expressions sont équivalentes ; mais il montre aussi qu'à partir du langage ordinaire, peut comprendre quelque chose de la nature ou des classifications des actions. Austin constate qu'on n'emploie pas n'importe quelle excuse avec n'importe quelle action. On peut s'excuser d'allumer une cigarette ou de couvrir ses livres par « la force de l'habitude », mais un tueur ne peut s'excuser d'assassiner « par la force de l'habitude ». « Une mauvaise orthographe peut être de l'étourderie, mais pas vraiment un accident, alors qu'une balle perdue, on peut dire que c'est un accident, mais pas vraiment une étourderie ». La diversité des excuses montre la diversité et la variété des actions, et classifie nos différents degrés d'investissement subjectif de l'action.

---

1. J. L. Austin, *Écrits Philosophiques*, *op. cit.*, p. 151.

L'étude des excuses peut éclairer ces thèmes fondamentaux essentiellement de deux façons. Tout d'abord, étudier les excuses, c'et étudier les cas ou s'est produit quelque anomalie ou échec; et comme c'est souvent le cas; l'anormal met au jour ce qui est normal; et nous aide à déchirer le voile aveuglant de facilité et d'évidence qui dissimule les mécanismes de l'acte naturel et réussi. Il devient vite clair que les ruptures signalées par diverses excuses sont de types radicalement différents. Ils affectent différentes parties ou étapes du mécanisme, que les excuses sélectionnent et trient pour nous. Il apparaît que *tous* les écarts ne se produisent pas en rapport avec *tout* ce que l'on pourrait appeler « action » et que toutes les excuses ne sont pas appropriées à tous les verbes, loin s'en faut; ce qui nous fournit le moyen d'introduire une certaine classification dans le vaste ensemble des « actions »[1].

Austin note que la philosophie s'est trop centrée, pour définir la notion de responsabilité, sur les justifications et pas assez sur les excuses. Ici, on peut déceler l'influence de H. L. A. Hart – notamment ses analyses de la « défaisabilité » des concepts juridiques. Hart, dans « The ascription of responsibility and rights », envisage la défaisabilité du concept de contrat par le type de « défenses » qu'on peut y opposer. Il propose une liste et classification des défenses qui a une structure similaire à la classification austinienne des échecs :

> L'affirmation « Smith l'a frappée » peut être contestée, dans la manière caractéristique des affirmations légales défaisables, de deux façons distinctes. Smith ou quelqu'un d'autre peut nier tout simplement l'énoncé des faits physiques : « Non, c'était Jones, pas Smith ». Ou alors Smith et ses partisans peuvent produire un argument parmi une vaste série de défenses de façon

---

1. *Ibid.*, p. 142.

à, sinon détruire entièrement l'accusation, du moins l'adoucir ou la « modérer ».

Ainsi, vis-à-vis de « Il l'a fait » (« Il l'a frappée ») on peut plaider :
1. « Accidentellement « (elle est passée devant lui alors qu'il plantait un clou avec un marteau).
2. « Par inadvertance » (pendant qu'il plantait un clou, sans prendre de précautions suffisantes).
3. « Par erreur » (Il a cru qu'il s'agissait de May, qui l'avait frappé auparavant).
4. « En situation d'autodéfense » (Elle allait le frapper avec un marteau).
5. « Après avoir été gravement provoqué » (elle lui avait balancé de l'encre).
6. « Il s'est laissé impressionner » (John a dit qu'il le traînerait dans la boue).
7. « Mais il est fou, ce pauvre type »[1].

Notons que Hart cite Austin et les performatifs dans ce texte. Ce qui est crucial selon Hart, pour la responsabilité pénale[2].

> Ce n'est pas que les agents aient dans leur esprit les éléments de prédiction et le désir d'un mouvement musculaire... mais que ceux que nous punissons aient possédé, au moment où ils ont agi, les capacités normales, à la fois physiques et mentales, qui leur permettent de s'abstenir de faire ce que la loi interdit, ainsi qu'une chance équitable d'exercer ces capacités. Lorsque ces capacités et cette chance équitable font défaut, comme c'est le cas dans les divers cas d'accident,

1. H. L. A. Hart, « The ascription of responsibility and of rights », *in* A. Flew (ed.), *Logic and language*, Oxford, Blackwell, 1955, p. 162-163.
2. Voir S. Laugier, « Performativité, normativité et droit », *Archives de Philosophie* 67, janvier 2005, p. 607-627.

d'erreur, de paralysie, d'action réflexe, de coercition, de folie etc. l'argument moral est qu'il n'est pas conforme au droit moral de punir parce que : « il n'a pas pu s'en empêcher » ou « il n'a pas pu faire autrement » ou « il n'a pas eu de choix véritable »[1].

Ici on commence à voir une formulation de la question qui se pose pour Descombes : qui est le sujet de l'*agency* ? La réflexion sur l'acte conduit, curieusement, à une mise en cause de l'activité même (du caractère actif) de l'acte. Cette dimension passive ou attitudinale de l'acte est claire dans l'usage du terme anglais *agency*.

La pensée contemporaine de l'*agency* est inséparable d'une anthropologisation, comme le montre la fréquence de l'expression *Human Agency* dans la philosophie contemporaine de langue anglaise : l'*agency* serait ce qui caractérise, parmi les événements du monde, ce qui est de l'ordre de l'action humaine. Davidson a très clairement posé le problème dans ses essais désormais classiques sur l'action et plus particulièrement dans son article « Agency », dont on voit l'inspiration austinienne :

> Quels sont les événements qui, dans l'existence d'une personne, signalent la présence de l'agir? À quoi reconnaît-on ses actes ou les choses qu'il a faites, par opposition aux choses qui lui sont simplement arrivées? Quelle est la marque distinctive de ses actions[2]?

La difficulté, pour Davidson comme pour Austin, d'une définition générale de l'*agency* est précisément

---

1. H. L. A. Hart, *Punishment and Responsability*, Oxford, Clarendon Press, 1968, p. 152.

2. D. Davidson, *Actions et événements*, trad. fr. P. Engel, Paris, P.U.F., 1993, p. 67.

la difficulté à ranger des événements spécifiques sous la catégorie : action.

> Les philosophes semblent souvent penser qu'il doit y avoir un révélateur grammatical simple de l'agir, mais on n'en a découvert aucun. J'ai drogué la sentinelle, j'ai contracté la malaria, j'ai dansé, je me suis évanoui, Durand a reçu de moi un coup de pied, j'ai survécu à Dupond : cette série d'exemples peut montrer qu'une personne nommée comme sujet dans ces phrases à l'actif ou comme objet dans des phrases au passif peut ou ne peut pas être l'agent de l'événement rapporté[1].

Un moyen de définir l'action et l'*agency* serait alors d'introduire le concept *d'intention* comme l'a fait toute une lignée de réflexion en langue anglaise sur l'action (Anscombe, Geach, Kenny), et de définir donc l'*agency*, en termes structuraux, par l'intentionnalité. Chez Davidson comme chez ces théoriciens intentionnalistes, la question de l'*agency* est alors effacée au profit d'une réflexion sur la causalité des actions et sur l'articulation du mental au physique. Le débat entre ces deux grands courants de réflexion sur l'action, comme le note Descombes, porte ainsi sur la réalité ontologique de l'action. Mais au-delà de ce débat, ou en deçà, reste la question, point de départ de ces réflexions sur l'action, la causalité et l'intention : y a-t-il une définition ou un critère de l'*agency*? Cette question n'est pas seulement celle de la nature de l'action, mais de son *sujet*.

La variété des excuses met en évidence l'impossibilité de définir de façon générale l'*agency* et la subjectivité de l'action autrement que dans le détail et la diversité de nos modes de responsabilité et d'explication. L'action

---

1. D. Davidson, *Actions et événements*, *op. cit.*, p. 68.

est précisément ce dont on peut s'excuser, ce qu'on *ne fait* pas exactement : *cf.* le texte d'Austin *Three ways of spilling ink*, et la conclusion de son article *Pretending*, qu'il inscrit dans un projet plus général de description des ratages des actions et du mode d'agentivité de ces échecs :

> Le projet à long terme de classifier et de clarifier toutes les façons possibles de ne pas exactement faire quelque chose, qui doit être mené à terme si nous voulons un jour comprendre adéquatement ce que c'est que faire quelque chose[1].

L'existence des excuses montre, outre la multiplicité et « l'humanité » de l'*agency*, sa passivité (l'excuse voulant toujours dire d'une certaine façon : ce n'est pas moi l'agent) Comme le dit Cavell à propos d'Austin :

> Les excuses sont impliquées de façon aussi essentielle dans la conception de l'action humaine chez Austin que le lapsus et la surdétermination chez Freud. Que révèle, des actions humaines, le fait que cette constellation des prédicats d'excuse soit constituée pour elles – qu'elles puissent être accomplies de manière non intentionnelle, sans le vouloir, involontairement, sans y penser, par inadvertance, par inattention, par négligence, sous influence, par pitié, par erreur, par accident, etc. ? Cela révèle, pourrions-nous dire, la vulnérabilité sans fin de l'action humaine, son ouverture à l'indépendance du monde et à la préoccupation de l'esprit[2].

L'intérêt de la réflexion d'Austin est qu'elle exclut de toute façon – comme celle de Wittgenstein – la solution

1. J. L. Austin, « Feindre » [*Pretending*], dans *Écrits philosophiques, op. cit.*, p. 271.
2. S. Cavell, *Un ton pour la philosophie, op. cit.*

trop aisée qui consisterait à définir l'*agency* par la présence d'une volonté métaphysique ou subjective, ou d'un « artiste dans les coulisses », comme le note Austin. La problématique d'« Excuses » consiste à dire, non seulement que je ne suis pas maître de mes actions, mais même que je n'en suis pas l'auteur ou le sujet. *Agency* formerait alors un couple intéressant avec *performance*, et déterminerait une polarité différente, dans le champ de l'action, que le couple actif/passif. La dualité de la réussite et l'échec (mise en place par Austin à propos de ces actions particulières, ni actives ni passives, que sont les *Speech acts*) définit ainsi l'*agency*.

L'*agency* n'est en rien une qualification générale de l'action, mais plutôt la marque de son indéfinissabilité et de son décentrement. Le mot *agency* brouille le couple actif passif comme le couple cause-effet. Le passif, dont la place est beaucoup plus importante en anglais qu'en français occupe ainsi une place cruciale dans le travail de la définition de l'action par le concept d'*agency*. L'énoncé passif en anglais n'est pas toujours un retournement de l'actif, et ne décrit pas un « subir », comme le montre *supra* la remarque de Davidson. Plus remarquablement, dans le passif anglais, on assiste souvent à la pure et simple disparition de l'agent, le passif devenant la forme privilégiée d'exposition d'une action. Un tel effacement de l'agent généralise le phénomène de *diathèse récessive* (perte de l'actant) dont Descombes, à la suite de Wittgenstein et d'Anscombe, fait aujourd'hui grand usage[1]. On a souvent remarqué en anglais une double orientation active/passive d'un certain nombre

---

1. *Cf.* V. Descombes, « L'action », avant le *Complément de sujet, op. cit.,* p. 143-146.

de verbes, source de difficulté pour le traducteur mais caractéristique de l'ambivalence de l'*agency*, comme dans l'expression : *this book reads well*. Tout se passe dans la langue anglaise comme si la distinction entre passif et actif s'atténuait, comme si le passif était une dimension essentielle de l'*agency* et non une inversion de l'action.

C'est ce que montre aussi une série d'usages plus spécifiques. Le vocabulaire de l'*agency* dans le domaine du droit et de l'économie permet de décrire des modes d'action qui sont en quelque sorte « par procuration », accomplis par quelqu'un à la place de quelqu'un d'autre. Ce n'est pas « l'action sans sujet » que Ricœur reproche à Davidson d'instituer (par l'identification de l'action et de l'événement), mais, plus radicalement, une action dont le sujet n'est pas où on le pense, pas chez l'agent. On évite alors de retomber dans la vision ricœurienne d'un sujet de l'action réinventé dans l'*agency*, tout en préservant le lien entre action et langage, par le biais de la notion d'expression.

ACTION, DESCRIPTION ET EXPRESSION

La lecture alternative de Wittgenstein que l'on peut opposer au paradoxe de Kripke serait donc, pourrait-on dire, celle de l'ordinaire. On fait comme si le recours à l'ordinaire, et à nos formes de vie (en tant que donné à accepter) était une solution au scepticisme : comme si les formes de vie étaient des institutions sociales. On peut encore une fois opposer formes de *vie* et *formes* de vie. On aperçoit dans cette perspective les limites des interprétations sociologisantes de Wittgenstein, qui ne voient pas dans la forme de vie le « tourbillon » de notre vie dans le langage, mais, dans une mécompréhension parallèle à celle de Kripke, des règles sociales que nous serions plus ou moins « inclinés à suivre », et une normativité sociale.

Ce qui, des *Carnets* aux *Derniers écrits*, obsède Wittgenstein, c'est précisément ce mélange de tautologie et de différence d'usage : l'idée, à la fois triviale et problématique, que le rapport que j'ai à moi-même, en quelque sorte, n'est pas le même que celui que j'ai aux autres, et la naturalité de ce rapport. La limite du behaviorisme, et de la critique du mythe de l'intériorité, apparaît ici. Je n'ai pas la même relation à moi qu'aux autres.

Cette structure expressive, comme l'a bien vu Taylor, s'enracine dans une forme de vie indissolublement naturelle et sociale. C'est la forme de vie qui détermine la structure de notre action, et va ainsi permettre de repenser l'expression.

> Le langage devient dans cette perspective une structure d'activité au moyen de laquelle nous exprimons/ réalisons une certaine façon d'être au monde. Cette structure ne peut être mise en œuvre que sur le fond d'un arrière-plan que nous ne pouvons jamais dominer complètement, car nous le remodelons sans arrêt, sans dominer et sans pouvoir avoir de vue d'ensemble[1].
>
> J'ai une attitude entièrement différente envers mes mots de celle des autres personnes[2].

---

1. Ch. Taylor « Le langage et la nature humaine », dans *La liberté des modernes*, trad. fr. Ph. de Lara, Paris, P.U.F., 1997.

2. L. Wittgenstein, *Derniers écrits sur la philosophie de la psychologie*, trad. fr. G. Granel, Mauvezin, T.E.R., 2000, II, 9.

Je ne les écoute pas de façon à apprendre quelque chose de moi-même. Ils ont une relation complètement différente à mes actions qu'aux actions des autres[1].

Mes mots et mes actions m'intéressent de manière complètement différente de celle dont ils intéressent les autres (mon intonation aussi, par exemple). Je ne me comporte pas par rapport à eux en tant qu'observateur. Mes mots sont parallèles à mes actions, les siens aux siennes.

Une *coordination* différente[2].

C'est précisément le point où émerge ce statut curieux de la subjectivité de l'action, défini par cet intérêt spécifique qu'on a à ce qu'on dit ou fait, donc à son expression : cette « coordination », dit Wittgenstein, « différente » entre d'une part le moi et ses mots et actions, d'autre part entre le moi et les mots et actions des autres. La question, point central du *Tractatus*, d'une coordination entre le langage (ce que je dis) et le monde, coordination qui *se montre* (ne peut être dite ni exprimée) dans le langage, revient sous la forme d'un questionnement sur la possibilité d'une coordination entre le « je » et *ce que je dis ou fais*. Comme si la question du sujet du langage – celle, dans le *Tractatus*, du langage que je suis seul à comprendre ou parler, *die einzige Sprache*[3] – n'était plus exactement celle (solipsiste, et transcendantale) du monde comme étant *mon* monde, mais celle (sceptique) du sujet de l'action.

1. L. Wittgenstein, *Derniers écrits sur la philosophie de la psychologie*, *op. cit.*, II, 9.

2. L. Wittgenstein, *Derniers écrits sur la philosophie de la psychologie*, *op. cit.*, II, 10.

3. Cf. *RP*, § 243, p. 135-136.

Mes mots ne sont autres que mes expressions de ma vie ;
et je réagis aux mots des autres comme à des expressions
d'eux : autrement dit, je ne réagis pas seulement à
ce que leurs mots veulent dire, mais également à ce
qu'eux veulent dire par ces mots. Je considère qu'ils
veulent dire (qu'ils « impliquent ») quelque chose
dans leurs mots, ou par leurs mots ; ou bien qu'ils
parlent ironiquement, etc. Il se peut naturellement
que mes expressions et mes réactions ne soient pas
exactes. Imaginer une expression (faire l'expérience
de la signification d'un mot), c'est l'imaginer donnant
expression à une âme. (...)

L'idée contenue dans l'allégorie des mots, c'est que les
expressions humaines, la silhouette humaine doivent,
pour être saisies, être *lues*. Connaître un autre esprit,
c'est interpréter une physionomie, et ce passage des
Recherches nous fait savoir que ce n'est pas là affaire
de « pure et simple connaissance ». Je dois déchiffrer la
physionomie, mon regard sur la créature sera fonction
de ma lecture, et je la traiterai selon ce que j'aurai
vu. Le corps humain est la meilleure image de l'âme
humaine – non pas tant, ai-je envie d'ajouter, parce
qu'il représente l'âme, mais parce qu'il lui donne
expression[1].

Ainsi se découvre une source de l'idée de langage
privé : non une difficulté à connaître (ce n'est pas, comme
le répète Wittgenstein, un problème de connaissance),
mais un refus (anxiété) de vouloir dire, et d'accéder, ou
de *s'exposer* à l'extérieur. D'où les séductions de l'idée
de secret : nous préférons l'idée que notre privé est
secret, plutôt que de reconnaître la nature même de ce
privé, qui est d'être pris dans une structure d'*expression*,

1. *VR*, p. 507.

de dévoilement de soi non plus volontaire, mais passif. Telle est la nature du rapport intérieur / extérieur, mais aussi entre sujet de l'action et sujet de l'expression.

Accepter l'expression, c'est accepter la réalité de l'extériorité (corporelle) du vouloir-dire et de l'expressivité naturelle du corps. « Le corps humain est la meilleure image de l'âme humaine » non pas en tant qu'il la représente ou la possède, mais en tant qu'il lui donne expression. Cela, comme le rapport intérieur extérieur ainsi redéfini, fait partie de notre forme de vie (c'est cela, le *donné*), ce qui doit être « accepté ». Reconnaître ce rapport grammatical intérieur/extérieur,

> C'est également reconnaître que vos expressions *vous expriment*, qu'elles sont *à vous*, et que vous êtes *en elles*. Cela signifie que vous vous autorisez à être compris, chose que vous pouvez toujours refuser. J'aimerais souligner que ne pas vous y refuser, c'est reconnaître que votre corps, le corps de vos expressions, est à vous[1].

C'est ce qui fait le fond naturel de l'expression, qui est celui même de la feinte et de l'imitation car il relève de « subtilités dans le ton, le regard, le geste »[2].

> Le meilleur exemple d'une expression pourvue d'une signification tout à fait déterminée est un passage dans une pièce de théâtre. - Alors on présuppose pas mal de choses. Par exemple, que ces gens entendent leurs propres voix, que parfois ils éprouvent des sentiments en fonction de leurs gestes, et tout ce qui appartient à la vie humaine[3].

1. *VR*, p. 551.
2. L. Wittgenstein, *Derniers écrits sur la philosophie de la psychologie*, I, *op. cit.*, § 936.
3. *Ibid.*, II, p. 8.

Wittgenstein note encore à propos de l'expressivité du geste et de la tonalité :

> Qu'un acteur puisse représenter la tristesse montre le caractère incertain de l'évidence, mais qu'il puisse représenter la *tristesse* montre aussi la réalité de l'évidence[1].

Il n'y a donc pas de sens à opposer forme de vie/sociale (ou grouillement de la forme de vie) et subjectivité, parce que le sujet de l'action est ce sujet de l'expression et à décrire comme tel. Ce sont ces modes grammaticaux de la description (description de nos manières de décrire, des possibilités de phénomènes) qui pourraient faire émerger cette subjectivité. L'arrière-plan est un arrière-plan (non causal) de description de l'action.

> Nous jugeons une action d'après son arrière-plan dans la vie humaine (…). L'arrière-plan est le train de la vie (*das Getriebe des Lebens*). Et notre concept désigne quelque chose dans *ce* train[2].

> Comment pourrait-on décrire la façon d'agir humaine ? Seulement en montrant comment les actions de la diversité des êtres humains se mêlent en un grouillement (*durcheinanderwimmeln*). Ce n'est pas ce qu'*un individu* fait, mais tout l'ensemble grouillant (*Gewimmel*) qui constitue l'arrière-plan sur lequel nous voyons l'action[3].

On peut alors se demander pourquoi Descombes ne reconstruit pas la subjectivité sur le modèle de l'*agency*,

---

1. L. Wittgenstein, *Derniers écrits sur la philosophie de la psychologie*, II, p. 67.
2. *RPP*, § 624-625.
3. *RPP*, § 629 ; cf. *Z*, § 567.

comme un trait des phénomènes humains et sociaux (*subjectness*?) qu'il nous resterait à décrire. L'*agency* indique autant une passivité, une disposition, qu'une activité, la soumission des actions à un ordre expressif plutôt qu'à la volonté du sujet.

Ici, mieux qu'Austin, c'est Goffman qui serait le successeur de Wittgenstein dans sa définition du sujet par son expression sociale.

> Notre guide doit être George Herbert Mead. Ce que l'individu est pour lui-même, il ne l'a pas inventé. C'est ce que les autres qui comptent pour lui ont fini par considérer qu'il devrait être, ce comme quoi ils ont fini par le traiter et par suite, ce comme quoi il doit lui-même se traiter s'il veut être en rapport avec les rapports qu'ils ont avec lui[1].

On sait à quel point Goffman, dans son analyse de l'interaction, est attentif à tous ces moments de rupture par lesquels la représentation sociale se défait dans la gêne, parce que l'individu se définit précisément, non par un intérieur mas par une face sociale qu'il maintient dans le cours de ses actions. La face étant « la valeur sociale positive qu'une personne revendique effectivement à travers la ligne d'action que les autres supposent qu'elle a adoptée au cours d'un contact particulier »[2]. L'individu se définit par le social au sens où non seulement ses actions, mais les événements autour de lui doivent être conformes à sa face sociale, *l'expriment*. Ici l'approche de Goffman est celle d'un Taylor sans l'interprétation :

1. E. Goffman, *La mise en scène de la vie quotidienne 2. Les relations en public*, trad. fr. A. Kihm, Paris Minuit, 1973, p. 263.
2. E. Goffman, *Les rites d'interaction*, trad. fr. A. Kihm, Paris, Minuit, 1974, p. 9.

> Dès qu'elle pénètre dans une situation où elle reçoit
> une certaine face à garder, une personne prend la
> responsabilité de surveiller le flux des évènements
> qu'elle croise. Elle doit s'assurer du maintien d'un
> certain ordre *expressif*, ordre qui régule le flux des
> évènements, importants ou mineurs, de telle sorte que
> tout ce qu'ils paraissent exprimer soit compatible avec
> la face qu'elle présente[1].

C'est cette passivité de l'expression, mais aussi de
l'action sociale elle-même qui permet de redéfinir le
sujet, et de tenter encore de réhabiliter le sujet face aux
critiques de Descombes. La subjectivité est alors une
capacité à s'exprimer dans l'action, à prendre en compte
l'esprit de l'autre comme capacité à me lire.

> Bref, chaque fois que nous entrons en contact avec
> autrui, que ce soit par la poste, au téléphone, en
> lui parlant face à face, voire en vertu d'une simple
> coprésence, nous nous trouvons avec une obligation
> sociale : rendre notre comportement compréhensible
> et pertinent compte tenu des événements tels que
> j'autre va sûrement les percevoir. Quoi qu'il en soit par
> ailleurs, nos actes doivent prendre en compte *l'esprit
> d'autrui, c'est-à-dire sa capacité à lire* dans nos mots
> et nos gestes les signes de nos sentiments, de nos
> pensées et de nos intentions. Voilà qui limite ce que
> nous pouvons dire ou faire ; mais voilà aussi ce qui nous
> permet de faire autant d'allusions au monde qu'autrui
> peut en saisir[2].

C'est ici, dans nos allusions pratiques au monde, que
se définit la subjectivité – ni dans le sujet connaissant, ni

1. E. Goffman, *Les rites d'interaction, op. cit.*, p. 13.
2. E. Goffman, *Façons de parler*, trad. fr. A. Kihm, Paris, Minuit,
1987, p. 270.

dans le sujet moral : comme capacité à exprimer notre relation à la société et aux institutions dans nos actions. Capacité qui est, on le sait bien, au cœur de l'analyse de Descombes.

On a vu que pour Austin, nous ne *savons pas* ce que c'est qu'une action, et les philosophes qui réfléchissent à la question en termes généraux se laissent prendre au « mythe du verbe », selon lequel il y aurait quelque « chose », « accomplir une action », qui fait apparaître les caractéristiques essentielles de ce qu'on classe sous le *dummy* « action ». Exactement ce que Descombes nous dit du sujet. Mais Austin en tire, non une critique du *sujet* de l'action, mais, à la place, son « projet à long terme de classifier et de clarifier toutes les façons possibles de *ne pas exactement faire quelque chose*, qui doit être mené à bout si nous voulons un jour comprendre adéquatement ce que c'est que faire quelque chose ». On pourrait ainsi définir, à partir des critiques de Descombes elles-mêmes, la subjectivité : dans un projet à long terme de clarifier toutes les façons possibles de *ne pas exactement être* « celui qui » (n'oublions pas que le *Complément de sujet* part de la question *qui ?*).

Vers la fin de son livre, après avoir parlé des raisons (variées) qu'on a d'accepter les règles (ou non), Descombes ajoute : « il y a de multiples raisons pratiques pour lesquelles on peut être amené à décider de *ne pas* suivre telle coutume pourtant bien établi, de *ne pas* se conformer à telle règle de l'étiquette, de ne pas reconnaître tel droit acquis. Ainsi nous n'avons pas à nous mettre en quête d'un motif unique pour toutes les conventions humaines »[1]. On citera encore une fois Goffman (qui

---

1. V. Descombes, *Le complément de sujet, op. cit.*, p. 464.

avait le plus grand intérêt pour la théorie austinienne sur les excuses, en lien avec son obsession des ruptures et transgressions des règles). « Cette tendance à interpréter les actes comme des symptômes confère une qualité expressive et indicative même à des actions tout à fait matérielles, car elles révèlent la relation générale que leur auteur entretient à une règle donnée et par extension, sa relation au système de règles »[1].

Les *raisons pratiques* de *ne pas* faire quelque chose, ces styles et manières de (ne pas, ou mal) faire qui nous expriment naturellement, sont peut-être le lieu où chercher la subjectivité, dans la passivité et la symptomalité de l'expression même, et la lecture mutuelle et sociale des expressions d'autrui. Reste alors à les décrire – mais c'est le moment où les explications grammaticales viennent peut-être à leur fin.

1. E. Goffman, *La mise en scène de la vie quotidienne 2. Les relations en public, op. cit.*, p. 103.

CHAPITRE V

L'ÉTHIQUE COMME ATTENTION
AU PARTICULIER

Le sujet du *care* est un sujet sensible. En un premier sens : la réflexion sur le *care*, lorsqu'elle est présentée dans ses grandes lignes, suscite naturellement des objections, voire un rejet. Elle semble en effet opposer une conception féminine et une conception masculine de l'éthique, la première étant définie par l'attention, le souci de l'autre, le sens de la responsabilité, des liens que nous avons à un ensemble de personnes, de proches (ce sont les critères élaborés par Carol Gilligan[1] et Nell Noddings[2] dans leurs ouvrages), la seconde étant définie par les droits, la justice, l'autonomie. Beaucoup de choses ont été dites sur la difficulté qu'il y aurait alors à opposer une éthique féminine et une éthique masculine, une éthique du *care* et une éthique de la justice, au risque de la reproduction de préjugés que l'éthique du *care* (à première vue, en tant qu'éthique féministe) visait précisément à combattre. À ces objections, plusieurs réponses sont possibles. 1) On peut, comme

1. C. Gilligan, *Une voix différente*, trad. fr. A. Kwiatek, Paris, Champs-Flammarion, 2008.
2. N. Noddings, *Caring: A Feminine Approach to Ethics and Moral Education*, Berkeley (CA), University of California Press, 1984.

Joan Tronto, intégrer le *care* à une approche éthique, sociale et politique générale, qui ne soit pas réservée aux femmes, mais soit une aspiration pour tous et permette ainsi une amélioration du concept de la justice. 2) On peut, comme cela a été suggéré par exemple par les travaux plus récents de Gilligan (1987), montrer que le *care* et la justice ne sont pas des opposés, mais sont au contraire, sur le modèle du canard-lapin wittgensteinien, des perspectives complémentaires qu'on peut choisir de prendre, en fonction du contexte. 3) On peut redéfinir le *care* et le juste en redéfinissant l'éthique, comme l'ont suggéré Patricia Paperman, Martha Nussbaum, Cora Diamond, à partir du sensible et de l'expérience.

Cette dernière réponse, la plus ambitieuse, peut sembler se heurter à des objections similaires à celles qui ont d'emblée été faites à Gilligan et aux éthiques du *care* : n'est-ce pas mécomprendre ou dévaloriser le recours à la sensibilité que de l'opposer ainsi à l'argumentation et à la rationalité morales ? En un second sens, donc, le sujet du *care* est un sujet sensible. Non seulement en tant qu'il est affecté, mais en tant qu'il est pris dans un contexte de relations, dans une forme de vie – qu'il est attentif, *attentionné*.

La définition d'un sujet sensible de l'éthique est donc un enjeu de la réflexion sur le *care* et du débat *care/justice*. Ce qui nous intéressera ici n'est pas la mise en évidence de principes proprement féminins en éthique (même si c'est là un aspect très important de la question du *care*), mais plus radicalement la possibilité, ouverte par la provocation du *care*, d'une mise en cause du cadre même de l'éthique contemporaine. On n'a que trop tendance à rejeter toute forme d'éthique *non orthodoxe* du côté d'un irrationalisme ou d'un « quiétisme ». Il est donc important de mettre en évidence la rationalité du *care*. Pour cela, nous avons choisi une voie spécifique, qui paraît éloigner des problématiques du *care*, mais leur sert d'arrière-plan : partir de la question de la perception et de l'expression morales.

LE *CARE* ET LE SOUCI DU PARTICULIER

La réflexion sur le *care* n'ouvre pas tant sur de nouvelles approches de l'éthique que sur une transformation du statut même de l'éthique. La question de la *sensibilité* est bien au centre du *care* : encore faut-il comprendre ce qu'on entend par là, et de quelle sensibilité il s'agit. En effet, ce n'est pas tant le sentiment (*feeling*, au sens par exemple de Hume, qu'on opposerait alors à la rationalité) que la *perception* – mais une perception *ordinaire*, pas un ersatz philosophique « objectivant » – qui est à revendiquer ici comme point de départ d'une modification du cadre de l'éthique.

Gilligan elle-même, lorsqu'elle revient sur la question du *care* et sur l'opposition des points de vue *care*/justice en 1987[1], part de l'image wittgensteinienne du canard-lapin : comme Wittgenstein, elle n'utilise pas l'image pour introduire un relativisme des perspectives morales, mais plutôt pour indiquer 1) la possibilité de changer de point de vue, même si un point de vue nécessairement domine ; 2) la tendance que nous avons à ne voir qu'un aspect à tel moment ; 3) l'importance du contexte, pas seulement présent mais passé (l'expérience antérieure du sujet). Il s'agit bien de mettre en évidence,

1. C. Gilligan. « Moral orientation and moral development » [1987], *in* V. Held (ed.) *Justice and Care*, *op. cit.*, p. 31.

pour chaque situation morale que nous examinons, non seulement des « orientations » visuelles différentes[1], mais un cadre de perception. Gilligan suggère une approche *gestaltiste* en morale, en insistant, comme Wittgenstein, sur la nécessité d'une dynamique et d'un détachement de la situation sur un *arrière-plan*. Cora Diamond définit ainsi la spécificité de cette approche :

> Nos conceptions morales *particulières* émergent sur un arrière-plan plus général de pensée et de sensibilité. Nous différons dans notre façon de laisser (ou pas) les concepts moraux agencer notre vie et nos relations aux autres, dans la façon dont ces concepts structurent nos récits de ce que nous avons fait ou vécu[2].

Une telle approche perceptuelle sera non seulement situationnelle, dynamique mais particulariste[3]. Ce n'est qu'en s'intéressant au particulier, et pas au général, que l'on trouvera la bonne perspective en éthique, comme en esthétique. Ici on retrouve Wittgenstein, pas seulement par son recours à l'image du canard- lapin, et son intérêt pour la Gestalt, mais par son particularisme, l'« intérêt pour le particulier ».

Les éléments du vocabulaire éthique n'ont de sens que dans le contexte de nos usages et d'une forme de vie, ou plutôt prennent vie sur l'arrière-plan (celui de la

1. C. Gilligan. « Moral Orientation and Moral Development » [1987], *in* V. Held (ed.) *Justice and Care, op. cit.*, p. 32.

2. C. Diamond, « Différences et distances », dans S. Laugier (dir.), *Éthique, littérature, vie humaine*, trad. fr. J. Y. Mondon et S. Laugier, P.U.F., 2006, p. 83-84.

3. Voir L. Quéré, « Action située et perception du sens », dans M. de Fornel et L. Quéré (dir.), *La logique des situations : nouveaux regards sur l'écologie des activités sociales*, Paris, Éditions de l'EHESS, 1999.

praxis[1]) qui « donne aux mots leur sens ». Un sens qui n'est jamais fixe, et toujours particulier.

> Ce n'est que dans la pratique du langage qu'un mot peut avoir une signification[2].

Le sens est défini non seulement par l'usage, ou le contexte (comme l'ont reconnu nombre d'analyses du langage), mais il est inscrit et perceptible seulement sur l'arrière-plan dynamique de la pratique du langage, qui se modifie *par ce que nous en faisons*.

> « Beau » est lié à un jeu particulier. De même en éthique : la signification du mot « bon » est liée avec l'acte même qu'il modifie. Nous ne pouvons établir la signification du mot « beauté » qu'en considérant comment nous en faisons usage[3].

On pourrait alors être tenté de tirer l'éthique vers une ontologie particulariste – qui mettrait des particuliers abstraits (tirés par exemple de la perception) au centre d'une théorie des valeurs ou d'un réalisme des particuliers. Mais ce serait perdre le sens de l'idée de ressemblance de famille, qui est précisément la négation d'une ontologie[4], y compris des particuliers abstraits. Wittgenstein critique la « pulsion de généralité – La tendance à chercher

---

1. Voir S. Laugier, « Enquête de l'ordinaire », dans B. Karsenti, L. Quéré (éd.), *La croyance et l'enquête. Aux sources du pragmatisme*, Paris, Éditions de l'EHESS, 2004, p. 257-287 ; E. Balibar et S. Laugier, articles « Praxis », « Agency » dans B. Cassin (dir.), *Vocabulaire Européen des Philosophies*, Paris, Seuil-Le Robert, 2004.

2. *BGM*, p. 344.

3. L. Wittgenstein *Cours de Cambridge, 1932-35*, Oxford, Oxford University Press, 1979, p. 35. Notes d'A. Ambrose.

4. Voir J.-Ph. Narboux « Ressemblances de famille, caractères, critères », dans S. Laugier (éd.), *Wittgenstein. Métaphysique et jeu de langage*, Paris, P.U.F., 2001.

quelque chose de commun à toutes les entités que nous subsumons communément sous un terme général. L'idée qu'un concept général est une propriété commune à ses cas particuliers se rattache à d'autres idées primitives et trop simples sur la structure du langage »[1]. Il faut, comme l'a de son côté suggéré Hilary Putnam, une *éthique sans ontologie*[2] plutôt qu'une ontologie du particulier.

Mais quel type d'intérêt avons-nous pour le particulier? La pulsion de généralité, philosophique, est « mépris du cas particulier », la perception morale est souci (*care*) du particulier. Iris Murdoch, disciple de Wittgenstein, dans son important essai « Vision et choix en morale »[3], évoque l'importance de l'attention en morale (une première façon d'exprimer le *care* : faire attention à, être *attentionné*). *Attention* serait alors une traduction possible en français du terme, le tirant peut-être un peu trop du côté perceptuel qui nous occupe, mais mettant en évidence la dynamique anticipante de cette perception. Murdoch évoque elle aussi, justement, les différences en morale en termes de différences de *Gestalt*. Elle veut éviter l'idée classique de la perception d'un objet *via* un concept :

> Les différences morales ressemblent moins ici à des différences de choix, et plus à des différences de *vision*. En d'autres termes, un concept moral ressemble moins à un anneau mobile et extensible posé sur un certain domaine de faits, et plus à une différence de

1. *BB*, *BrB*, p. 57-58.
2. H. Putnam, *L'éthique sans ontologie*, trad. fr. de P. Fasula, Paris, Cerf, 2010.
3. I. Murdoch, « Vision et choix en morale », dans S. Laugier (dir.), *Les voix et la vertu. Variété du perfectionnisme moral*, trad. fr. E. Halais, Paris, P.U.F. 2010.

Gestalt. Nous différons, non seulement parce que nous sélectionnons différents objets à partir du même monde, mais parce que nous *voyons* des mondes différents. [...]

Ici la communication d'un nouveau concept moral ne peut pas nécessairement être accomplie par la spécification d'un critère factuel ouvert à tout observateur (« Approuve *ce* domaine ! »), mais implique la communication d'une vision complètement nouvelle[1].

Là aussi, on a une critique du *général* en éthique. Il n'y a pas de *concepts* moraux univoques qu'il ne resterait qu'à appliquer à la réalité pour délimiter des objets, mais nos concepts dépendent, dans leur application même de la vision du « domaine », de la narration ou description que nous en donnons, de notre intérêt personnel et désir d'exploration (ce qui est important pour nous). Ici, dans l'idée d'importance, nous avons aussi une autre formulation du *care* : ce qui est important (*matter*) pour nous, ce qui compte.

L'IMPORTANCE DE L'IMPORTANCE

Ce rapport du *care* à *ce qui compte* a été mis en évidence par Harry Frankfurt, dans The *Importance of What We Care About* (1988). Nous pensons aussi – pour renvoyer un instant à un tout autre champ, qui a aussi à voir avec la vision attentive et l'éducation de la perception – à ce que Stanley Cavell dit du cinéma et des films qui *comptent* pour nous, et sont l'objet de notre attention et *care* :

---

1. *Ibid.*, p. 59.

La morale que je tire est la suivante : pour répondre à la question « qu'advient-il des objets quand ils sont filmés et projetés ? » – de même qu'à celle-ci : « qu'advient-il à des personnes données, à des lieux précis, à des sujets et à des motifs, quand ils sont filmés par tel ou tel cinéaste ? » – il n'existe qu'une seule source de données, c'est-à-dire l'apparition et la signification de *ces* objets, de *ces* personnes, que l'on trouvera en fait dans la suite de films, ou de passages de films, *qui comptent pour nous*[1].

L'importance du cinéma se trouve dans sa façon de faire émerger (visuellement) ce qui est important, ce qui compte : « de magnifier la sensation et la signification d'un moment ». Mais

… il lui appartient aussi d'aller contre cette tendance et, au lieu de cela, de reconnaître cette réalité tragique de la vie humaine : l'importance de ses moments ne nous est pas d'ordinaire donnée avec les moments pendant que nous les vivons, si bien que cela peut demander le travail de toute une vie de déterminer les carrefours importants d'une vie[2].

Le *care* se définirait à partir de cette attention spécifique à l'importance *non visible* des choses et des moments : « La dissimulation inhérente de l'importance » fait partie de ce que le cinéma nous apprend *aussi* de notre vie ordinaire. Cette « fragilité de la signification immédiate », pour reprendre une belle expression d'Isaac Joseph, est propre à l'expérience ordinaire,

1. S. Cavell, « Qu'advient-il des choses à l'écran ? », in *Le cinéma nous rend-il meilleurs ?*, trad. fr. Ch. Fournier et E. Domenach, Paris, Bayard, 2003, p. 79.

2. *Ibid.*, « La pensée du cinéma », p. 29-30.

« structurellement vulnérable »[1] parce que son sens n'est jamais *donné*.

Redéfinir la morale à partir de l'importance, et de son lien à la vulnérabilité structurelle de l'expérience pourrait ainsi aider à constituer l'éthique du *care*. La notion de *care* est indissociable de tout un *cluster* de termes, qui constituent un jeu de langage du particulier : attention, souci, importance, signifiance, compter. Notre capacité d'attention devient, pour Murdoch, une capacité à l'amour (*love*) – « une version détachée, non sentimentale, non égoïste, objective de l'attention ». Cette attention est résultat du développement d'une capacité perceptive : voir le détachement du détail, du geste expressif, sur un arrière-plan, sans stabilisation ontologique.

> Nous avons continuellement à faire des choix – mais pourquoi devrions-nous rayer comme non pertinents les différents arrière-plans de ces choix – qu'ils soient faits avec confiance sur la base d'une spécification claire de la situation, ou avec hésitation, sans avoir l'assurance d'avoir exploré suffisamment les détails ? Pourquoi est-ce que l'attention au détail devrait nécessairement produire la paralysie, plutôt qu'induire l'humilité et être une expression de l'amour ?[2]

Ce particularisme de l'attention au détail a été exprimé par Diamond, notamment dans « Se faire une idée de la philosophie morale » qui clôt *L'esprit réaliste*[3]. La philosophie morale doit modifier son champ d'études,

---

1. I. Joseph, « L'athlète moral et l'enquêteur modeste », dans B. Karsenti et L. Quéré (dir.), *La croyance et l'enquête. Aux sources du pragmatisme*, Paris, Éditions de l'EHESS, 2004, p. 28.

2. Voir I. Murdoch, « Vision et choix en morale », *op. cit.*, p. 66.

3. C. Diamond, *Wittgenstein. L'esprit réaliste*, trad. fr. E. Halais et J.Y. Mondon, Paris, P.U.F, 2004, p. 495-515.

de l'examen de concepts généraux à l'examen des visions particulières, des « configurations » de pensée des individus. Ici Murdoch est radicale :

> Nous considérons quelque chose de plus insaisissable qu'on peut appeler leur vision totale de la vie, telle qu'elle se manifeste dans leur façon de parler ou de se taire, leur choix de mots, leurs façons d'apprécier les autres, leur conception de leur propre vie, ce qu'ils trouvent attrayant ou digne de louange, ce qu'ils trouvent amusant : bref, les configurations de leur pensée qui se manifestent continûment dans leurs réactions et leurs conversations. Ces choses, qui peuvent être montrées ouvertement et de façon intelligible ou élaborées intimement et devinées, constituent ce qu'on peut appeler la *texture d'être* d'un homme, ou la nature de sa vision personnelle »[1].

C'est bien dans l'usage du langage (choix des mots, style de conversation) que se montre ouvertement ou s'élabore intimement la vision morale d'une personne, qui pour Murdoch n'est pas tant un point de vue théorique qu'une texture *d'être* – dont on relèvera que c'est encore un terme gestaltiste (la texture pouvant apparaître sous diverses modalités, visuelle, sonore et tactile). Cette texture n'a rien à voir avec les choix et arguments moraux mais encore une fois avec « ce qui importe » et ce qui fait et exprime les différences entre individus.

> Nous ne pouvons pas voir l'intérêt moral de la littérature à moins de reconnaître les gestes, les manières, les habitudes, les tours de langage, les tours de pensée, les styles de visage, comme moralement expressifs – d'un individu ou d'un peuple. La description intelligente

---

1. I. Murdoch, « Vision et choix en morale », *op. cit.*

de ces choses fait partie de la description intelligente, aiguisée, de la vie, de ce qui *importe*, de ce qui fait la différence, dans les vies humaines[1].

Ce sont ces différences qui doivent être l'objet de « la description intelligente, aiguisée, de la vie ». Cette *vie humaine* renvoie à la forme de vie wittgensteinienne, qui définit aussi une texture – il y a aussi la *texture ouverte* définie à la même époque par F. Waismann[2], à propos de la sensibilité de nos mots et de nos énoncés à leurs usages. La texture désigne alors une réalité instable, qui ne peut être fixée par des concepts, ou par des objets particuliers déterminés, mais par la reconnaissance de gestes, de manières, de styles. La forme de vie s'avère, prise du point de vue de l'éthique, définie par la perception – l'attention à des textures ou des motifs moraux (ceux de Henry James, décrits par Diamond et Nussbaum dans leurs essais qu'elles ont consacrés à cet auteur[3] – par exemple, le motif « européen » ou « international »). Ces motifs sont perçus comme « moralement expressifs ». Ce qui est *perçu*, ce ne sont donc pas des objets ou une réalité morale (des valeurs) mais une expression morale, qui n'est possible et lisible que sur l'arrière-plan de la forme de vie. La littérature est le lieu privilégié de la perception morale, par la création d'un arrière-plan qui la rende possible, qui fasse apparaître les différences importantes (*significantes*).

___

1. C. Diamond, *Wittgenstein. L'esprit réaliste*, *op. cit.*, p. 507.

2. F. Waismann, « La vérifiabilité », dans S. Laugier et P. Wagner (dir.), *Textes clés de philosophie des sciences* I, Paris, Vrin, 2004.

3. C. Diamond,   *Wittgenstein.   L'esprit   réaliste*,   *op. cit.* M. Nussbaum, « La fêlure dans le cristal : la littérature comme philosophie morale », trad. fr. J. Y. Mondon, dans S. Laugier (dir.) *Éthique, littérature, vie humaine*, *op. cit.*, 2006.

LA COMPÉTENCE MORALE ET L'EXPRESSION

La définition de la compétence éthique en termes de perception affinée et agissante (contre la capacité à juger, argumenter et choisir) est reprise par Nussbaum[1]. Pour elle, la morale est bien affaire de perception et d'attention, et pas d'argument. Une objection que l'on pourra faire à son approche est qu'alors on revient à une opposition caricaturale entre le sentiment et la raison. Mais ce qui compte ici est bien le recentrement de la question éthique sur une forme de psychologie morale, fondée sur une perception fine et intelligemment éduquée.

La compétence morale n'est pas seulement, en effet, affaire de connaissance ou de raisonnement, elle est affaire d'apprentissage de l'expression adéquate et d'éducation de la sensibilité : éducation, par exemple, de la sensibilité du lecteur par l'auteur, qui lui rend perceptible telle ou telle situation, tel caractère, en le plaçant (le décrivant) dans le cadre adéquat. L'éducation produit les significations : par exemple, la vie de Hobart Wilson telle qu'elle est racontée dans l'article du *Washington Post* cité par Diamond dans « Différences et distances en morale »[2] ; ou les caractères tels qu'ils sont décrits chez Henry James, qui nous apprend à les voir correctement et clairement. Dans sa préface à *Ce que savait Maisie*, James note : « L'effort pour voir réellement et peindre réellement n'est pas une mince affaire face à la force *constante* qui travaille à tout embrouiller »[3]. Ce

1. M. Nussbaum, *Love's Knowledge. Essays on Philosophy and Literature*, op. cit.
2. C. Diamond, « Différences et distances en morale », *Wittgenstein. L'esprit réaliste*, op. cit.
3. H. James, *Ce que savait Maisie*, trad. fr. M. Yourcenar, Paris, 10/18, 2004, p. 165-166.

roman, note Diamond, est entièrement une critique de la perception, par la description d'« un monde social où la perception de la vie est caractérisée par l'incapacité à voir ou à jauger la vivacité d'esprit de Maisie »[1].

C'est pourquoi l'idée de description ou de vision (le modèle orthodoxe ou objectivant de la perception) ne suffit plus pour rendre compte de la vision morale : elle consiste à voir, non des objets ou situations, mais les possibilités et significations qui émergent dans les choses, à anticiper, à *improviser* (dit Diamond) à chaque instant dans la perception. La perception est alors active, non au sens kantien où elle serait conceptualisée, mais parce qu'elle est constamment changement de perspective. On retrouve l'alternance canard-lapin utilisée par Gilligan. On pense aussi aux analyses de Nussbaum et Diamond sur Henry James : le roman nous apprend à regarder la vie morale comme « la scène de l'aventure et de l'improvisation », ce qui transforme l'idée que nous nous faisons de l'*agency* morale, et nous rend visibles « les valeurs qui résident dans l'improvisation morale »[2].

Il y a ainsi des contraintes sur la perception, non qu'elle soit volontaire, mais parce qu'il faut voir émerger des dynamiques et possibilités dans les choses. « Voir les possibilités dans les choses est l'affaire d'une transformation dans la perception qu'on en a. Les possibilités ne se donnent pour ainsi dire que sous une contrainte »[3]. Wittgenstein[4] aussi note que nous avons

---

1. *Ibid.*
2. C. Diamond, *Wittgenstein. L'esprit réaliste, op. cit.*, p. 316.
3. *Ibid.*
4. *RP*, § 90, p. 78.

affaire non aux phénomènes, mais aux « *possibilités* des phénomènes »[1].

L'apprentissage du langage est apprentissage de la perception de ces possibilités, qui sont l'arrière-plan de l'expression morale. C'est un point essentiel des *Voix de la Raison* :

> En « apprenant le langage » vous n'apprenez pas seulement ce que sont les noms des choses, mais ce que c'est qu'un nom ; pas seulement ce qu'est la forme d'expression convenant à l'expression d'un désir, mais ce que c'est qu'exprimer un désir ; pas seulement ce qu'est le mot pour « père », mais ce que c'est qu'un père ; pas seulement le mot « amour », mais ce qu'est que l'amour[2].

L'apprentissage de la morale est indissociable de l'apprentissage du langage, et de la forme de vie. Dans une telle approche, le *care* est à la racine de l'éthique au lieu d'en être un élément subordonné ou marginal : l'intégration à une forme de vie est en elle-même importante pour nous, et elle est l'apprentissage de ce qui est important, de la *signifiance* comme de la signification.

L'APPRENTISSAGE ET L'EXEMPLE

L'apprentissage définit l'éthique comme attention au réel et aux autres – à la forme de vie. L'apprentissage est celui d'une structure expressive, de modes d'expression et de signification (*meaning*[3]) adéquats. Il est initiation à

1. Voir encore les analyses d'I. Joseph, « L'athlète moral et l'enquêteur modeste », *op. cit.*

2. *VR*, p. 271.

3. Voir C. K. Ogden et I. A. Richards, *The Meaning of Meaning*, London, Kegan Paul-Trench-Trubner and Co., 1923.

une forme de vie et formation sensible par l'exemplarité. La morale concerne alors notre capacité à lire l'expression morale – et pas seulement le jugement et le choix moral. Mais cette capacité d'expression n'est pas purement instinctive ou affective, elle est *conceptuelle et langagière* – c'est notre capacité à bien faire usage des mots, et à les utiliser dans de nouveaux contextes, à répondre/réagir correctement. Diamond reprend Murdoch pour affirmer que malgré son renoncement au non-cognitivisme, la philosophie morale contemporaine, en se centrant sur le raisonnement, est toujours défiante à l'égard du langage, aveugle à l'importance de l'expression morale :

> On s'obsède encore et toujours d'« évaluations », de « jugements », de raisonnement moral explicite conduisant à la conclusion que quelque chose vaut la peine, ou est un devoir, ou est mauvais, ou devrait être fait ; notre idée de ce que sont les enjeux de la pensée morale est encore et toujours « c'est mal de faire x » contre « c'est autorisé de faire x » ; le débat sur l'avortement est notre paradigme d'énoncé moral. « La défiance à l'égard du langage » est devenue l'incapacité à voir tout ce qui est impliqué dans le fait d'en faire bon usage, d'y bien répondre, de bien s'y accorder ; l'incapacité, donc, à voir le genre d'échec qu'il peut y avoir dans le fait d'en mal user. Comment nos mots, nos pensées, nos descriptions, nos styles philosophiques nous font-ils faux bond, à nous ou aux autres ? Comment font-ils, employés dans toute leur étendue, pour nous éclairer[1] ?

La capacité d'expression morale, comme l'a dit Charles Taylor, s'enracine dans une forme de vie plastique,

---

1. C. Diamond, *Wittgenstein. L'esprit réaliste, op. cit.*, p. 515.

car vulnérable à nos bons et mauvais usages du langage. C'est la forme de vie (au sens naturel, comme social) qui détermine la structure (éthique) de l'expression, laquelle inversement la retravaille et lui donne forme.

> Cette structure ne peut être mise en œuvre que sur le fond d'un arrière-plan que nous ne pouvons jamais dominer complètement, car nous le remodelons sans arrêt, sans dominer et sans pouvoir avoir de vue d'ensemble[1].

La relation à l'autre, le type d'intérêt et de souci que nous avons des autres, l'importance que nous leur donnons, n'existent que dans la possibilité du dévoilement (réussi ou raté, volontaire ou involontaire) de soi – dans l'expression.

> Pour reconnaître réciproquement notre disposition à communiquer, présupposée dans toutes nos activités expressives, nous devons être capables de nous « lire » les uns les autres. Nos désirs doivent être manifestes pour les autres. C'est le niveau naturel de l'expression, sur lequel repose l'expression véritable. La mimique et le style s'appuient là-dessus (…). Mais il n'y aurait rien sur quoi s'appuyer si nos désirs n'étaient pas incarnés dans l'espace public, dans ce que nous faisons et essayons de faire, dans l'arrière-plan naturel du dévoilement de soi, que l'expression humaine travaille sans fin[2].

Ce qui est décrit sur un mode sceptique chez Cavell (la difficulté et le refus de l'expression de soi, de la

---

1. Ch. Taylor, « Le langage et la nature humaine », dans *La liberté des modernes, op. cit.*

2. Ch. Taylor, « L'action comme expression », dans *La liberté des modernes, op. cit.*, p. 86.

reconnaissance et de la lecture de celle d'autrui) l'est sur un mode plus herméneutique par Taylor, mais l'un et l'autre aboutissent à un questionnement moral sur l'expression mutuelle, l'expérience de la signification, la constitution du style, l'éducation de soi et des autres par l'apprentissage de l'attention aux expressions d'autrui : « Les expressions humaines, la silhouette humaine doivent, pour être saisies, être *lues* »[1].

Cette lecture de l'expression, qui rend possible de *répondre*, est un produit de l'attention et du *care*. Elle est le résultat d'un apprentissage de la sensibilité. On retrouve le thème cavellien de l'éducation des adultes : en reconnaissant que l'éducation ne cesse pas au sortir de l'enfance, et que nous requérons une fois adultes une éducation propre, on comprend que l'éducation n'est pas seulement affaire de connaissance. C'est tout le sens de l'insistance de Wittgenstein, dès le début des *Recherches*), sur l'idée d'apprentissage du langage. Apprendre un langage consiste à apprendre, non des significations, mais un ensemble de pratiques qui ne seront pas « fondées » dans un langage ou causalement rattachées à un fonds social ou naturel, mais apprises en même temps que ce langage, et qui constituent la texture mouvante de notre vie[2].

Comme l'a également montré Sabina Lovibond, l'apprentissage consiste à acquérir la maîtrise des

---

1. *VR*, p. 508.
2. S. Lovibond, *Ethical Formation*, Cambridge (Mass.), Harvard University Press, 2003. *Cf.* Wittgenstein à propos de l'apprentissage du mot « douleur » : « Le concept de douleur est caractérisé par la place déterminée qu'il a dans notre vie. La douleur occupe *telle* place dans notre vie, elle a *telles* connexions », Z, § 532-533.

contextes, connexions et arrière-plans des actions morales, de façon à percevoir *directement* la réalité et l'expression morales. Cette approche réaliste rejoint la conception d'un McDowell[1], qui insiste sur la *Bildung* et la seconde nature : une compétence linguistique spécifique se développe dans le domaine de la morale, en tant qu'acquisition par l'éducation morale d'une sensibilité particulière aux raisons éthiques appropriées. Alors, dit Lovibond, « la sensibilité à la force des raisons éthiques devient une composante de notre seconde nature »[2]. On *apprend* à voir en éthique, et cet apprentissage est indissociable de l'approche de l'éthique par la *vertu*[3].

Il faut cependant comprendre, au-delà de ces approches réalistes, et du modèle alternatif que semble constituer l'éthique de la vertu, que l'apprentissage du langage moral est aussi fondé sur une certaine autorité et une forme d'aveuglement, de confiance. La question de l'éducation est traversée, dans la lecture que fait Cavell de Wittgenstein (à la différence de celle de Lovibond), par le scepticisme : l'apprentissage ne me garantit pas la validité de ce que je fais, seule l'approbation de mes aînés ou de la communauté le peut, et cette approbation n'a rien d'un donné ou d'une évidence. Rien, du coup, ne fonde notre pratique du langage, sauf cette pratique même – « ce tourbillon de l'organisme que Wittgenstein appelle des *formes de vie* », notait Cavell dans *Must We Mean What We Say ?*[4].

1. J. McDowell, *L'esprit et le monde*, *op. cit.*

2. S. Lovibond, *Ethical Formation*, *op. cit.*, p. 61.

3. *Cf.* R. Crisp, M. Slote (eds.), *Virtue Ethics*, Oxford, Oxford University Press, 1997.

4. *DVD*, p. 52.

Vison « terrifiante », car elle suppose que l'apprentissage ne suffit jamais, et qu'une fois que nous avons appris un mot et l'avons (vu) employé dans quelques contextes, on attend de nous de le projeter dans de nouveaux contextes, d'*improviser* constamment : l'enjeu de cette attente et de cette improvisation est moral (la « santé mentale », la possibilité du partage d'une forme de vie). De ce point de vue tout apprentissage du langage est moral. Ce qui va plus loin que la référence à l'éducation morale aristotélicienne que l'on trouve au sein des éthiques de la vertu : apprendre un mot, c'est apprendre, imaginer une forme de vie[1].

THÉORIES MORALES ET MORALE DE L'ORDINAIRE

Si la morale est affaire d'expression, elle s'éloigne de l'argumentation et de la théorie morale pour revenir à nos pratiques ordinaires et à la vie humaine. Mais on se trouve alors face à une difficulté générale, qui est celle de l'opposition entre des éthiques normatives et descriptives (matérielles), du rapport entre théories morales et pratiques ordinaires, et de la nécessité de théories morales générales. Les approches particulières ne peuvent (ni ne veulent) avoir de validité pour tous : dans ce cas comment peuvent-elles être pertinentes pour la morale ? Dès lors qu'on revendique une approche radicalement particulariste, c'est-à-dire sans ontologie des « particuliers » (un véritable particularisme de l'ordinaire), reste la question de la pertinence réciproque de la théorie et de la pratique. La question concerne aussi les éthiques du *care* : si on envisage un biais masculin dans le système entier de nos connaissances,

1. *VR*, p. 270-271.

croyances, expériences dont il faudrait inverser le courant par une vision féminine, on se retrouve avec une thèse non seulement épistémologique, mais également *métaphysique*. Le problème de la thèse d'un biais masculin, ou d'une expérience proprement féminine et muette, n'est pas sa fragilité, c'est sa *généralité*. Il faut « partir de l'observation des femmes et des hommes, pas de théories sur un biais masculin généralisé », dit Diamond dans « Knowing Tornadoes and Other Things »[1].

La question est celle du rapport entre théorie et vie ordinaire. Bernard Williams observe :

> La plupart des théories éthiques prennent la forme de principes très généraux ou de schémas d'argumentation abstraits, censés guider, sur tel problème particulier, le jugement de tout un chacun. L'essentiel du travail en philosophie morale consiste donc à articuler, préciser, défendre de telles théories. Une question typique est de se demander si la théorie qu'on défend est compatible avec les croyances morales ordinaires[2].

On voit la difficulté qu'il y a à se rapporter ou se confronter en éthique au sens commun, à *nos* croyances : ce « nous » d'autorité n'a rien de défini et d'unifié – je peux très bien ne pas me reconnaître dans certaines positions éthiques majoritaires. Une éthique de l'ordinaire, qui renverrait simplement à l'autorité de « nos pratiques »

1. C. Diamond, « Knowing Tornadoes and Other Things », *New Literary History* 22, The John Hopkins University Press, 1991, p. 1002. Voir aussi C. Diamond, « Le cas du soldat nu », dans *L'importance d'être humain*, trad. fr. E. Halais et S. Laugier, Paris, P.U.F., 2011.

2. B. Williams, « De la nécessité d'être sceptique », *Magazine littéraire* 361, *Les nouvelles morales*, janvier 1998, p. 54. Voir aussi *La fortune morale*, Paris, P.U.F., 1997.

contre la théorie, serait sans espoir. L'éthique ne renvoie pas à une description de nos pratiques :

> Nos pratiques sont exploratoires, et c'est en vérité seulement au travers d'une telle exploration que nous en venons à une vision complète de ce que nous pensions nous-mêmes, ou de ce que nous voulions dire[1].

On peut comprendre, en renvoyant à nos usages, ce que l'éthique n'est pas (un ensemble de principes ou de règles ou de concepts généraux). Mais elle ne peut être purement descriptive, dans la mesure où nos concepts éthiques travaillent aussi nos pratiques, notre forme de vie – la conceptualité est aussi une forme de notre vie.

> Considérer l'usage peut nous aider à voir que l'éthique n'est pas ce que nous croyons qu'elle doit être. Mais notre idée de ce qu'elle doit être a nécessairement formé, modelé (*shaped*) ce qu'elle est, ainsi que ce que nous faisons ; et considérer l'usage, en tant que tel, ne suffit pas[2].

Ce qu'on appelle « antithéorie » en éthique, et qui est souvent revendiqué explicitement ou implicitement, par les approches par le *care*, suppose cependant un primat de la pratique ou du moins de la *description* des pratiques morales dans la réflexion éthique. Un tel recours à la pratique est repris à Wittgenstein, là encore, et notamment à son approche de la règle, conçue non comme déterminant des pratiques mais comme *visible* sur un arrière-plan de pratiques humaines. La normativité n'est pas niée, mais retissée dans la texture de la vie :

---

1. C. Diamond, *Wittgenstein. L'esprit réaliste*, *op. cit.*, p. 39.
2. *Ibid.*

Nous ne sommes pas seulement entraînés à faire
« 446, 448, 450 » etc. et autres choses de ce genre ;
nous sommes amenés dans une vie dans laquelle nous
dépendons du fait que des gens suivent des règles de
toutes sortes, et qu'ils dépendent de nous : les règles,
l'accord dans la manière de les suivre, la confiance dans
cet accord, les façons de critiquer ou corriger ceux qui
ne les suivent pas comme il faut – tout cela est tissé
dans la texture de la vie[1].

Au thème perceptuel et peut-être trop statique
de l'arrière-plan, on pourra alors préférer ceux de la
texture, du motif (Wittgenstein évoque un « motif dans
la tapisserie de la vie »[2]) et du grouillement vital, ou,
comme dans les *Zettel*, celui de la *place* et des *connexions*
(la douleur occupe *telle* place dans notre vie, elle a *telles*
connexions[3]). Des connexions « dans notre vie », qui,
comme le dit Diamond, n'ont rien de caché, et sont là,
juste sous nos yeux : comme le « motif dans le tapis » de
la nouvelle de James. Nous percevons par les concepts, y
compris moraux, parce que nos concepts *saisissent* dans
le déroulement d'une texture de vie, dynamique, et où
des motifs reviennent et ressortent.

Si la vie était une tapisserie, tel ou tel motif (le
faire-semblant, par exemple) ne serait pas toujours
complet et varierait de multiples façons. Mais nous,
dans notre monde conceptuel, nous voyons toujours la

1. C. Diamond, « Rules: Looking in the Right Place », in
Wittgenstein: Attention to Particulars, D. Z. Phillips, P. Winch (eds.),
New York, St Martin's Press, 1989, p. 27-28.
2. « Lebensteppich », L. Wittgenstein, *RPP*, II, § 862. Voir
là-dessus J.-J. Rosat, « Les motifs dans le tapis », dans J. Bouveresse,
S. Laugier, J.-J. Rosat (dir.), *Wittgenstein, dernières pensées*, Marseille,
Agone, 2002 p. 183-204.
3. Z., § 533.

même chose se répéter avec des variations. C'est ainsi que nos concepts saisissent (*auffassen*)[1].

L'ARRIÈRE-PLAN, LA CAUSALITÉ ET LA FORME DE VIE

L'arrière-plan de la forme de vie n'est ni causal ni figé comme un décor, mais vivant, mobile. On peut encore une fois en appeler aux formes de *vie* : non pas une forme définitive ou stable, mais les formes que *prend* notre vie sous le regard attentif – le « tourbillon » de notre vie dans le langage, de nos visions, et non pas un corps de significations ou de règles sociales. Ici s'opposeraient deux représentations éthiques et deux approches de la perception morale, celle de l'arrière-plan (notamment chez Searle, qui affirme que les institutions constituent l'arrière-plan fixe qui nous permet d'interpréter le langage, de percevoir, et de suivre des règles sociales), et celle de la texture dynamique de la vie. Le terme d'arrière-plan (*Hintergrund*) apparaît chez Wittgenstein pour désigner un arrière-plan de la description, qui fait ressortir la nature des actions, et pas, comme le suggère Searle, pour *expliquer* quoi que ce soit. L'arrière-plan ne peut avoir de rôle causal, car il est le langage même dans son instabilité et sa sensibilité à la pratique :

> Nous jugeons une action d'après son arrière-plan dans la vie humaine (…) L'arrière-plan est le train de la vie (*das Getriebe des Lebens*). Et notre concept désigne quelque chose dans *ce* train[2].

> Comment pourrait-on décrire la façon d'agir humaine ? Seulement en montrant comment les actions de

1. *RPP*, II, § 672
2. *RPP*, § 624-625.

la diversité des êtres humains se mêlent en un grouillement. Ce n'est pas ce qu'*un individu* fait, mais tout l'ensemble grouillant (*Gewimmel*) qui constitue l'arrière-plan sur lequel nous voyons l'action[1].

Nous voyons l'action, mais *prise* au milieu d'un grouillement, du tourbillon de la forme de vie sur lequel elle ressort et devient sensible, importante. Ce n'est pas du tout la même chose de dire que l'application de la règle est causalement *déterminée* par un arrière-plan, et de dire qu'elle est à *décrire dans* l'arrière-plan d'actions et de connexions humaines. C'est toute la différence entre une conception gestaltiste et descriptive de l'éthique et une conception « conformiste » qui voudrait tout justifier par l'accord de communauté préalable[2]. L'arrière-plan ne donne ni ne détermine une signification éthique (il n'y en a pas), mais permet d'avoir une vision plus claire de ce qui est important et signifiant pour nous (du moment important), des connexions dans la texture de nos vies. Wittgenstein mentionne, dans les *Remarques Mêlées*, « l'arrière-plan sur lequel ce que je peux exprimer reçoit une signification »[3]. Le sens de l'action se donne par perception sur l'arrière-plan de la forme de vie. L'arrière-plan « accepté », donné, ne détermine pas nos actions (pas de causalité) mais nous permet de les voir clairement[4].

1. *RPP*, § 629 ; cf. *Z*, § 567.
2. Il y a ici un parallèle avec la procédure rawlsienne, l'accord dans la position originelle et l'équilibre réfléchi.
3. L. Wittgenstein, *Remarques mêlées*, trad. fr. G. Granel, Paris, GF-Flammarion, 2002, p. 16.
4. Voir les analyses de G. Garreta, « Situation et objectivité », in M. de Fornel et L. Quéré (dir.), *La logique des situations : nouveaux regards sur l'écologie des activités sociales, op. cit.*, 1999.

Cette approche inverse toute la méthodologie, voire le principe de ce que G. E. M. Anscombe – une source importante pour Murdoch, Diamond, Lovibond – appelait, dans un fameux article, « La philosophie morale moderne »[1]. Anscombe dénonçait l'absence de sens du vocabulaire moral de l'obligation, pour recentrer la réflexion morale sur la vertu et la psychologie morale. Comme le rappelle Williams, « les théories éthiques sont des schémas abstraits censés guider sur tel ou tel problème particulier le jugement de tout un chacun », formulation qui s'avère source de difficultés (intimement liées entre elles) – celle du passage du général au particulier, de la règle à son application, de la théorie à l'expérience – et, par-delà ces difficultés d'ordre épistémologique, pose des questions : pourquoi centrer la réflexion éthique sur la question des principes, du fondement, de la justification ? Pourquoi suivrait-elle le modèle législatif ou scientifique ? Pourquoi donner des règles, au lieu de simplement décrire ce que nous faisons ? C'est la difficulté qu'ont voulu affronter les éthiques du *care*, qui méthodologiquement vont à l'inverse des théories morales contemporaines. L'objection que l'on peut faire aux théoriciens de la morale, au-delà de leurs options particulières, par exemple sur la question de la justice, serait celle que Wittgenstein fait à la « pulsion de généralité » qui conduit les théoriciens de la morale ou de la justice à déterminer et guider le particulier à partir du général. La mythologie de la « théorie morale » serait dans l'idée d'élaborer un certain nombre de principes qui puissent produire une « réponse moralement correcte » à

---

1. G. E. M. Anscombe, « La philosophie morale moderne », trad. fr. G. Ginvert et P. Ducray dans *Klesis* 9, 2008.

la plupart des problèmes moraux *en toutes circonstances*. Le point de vue antithéorique, ou disons antiorthodoxe, récuse à l'inverse la possibilité de principes moraux substantiels et généraux, ou de théories métaéthiques sur la nature des énoncés moraux ou normatifs, à partir desquels on puisse élaborer des modes de justification et de raisonnement qui vaudraient pour toutes les situations. La plupart des antiorthodoxes (c'est le cas d'Anscombe, Baier, Diamond, Lovibond, Williams, McDowell) sont influencés par Wittgenstein, d'où le conflit qui existe entre wittgensteiniens et philosophie morale orthodoxe : ce qui est surprenant si l'on sait que les écrits publiés de Wittgenstein ne contiennent que relativement peu de choses qui puissent passer pour de la philosophie morale. Dans le *Tractatus* (1922), Wittgenstein prenait fermement position contre l'existence même de la philosophie morale : le but de la philosophie est la clarification logique des propositions. La philosophie elle-même n'est pas un corps de doctrine, mais une activité, qui consiste à rendre claires nos pensées[1]. De cette description de la tâche de la philosophie, il s'ensuit qu'il ne peut exister une chose telle que « la philosophie morale » que s'il existe un corpus de propositions qu'il reviendrait à la philosophie morale de clarifier. Mais Wittgenstein disait qu'il ne peut y avoir de propositions éthiques[2], pour des raisons sur lesquelles je n'insisterai pas ici[3]. Pourtant, être

1. *TLP*, propositon 4.112.
2. *TLP*, proposition 6.42.
3. Voir C. Diamond, « Knowing Tornadoes and Other Things », art. cit.; *id.*, « Ethics, Imagination and the Method of the Tractatus », in A. Crary, R. Read (eds.), *The New Wittgenstein*, New York, Routledge, 2000., et S. Laugier (dir.) *Éthique, littérature, vie humaine*, Paris, P.U.F., 2006.

wittgensteinien en morale ne signifie pas être relativiste ni sceptique. Wittgenstein décrivait le *Tractatus*, qui niait l'existence de la philosophie morale et des propositions éthiques, comme étant pourvu d'une visée éthique. En disant cela, il ne voulait pas signaler que ce livre contenait des jugements moraux, ou de la philosophie morale, mais que la morale ne se fait pas dans la théorisation.

> Sa position était (alors et plus tard) qu'un ouvrage, par exemple un roman ou une nouvelle, pouvait avoir un objectif moral même en l'absence de tout enseignement ou théorisation morale. Un tel ouvrage pourrait nous aider à nous atteler aux tâches de la vie dans l'esprit requis. Tel devait être l'effet du *Tractatus*[1].

Le but d'une telle pensée n'est pas de rejeter l'idée de morale, ni de philosophie morale entendue en un sens spécifique, mais précisément de *théorie* morale. Notons d'ailleurs qu'un certain nombre des penseurs de l'antithéorie vont revendiquer cependant une forme de réalisme : McDowell dans ses essais sur Wittgenstein, par exemple « Non-cognitivism and Rule-Following »[2] (1981), Diamond – de façon il est vrai assez particulière – dans *L'esprit réaliste*. Mais ce réalisme sera alors à découvrir ailleurs que dans une réalité ou une objectivité morale. Diamond et McDowell critiquent ainsi la « vue de côté » (*view from sideways on*) que le point de vue théorétique tente d'avoir sur nos pratiques réelles. Par exemple, nous cherchons à déterminer la nature de l'obligation inhérente à la règle, quelque chose dans la

---

1. Voir C. Diamond, article « Wittgenstein », dans M. Canto-Sperber (dir.), *Dictionnaire d'éthique et de philosophie morale*, Paris, P.U.F., 1996.
2. J. McDowell, « Non cognitivisme et règles », art. cit.

réalité, au lieu d'examiner la façon ordinaire de dire ce
que requiert une règle. Comme le dit Diamond :

> Nous avons par exemple l'idée que nous examinons,
> en la regardant « de côté », l'activité humaine qu'est
> suivre une règle, et que nous demandons de ce point
> de vue s'il y a ou non quelque chose d'objectivement
> déterminé que la règle requiert de faire à la prochaine
> application[1].

Dans ce cas, un examen de nos pratiques morales
particulières s'avère plus « réaliste » (au sens du terme
realistic revendiqué par Diamond) que la recherche
théorique d'une réalité ou d'une objectivité en morale,
par laquelle la philosophie morale chercherait à
imiter l'épistémologie. On a bien là affaire alors à une
philosophie morale, inscrite dans nos pratiques ordinaires
et émergeant de questionnements particuliers.

L'antithéorie met en cause l'idée que la philosophie
morale ait pour *objet* privilégié, comme le dit Baier
dans « Doing without Moral Theory ? »[2], quelque
chose comme le bien, la loi morale, la réalité morale,
ensuite l'idée qu'on puisse formuler un système de
principes théoriques généraux qui permette de produire
des argumentations applicables dans des situations
particulières. Dans ses derniers ouvrages, en convergence
avec le travail de Diamond, Hilary Putnam propose de
renoncer à une certaine forme de réalisme en éthique et
à l'idée qu'il y aurait une sorte de fonds commun aux
discussions éthiques :

1. C. Diamond, « Rules: Looking in the Right Place », in
Wittgenstein : Attention to Particulars, op. cit., p. 30.
2. A. Baier, « Doing without Moral Theory ? », in *Postures
of the Mind: Essays on Mind and Morals*, Minneapolis (MN),
University of Minnesota Press, 1985, p. 228-245.

> Notre vie éthique ne peut être capturée par une demi-douzaine de mots comme « devrait », « droit », « devoir », « équité », « responsabilité », « justice », et les problèmes éthiques qui nous concernent ne peuvent pas être ramenés aux débats entre les propositions métaphysiques des partisans de la loi naturelle, de l'utilitarisme, du sens commun etc.[1].

Putnam s'inscrit, comme Diamond, dans l'héritage de Murdoch pour cette approche, qui consiste à faire attention à ce que *nous* disons.

> Il y a des propositions éthiques qui tout en étant plus que des descriptions, sont aussi des descriptions. On est alors « enchevêtré » par des mots descriptifs comme « cruel », « impertinent », « inconsidéré »[2].

Ces termes enchevêtrés (*entangled*), qui sont « à la fois évaluatifs et descriptifs », *ordinaires*, sont pour Putnam au cœur de notre vie éthique, et l'élucidation de leurs usages fait partie de la connaissance morale (une connaissance ou une éthique sans ontologie, sans métaphysique). « J. McDowell et moi avons tous les deux soulignés cela, et nous sommes conscients tous deux de notre dette à l'égard d'Iris Murdoch »[3]. On revient encore à l'héritage de Murdoch et à son recours à la *vision* et à la *texture* ordinaire du langage. À l'inverse de la métaphysique, la démarche éthique devrait nous ramener « sur le sol raboteux du langage ordinaire ». Rien d'ontologique dans cette approche réaliste de l'éthique : « la logique comme l'éthique peut se trouver *là*, dans ce

---

1. H. Putnam, *Entretien avec Jacques Bouveresse*, inédit en français, *The Monist*, 2020.
2. *Ibid.*
3. *Ibid.*

que nous faisons, et quelque chose comme un fantasme nous empêche de le voir »[1].

L'AVERSION DU CONFORMISME

Il faut modifier et élargir notre sens de la rationalité à partir de la rationalité éthique, sans pour autant rejeter toute forme d'argumentation, ni revenir à un conformisme du fondement dans la pratique :

> Tout comme on peut faire des mathématiques en prouvant, mais aussi en traçant quelque chose et en disant, « regardez ceci », la pensée éthique procède par arguments et aussi *autrement* (par exemple) par des histoires et des images[2].

Ces objections visent à mettre en cause une tendance de la théorie morale à vouloir ressembler, ou se conformer, à deux modèles, celui de la législation et celui de la science. Annette Baier et Michael Stocker[3] notent que concevoir la morale sur le modèle de la législation (et c'est là une tendance très forte, comme le note Putnam, chez Rawls, et en général dans le kantisme moral) conduit à négliger les aspects les plus importants et difficiles de la vie morale : nos pratiques, nos motifs, au profit de concepts éloignés de nos questionnements ordinaires – le devoir, l'obligation, autrement dit de termes dont nous n'avons guère d'usage *précis*. Williams a remarqué que les philosophies contemporaines de la morale s'attachaient aux concepts « minces » (le bien, le juste, etc., dont la

1. H. Putnam, *Entretien avec Jacques Bouveresse*, *op. cit.*
2. C. Diamond, *Wittgenstein. L'esprit réaliste*, *op. cit.*, introduction II, p. 38.
3. M. Stocker, « The Schizophrenia of Modern Ethical Theories », *in* R. Crisp, M. Slote (eds.), *Virtue Ethics*, *op. cit.*, p 465.

signification serait fixe et indépendante du contexte) et guère aux concepts « épais » ou enchevêtrés (la lâcheté, la douceur, la générosité ou l'*amabilité* au sens fort, telle que Diamond la définit, etc., qui sont les termes ordinaires de la morale). Les concepts propres au *care* (la gentillesse, l'attention à autrui, la douceur, la sensitivité) sont ainsi par définition des concepts épais, dont on a du mal à déterminer une extension stable, ni une signification déterminée. Sans employer forcément la classification de Williams, on peut constater que la réflexion morale pose souvent les questions morales en termes dualistes : bien/ mal, droit/tort, rationnel/irrationnel, laissant de côté, hors domaine moral, le travail de description des pratiques ou des phénomènes moraux. Pour reprendre les analyses de Stocker :

> On peut se demander comment la théorie éthique contemporaine en est venue à promouvoir soit une vie morale mesquine et rabougrie, soit la dysharmonie et la schizophrénie. Un ensemble de réponses aurait à voir avec la prééminence du devoir, de la rectitude et de l'obligation dans ces théories. Cela correspond assez naturellement à une obsession majeure de ces philosophes : la législation[1].

Pour Stocker, la focalisation (due à l'influence de Kant et Rawls) sur des notions morales comme le devoir laisse de côté l'essentiel du questionnement moral ordinaire, et a été notoirement insuffisante pour penser les problèmes liés au *care*. Certes, tout le monde sera d'accord pour dire qu'il y a un devoir, par exemple, de se soucier de sa famille et ses amis – mais on n'a pas envie

---

1. M. Stocker « The Schizophrenia of Modern Ethical Theories », *in* R. Crisp, M. Slote (eds.), *Virtue Ethics, op. cit.*

d'être aimé par devoir, ou disons cela inquiète, et cette inquiétude même serait un vrai sujet pour la morale plus intéressant que l'obligation (elle l'est, pour la littérature ou le cinéma). De même, comme le remarque Diamond (2001), une personne parfaitement rigoureuse, obsédée de faire ce qu'elle croit être son devoir », pourrait avoir quelque chose de mesquin et de « peu généreux », et ce caractère peu aimable (*unlovable*) au sens fort est quelque chose qui, au lieu d'être rangé parmi les concepts psychologiques, vagues ou non éthiques, devrait faire partie de la réflexion morale. Baier suggère qu'on s'intéresse à une vertu comme la *gentleness*, qui ne peut être traitée qu'en termes à la fois descriptifs et normatifs, et « résiste à l'analyse en termes de règles »[1], étant une réponse appropriée à l'autre *suivant les circonstances* : elle nécessite une attitude expérimentale, la sensibilité à une situation et la capacité à improviser, « passer à autre chose » face à certaines réactions. Elle s'inspire, comme souvent, de Hume pour définir des attitudes morales comme l'expectative, l'attente – voir ce qui se passe au lieu d'appliquer des principes. Faute de cela la réflexion morale risque de s'enfermer dans la « vue de côté », de perdre de vue *ce qui compte* en morale, ce qui est important (*what we care for*).

C'est le paradigme légaliste, selon Baier, qui pervertit la réflexion morale :

> Ceux qui récusent les méthodes analytiques rejettent d'ordinaire non seulement l'assimilation de la pensée philosophique à la computation mathématique, mais aussi le paradigme légaliste, la tyrannie de l'argument[2].

1. A. Baier, *Postures of the Mind*, op. cit., p. 219.
2. A. Baier, « Doing Without Moral Theory », in *Postures of the Mind: Essays on Mind and Morals*, op. cit., p. 241.

Baier critique[1], comme Murdoch, Diamond, et Anscombe avant elles, l'idée que la philosophie morale se réduise à des questions d'obligation et de choix – comme si un problème moral, en étant formulable en ces termes, devenait ainsi traitable : elle reprend des observations ironiques de I. Hacking[2] sur l'obsession de la philosophie morale par le modèle de la théorie des jeux. Chacun a pu remarquer le chapitre obligatoire sur le dilemme du prisonnier dans tout ouvrage sérieux de philosophie morale. Pour Baier, c'est là un syndrome masculin (« a big boy's game, and a pretty silly one too »), et on peut s'interroger sur la tendance en philosophie morale à centrer le questionnement moral sur des choix, décisions, dilemmes. Certes, la vie morale ordinaire est parcourue de décisions de tous ordres. Mais ce qui conduit à ces décisions est tout aussi bien un travail d'improvisation, que de raisonnement ou d'application (même erronée) de principes.

On redoute parfois[3] que l'approche antithéorique et « ordinaire » aboutisse à une nouvelle forme perverse de fonctionnarisation et de conservatisme : on s'appuierait sur des coutumes, des traditions plutôt que sur des principes argumentatifs neutres. Murdoch a très bien argumenté contre cette prétendue neutralité argumentative de la morale : l'idée même d'une neutralité est elle-même libérale, et idéologiquement située dans le libéralisme. La réponse – différente – de Cavell est que c'est la difficulté à dire qui est ce *nous* – quelle est notre coutume, notre

1. A. Baier, « What Do Women Want in a Moral Theory ? » in *Moral Prejudices*, Cambridge (Mass.), Harvard University Press, 1995.
2. I. Hacking, « Winner Take Less », *New York Review of Books* 31, June 28, 1984.
3. *Cf.* R. Ogien, « Qui a peur des théories morales ? » *Magazine littéraire* 361, janvier 1998.

tradition – qui montre ce qu'est un problème moral. La question essentielle, pour ce qui concerne la morale, est peut-être celle du point de départ, autrement dit du donné. Ce rapport spécifique à « nos prétentions ordinaires à la connaissance », l'autorité morale ordinaire[1], est, selon Cavell, un élément essentiel pour définir la vie morale[2] et la nature de notre accord moral.

Le modèle d'accord pour Wittgenstein est l'accord linguistique : nous nous accordons *dans* le langage. Cela permet de comprendre la nature de l'accord : on peut croire que nos usages du langage et nos pratiques sont là, donnés, comme un ensemble de règles à quoi nous ne pouvons que nous soumettre. Mais une autre découverte de Wittgenstein est que l'usage ne suffit pas. Mon accord ou mon appartenance à *telle ou telle* forme de vie, sociale ou morale, ne sont pas donnés. L'arrière-plan n'est pas a *priori*, il est modifiable par la pratique elle-même. L'acceptation de la forme de vie, comme « un donné pour nous », que prône Wittgenstein, est acceptation d'un donné naturel humain (« le fait d'être un homme, pourvu donc de cette (étendue ou échelle de) capacité de travail, de plaisir, d'endurance, de séduction »[3]. Mais la forme de cette acceptation, les limites et échelles de notre accord, ne sont pas connaissables a priori, « pas plus qu'on ne peut connaître *a priori* l'étendue ou l'échelle d'un mot », parce que l'usage du langage (moral) est improvisation. Je n'ai pas donné mon accord à tout, à l'avance. « C'est ce que les êtres humains *disent*… » : ce n'est ni du

1. Pour un examen de cette question de la confiance et de l'autorité, voir S. Laugier, « En quête de l'ordinaire », dans *La croyance et l'enquête*, *op. cit.*, p. 257-287.

2. *VR*, p. 369.

3. S. Cavell, *Une nouvelle Amérique encore inapprochable*, *op. cit.*, p. 48-49.

relativisme, mais l'affirmation ou la reconnaissance du fait que la charge morale est à chaque instant dans « ce que nous dirions, quand » (« *what we should say when* », pour reprendre l'expression d'Austin).

Que le langage moral me soit donné n'implique pas que je sache *a priori* comment je vais m'entendre, m'accorder *dans* ce langage avec mes co-locuteurs, trouver le ton juste pour répondre. Ce qui constitue l'accord de langage et l'accord moral, c'est la possibilité toujours ouverte de la rupture, la menace du scepticisme, de la perte de la voix morale : rien donc de fondationnaliste ici. La morale – contre Kant, mais aussi contre l'éthique des vertus – est improvisée et instable.

PERDRE SES CONCEPTS

Beaucoup d'affirmations de la philosophie morale contemporaine sont, comme l'a dit Diamond, stupides et insensibles (*insensitive*). Elle donne pour exemple un passage où Peter Singer se prononce en faveur de la défense des animaux :

> Ce que je veux dire par « stupide ou insensible ou délirant » peut être mis en évidence par un seul mot, le mot « même » dans la citation : « Nous avons vu que l'expérimentateur révèle un biais en faveur de sa propre espèce lorsqu'il expérimente sur un non-humain dans un cas où il ne considérerait pas justifié d'utiliser un être humain, même un être humain retardé »[1].

Ce qui ne va pas dans un tel argument n'est pas l'argument lui-même, mais l'usage de cet effrayant petit mot « même ». Ce qui ne va pas, c'est absence de *care*. Lorsque Diamond affirme que la philosophie morale

1. C. Diamond, *Wittgenstein. L'esprit réaliste*, *op. cit.*, p. 33.

est majoritairement devenue aveugle et insensible, elle
entend par là : insensible à la spécificité humaine du
questionnement moral, et à la vie morale ordinaire. Ce qui
ne veut pas dire que la morale qu'elle veut promouvoir
soit indifférente aux situations exceptionnelles, qui de
fait peuvent être des situations de choix, mais plutôt, que
le tragique des grandes décisions est en quelque sorte
inhérent, *interne* à l'ordinaire, que nos problèmes de
tous les jours requièrent la même attention et le même
souci. C'est cette dimension de tragédie qui sépare une
pensée de l'éthique ordinaire des théories du consensus
et la communauté, d'un prétendu sens commun auquel
on a aisément recours pour justifier des positions
conformistes[1]. Ce qui importe, dans la perception morale,
n'est pas l'accord et l'harmonie, c'est la perception
(violente parfois) des contrastes, distances et différences,
et leur expression. Ce moment où, comme le dit Diamond,
il y a « perte des concepts », où ça ne marche plus. Cavell
décrit cette difficulté en termes de scepticisme, comme
sensation et tentation de l'inexpressivité, comme notre
incapacité à aller au-delà de nos réactions naturelles pour
connaître l'autre, sortir des limites de mon entendement
et de mes concepts, mais aussi de mon *expérience*.

> Notre capacité à communiquer avec lui dépend de sa
> « compréhension naturelle », de sa « réaction naturelle »
> à nos instructions et à nos gestes. Elle dépend donc de
> notre accord mutuel dans les jugements. Cet accord
> nous conduit remarquablement loin sur le chemin d'une
> compréhension mutuelle, mais il a ses limites ; limites

1. Sur le conformisme, voir S. Laugier, *Faut-il encore écouter les intellectuels ?*, Paris, Bayard, 2003 et « La pensée de l'ordinaire et la démocratie intellectuelle », *Splendeurs et misères de la vie intellectuelle II*, *Esprit*, mai 2000, p. 137-154.

qui, pourrait-on dire, ne sont pas seulement celles de la connaissance, mais celles de l'expérience[1].

Ce qui est important dans la situation éthique, ce n'est pas seulement l'accord, c'est le désaccord que crée la sensibilité aux mots : la mise en évidence de la *perte de nos concepts*, la difficulté à les mettre en œuvre dans de nouveaux contextes. Diamond l'affirme dans « Losing your concepts » :

> Une sensibilité au monde conceptuel dans lequel se situent les remarques de quelqu'un est un moment de la sensibilité humaine aux mots. (...) Je m'intéresse maintenant à notre capacité de reconnaître le moment où les mots de quelqu'un montrent, ou semblent montrer, une manière de quitter le monde conceptuel commun[2].

Diamond prend le cas de l'expérimentation animale, en montrant que certaines formes d'argument sont insupportables, et créent une distance et une perplexité fondamentales pour une définition de l'éthique :

> Supposons que quelqu'un dise au cours d'une discussion ou d'une expérimentation sur des animaux qu'une des raisons pour lesquelles il serait mal de faire des expériences sur des « nouveaux nés », de les mettre en cage, de les soumettre à des substances chimiques ou à des chocs électriques ou au cancer ou à une frayeur ou une angoisse extrêmes ou de les tuer – raison qui n'est pas applicable aux animaux – est que cela priverait la société des contributions de valeur qu'ils pourraient apporter une fois adultes. Cet argument

1. *VR*, p. 184-185.
2. C. Diamond, « Losing your Concepts », *Ethics* 98(2), 1988, trad. fr. E. Halais, p. 273.

ne s'appliquerait évidemment pas aux animaux parce
qu'ils ne peuvent faire le même genre de contribution
(...). Ma distance à l'égard de quelqu'un de ce genre
n'est pas affaire de refuser ce qu'il s'imagine pouvoir
soutenir. C'est plutôt que je me dirais : « Qui est-il, et
comment peut-il penser que c'est cela qu'il faudrait
alléguer dans cette discussion ? Quelle vie vit-il, dans
quelle vie cette discussion peut-elle avoir lieu ? »[1].

Le point important est qu'il n'y a pas ici pour
Diamond opposition entre sensibilité et entendement,
mais une sensibilité à une forme de la *vie conceptuelle*.
C'est ce qui explique les réactions « sensibles » que nous
avons à des affaires conceptuelles. Il n'y a pas à séparer
en éthique, comme le fait parfois Nussbaum, et comme
risquent de nous y conduire certaines formulations du
care, l'argument et le sentiment. C'est plutôt le caractère
proprement sensible des concepts et le caractère
perceptif de l'activité conceptuelle qui sont en œuvre :
ils permettent la vision claire des contrastes et distances
conceptuels (par exemple lorsqu'on entend parler
quelqu'un et que sans qu'on puisse forcément donner des
arguments contre ce qu'il dit, on *sait* que ce qu'il dit est
« une ineptie solennellement comique » ou répugnante.)
Il faut en fin de compte, pour donner sa place au *care*, lui
donner la place maximale : considérer que la morale dans
son ensemble doit devenir sensible - une « sensibilité qui
envelopperait la totalité de l'esprit ».

La question est celle de l'expression de l'expérience :
quand et comment *faire confiance à son expérience*,
trouver la validité propre du particulier. Elle dépasse la
question du genre, car c'est celle de notre vie ordinaire,
à tous, hommes et femmes. C'est la question de

1. C. Diamond, « Losing your Concepts », art. cit., p. 273.

l'expression subjective, de la revendication. L'histoire du féminisme commence précisément par une expérience d'inexpression – dont les théories du *care* rendent compte à leur façon plus concrètement, dans leur ambition de mettre en valeur une dimension ignorée, non exprimée de l'expérience. Cette expérience est alors celle d'une aliénation radicale, de l'impossibilité d'exprimer cette expérience dans le langage commun. C'est le problème, au-delà du genre, qu'affronte le care et qu'il permet d'exposer sans métaphysique. John Stuart Mill s'était préoccupé de cette situation, où l'on n'a pas de voix pour se faire entendre, parce qu'on a perdu contact avec sa propre expérience, avec sa vie.

> Ainsi l'esprit lui-même est courbé sous le joug : même dans ce que les gens font pour leur plaisir, la conformité est la première chose qu'ils considèrent (...) au point que leurs capacités humaines sont atrophiées et sans vie ; ils deviennent incapables du moindre désir vif ou du moindre plaisir spontané, et ils manquent en général d'opinions ou de sentiments de leur cru, ou vraiment leurs. Est-ce là, oui ou non, la condition désirable de la nature humaine[1] ?

Il s'agit d'une situation qui n'est pas propre à la femme, et qui résume toute situation d'*aliénation*, de perte de l'expérience et du concept ensemble[2] – et le désir de sortir de cette situation de perte de la voix, de reprendre possession de son langage et de trouver un monde qui en soit le contexte.

1. J. S. Mill, *De la liberté*, trad. fr. G. Boss, Zurich, Éditions du Grand Midi, 2004, III, § 6, p. 107.
2. *Cf.* E. Renault, *L'expérience de l'injustice*, Paris, La Découverte, 2004.

L'OBJET DE MON AFFECTION

Retrouver le contact avec l'expérience, et trouver une voix pour son expression : c'est peut-être la visée première, perfectionniste et politique, de l'éthique. Il reste à articuler cette expression subjective à l'attention au particulier qui est aussi au cœur du *care*, et à définir ainsi une *connaissance par le care*. La connaissance morale, par exemple, que nous donne l'œuvre littéraire (ou cinématographique), par l'éducation de la sensibilité (sensitivité), n'est pas traductible en arguments, mais elle *est* pourtant connaissance – d'où le titre ambigu de Nussbaum, « Love's Knowledge »[1] : non la connaissance d'un objet général qui serait l'amour, mais la connaissance particulière que nous donne la perception aiguisée de/ par l'amour. Ainsi il n'y a pas de contradiction entre sensitivité et connaissance, *care* et rationalité.

D'où la redéfinition ou redescription de la morale que propose Diamond à partir de la littérature. « J'ai essayé, dit-elle, de décrire certains traits de ce à quoi *ressemble* la vie morale, sans rien dire du tout de ce à quoi elle *doit* ressembler. »[2] Cette description phénoménale de la vie morale permet une transformation du champ de l'éthique, le recentrage sur la sensibilité, mais aussi une disparition de l'éthique comme champ spécifique :

> Tout comme la logique n'est pas, pour Wittgenstein, un sujet particulier, avec son propre corps de vérités, mais pénètre toute pensée, l'éthique n'a pas de sujet

---

1. M. Nussbaum, *Love's Knowledge. Essays on Philosophy and Literature*, Oxford, Oxford University Press, 1990.
2. C. Diamond, *L'importance d'être humain*, trad. fr. E. Halais, Paris, P.U.F., 2011, p. 224.

particulier; un *esprit* éthique, une attitude envers le
monde et la vie, peut pénétrer toute pensée ou discours[1].

L'éthique est une attention aux autres, et à la façon
dont ils sont pris (avec nous) dans des connexions. *Toute
éthique* est alors une éthique du *care*, du souci des autres.
Il s'agit encore une fois d'une *perception*, mais encore
particulière : pas d'une « vision du monde » générale qui
informerait nos perceptions, expériences et connaissances
particulières (comme dans certaines lectures de Kuhn ou
dans l'approche perceptuelle de Hanson).

Mais en ramenant l'éthique à la perception particulière,
ou à l'expérience, on risque de tomber encore sous
les reproches faits régulièrement au non-cognitivisme
(notamment quand il devient émotivisme). Cavell
et Diamond se sont opposés, comme Murdoch, à la
méta-éthique non-cognitiviste, qui (se fondant de façon
erronée sur Wittgenstein et son refus des propositions
éthiques dans le *Tractatus*) analyse les énoncés moraux
en y discernant une composante émotive ou affective, et
une composante factuelle. Son problème, comme l'ont
bien remarqué Putnam, Cavell, Ruwen Ogien, est dans sa
prétention à livrer une *analyse* des énoncés de la morale,
une *théorie* de la signification (fixe) de ses énoncés. Si
on veut analyser ces énoncés, on arrivera à un fait (ou
un objet) plus une expression d'émotion (exclamation ou
interjection). Le vrai problème que pose l'émotivisme
en méta-éthique est donc sémantique. On fait comme
si un énoncé moral se reconstruisait ainsi : un énoncé +
un ton, un sentiment (comme si l'expression s'ajoutait
à l'énoncé, et n'était pas l'énoncé même). C'est là une
philosophie du langage intenable, qui a été mise en cause

1. C. Diamond, *L'esprit réaliste, op. cit.*, p. 301.

largement par Wittgenstein lui-même puis Austin[1]. Il s'agit d'une conception erronée du domaine et de l'objet de l'éthique : comme si les philosophes de la morale *devaient* fournir une explication théorique du caractère du discours moral, déterminer une réalité morale sur laquelle porteraient nos jugements, qui les rendraient vrais ou faux. La théorisation méta-éthique des années 1930 invente la rhétorique du réalisme moral, créant l'aveuglement que Diamond veut critiquer dans *L'esprit réaliste* :

> Il est frappant de constater que, bien que cette approche en philosophie morale ait virtuellement disparu, ce que Murdoch entendait par la « défiance à l'égard du langage » est plus que jamais d'actualité ; (elle) est devenue l'incapacité à voir tout ce qui est impliqué dans le fait d'en faire bon usage, d'y bien répondre, de bien s'y accorder ; l'incapacité, donc, à voir le genre d'échec qu'il peut y avoir dans le fait d'en mal user[2].

La théorie émotive est remarquablement exposée dans l'ouvrage de Ogden et Richards, *The Meaning of Meaning*[3]. L'usage éthique du mot « bien » est selon eux « purement émotif », c'est-à-dire qu'il ne renvoie à aucun donné empirique, n'exprimant que notre attitude émotive envers l'objet que nous disons « bon ». La sémiotique de *The Meaning of Meaning* se fonde sur une distinction entre deux fonctions rivales dans le langage, symbolique

1. On retrouve ce défaut chez les successeurs immédiats de Wittgenstein et du cercle de Vienne : C. K. Ogden et I. A. Richards, *The Meaning of Meaning*, London, Kegan Paul, Trench, Trubner and Co., 1923 ; A. J. Ayer, *Language, Truth and Logic*, London, V. Gollancz, 1936 ; Ch. L. Stevenson, « The Emotive Meaning of Ethical Terms », *Mind* 46(181), janvier 1937, p. 14-31.

2. C. Diamond, *Wittgenstein. L'esprit réaliste, op. cit.*, p. 515.

3. C. K. Ogden et I. A. Richards, *The Meaning of Meaning, op. cit.*

(descriptive) et émotive (« l'usage des mots pour exprimer ou susciter des sentiments ou des attitudes »). L'entreprise présentait donc l'intérêt d'une première émergence d'une sémiotique de la morale, en définissant le concept de signification dans toute sa complexité par l'introduction de la double dimension, symbolique et émotive de tout énoncé. Mais il lui manque l'idée de l'indissolubilité du symbolique et de l'émotif, comme l'idée d'un contexte du *meaning* qui le constitue comme tel.

Chez Ogden et Richards, la théorie émotive demeure sous l'emprise de ce qu'Austin appelle « l'illusion descriptive », par l'idée de force ou d'émotion associée ou ajoutée à une proposition. L'erreur est de séparer dans l'énoncé ce qui est de l'ordre de l'*expression*, et de la *description*. Le recours à la littérature chez Nussbaum et surtout Diamond va au rebours de cette approche émotiviste. Il ne s'agit donc pas, pour Diamond, de rejeter l'argumentation en faveur du sensible – ce que Nussbaum peut sembler faire lorsqu'elle propose la littérature comme substitut valable à la théorie éthique. La description littéraire permet de mettre en évidence une attention qui n'est ni pure affectivité, ni expression d'une attitude sur un fait – quelque chose comme une perception aiguisée. Mais il reste à examiner la nature de ce modèle perceptif : c'est une perception active, mais pas au sens où la perception serait conceptualisée, intelligente, intégrerait des concepts ou catégories préexistants à l'expérience. La perception éthique est éduquée et cultivée[1] mais n'est pas soumise au concept – au contraire, elle permet de dépasser et de *perdre* nos concepts.

1. *Cf.* encore J. McDowell, *L'esprit et le monde*, op. cit.

L'AVENTURE DE LA PERCEPTION
ET L'AGENTIVITÉ DU *CARE*

Nussbaum revendique la recherche d'un « équilibre perceptif » parallèle à l'équilibre réfléchi de Rawls. Elle attribue à James une certaine « vision morale », qui chez elle devient un universel : « Le roman construit un modèle de style de raisonnement éthique qui est lié au contexte sans être relativiste, et qui nous donne des impératifs concrets susceptibles de devenir des universaux »[1]. Nussbaum persiste à renvoyer à des principes moraux certes contextualisés, mais universalisables à partir des cas concrets. Toute situation particulière devrait être ramenée, dans la tradition des éthiques de la vertu, à une « idée générale » de la vie réussie. C'est selon Nussbaum le seul moyen de valider « un raisonnement propre au roman qui ne pourrait être effectué par la théorie » : « la philosophie morale exige l'expérience de la lecture aimante et attentive de romans pour son propre accomplissement »[2].

Cela permet de comprendre une exigence du *care* : par cette lecture « aimante et attentive », *caring*, nous percevons les situations morales autrement, activement. Cela change notre perception de la responsabilité de l'agent moral et de l'agentivité. L'attention aux autres que propose la littérature ne nous donne pas de nouvelles certitudes ou l'équivalent littéraire de théories, elle nous met en face, aux prises avec, une incertitude, un *déséquilibre* perceptif. Ici Diamond se

---

1. M. Nussbaum, « La fêlure dans le cristal : la littérature comme philosophie morale » dans S. Laugier (éd.), *Éthique, littérature, vie humaine, op. cit.*, p. 8.

2. *Ibid.*, p. 26-27.

démarque de Nussbaum, qui revendique l'acquisition d'un équilibre perceptif par la littérature, d'une vision riche, «*fine-tuned*». Elle lui préfère l'idée (avancée aussi par Nussbaum) que « la délibération humaine est constamment une *aventure* de la personnalité, lancée parmi des hasards terrifiants et des mystères effrayants »[1]. En se focalisant sur une conception étroite de l'éthique et de la perception, ce qu'on risque, c'est de *passer à côté de l'aventure* – manquer une dimension de la morale, et plus précisément au *visage* de la pensée morale, « ce à quoi ressemble la vie morale »[2]. On manque une dimension, un aspect de la morale par manque d'attention, de *care*.

L'aventure conceptuelle est une composante de la perception morale. Il y a de l'aventure dans toute situation qui mêle l'incertitude, l'instabilité, et « le sens aiguisé de la vie ». Diamond et Nussbaum renvoient à un passage de James qui explicite magnifiquement cette *forme* aventureuse que prend la vie morale :

> Une « aventure » humaine, personnelle n'est pas une chose *a priori*, positive, absolue et inextensible, mais juste une question de relation et d'appréciation – dans les faits, c'est un nom que nous donnons, avec à propos, à tout passage, toute situation qui a ajouté le goût tranchant de l'incertitude à un sens aiguisé de la vie. C'est pourquoi la chose est, tout à fait admirablement, une question d'interprétation et de conditions particulières ; et faute d'une *perception* de celles-ci, les aventures les plus prodigieuses peuvent vulgairement compter pour rien[3].

---

1. C. Diamond, *Wittgenstein. L'esprit réaliste*, *op. cit.*, p. 142.
2. *Ibid.*, p. 36.
3. H. James, *La création littéraire*, trad. fr. M. F. Cachin, Paris, Denoël-Gauthier, 1980, p. 307.

Des passages célèbres des *Ambassadeurs* mettent en évidence cette aventure de la perception, celle du héros du roman, Strether, son acquisition d'une nouvelle attitude morale et une « nouvelle norme de perception » (difficile, incertaine, dangereuse) et d'attention :

> Cet endroit, les impressions que j'en retire, si faibles puissent-elles vous sembler pour justifier qu'on se monte à ce point... toutes mes impressions de Chad et des gens que j'ai vus chez lui... *Je le vois* maintenant, je ne l'ai pas assez vu auparavant – et voilà que je suis vieux ! Trop vieux pour ce que je vois. Oh, mais au moins je vois (I *do* see)[1].

Ces moments troubles du roman définissent le *caring* comme voir et, inversement, toute perception attentive et anticipante comme *care*. Le *caring* est activité, mobilité et improvisation. C'est une mobilité sensible autant qu'intellectuelle.) Mais il s'agit alors moins d'un équilibre, d'une juste vision (prônés apparemment depuis Anscombe et Murdoch, par l'éthique des vertus) que d'un déséquilibre et d'une intensité qui poussent les frontières de l'éthique à la limite.

> Ce qui lui arrive devient de l'aventure, devient intéressant, passionnant, par la nature de l'attention qu'elle lui porte, par l'intensité de sa conscience, par sa réponse imaginative. (...) Le lecteur inattentif rate donc doublement : il manque l'aventure des personnages (pour lui, « ils comptent pour rien »), et il manque sa propre aventure comme lecteur[2].

---

1. H. James, *Les Ambassadeurs*, trad. fr. G. Belmont, Paris, Robert Laffont, 1950, p. 615.
2. C. Diamond, *Wittgenstein. L'esprit réaliste, op. cit.*, p. 425.

L'absence d'attention et de *care*, le manque de perception de l'*importance*, font « manquer l'aventure ». Ainsi on peut voir la vie morale comme une aventure à la fois conceptuelle (on étend ses concepts) et sensible (on s'expose) – dit autrement : à la fois passive (on se laisse transformer, toucher) et agentive (on cherche « un sens actif de la vie »). Il n'y a pas à séparer vie conceptuelle et affection, comme il n'y a pas à séparer, dans l'expérience morale, la pensée (la spontanéité) et la réceptivité (la vulnérabilité au réel et aux autres, au risque du déséquilibre perceptif). Ainsi, dit James, se constitue l'expérience.

> La pouvoir de deviner ce qu'on n'a pas vu à partir du visible, de suivre les implications des choses, de juger l'ensemble par son motif, l'état où vous ressentez si complètement la vie en général que vous êtes en bonne voie pour en connaître les moindres recoins on peut presque dire que cet agrégat (*cluster*) de dons constitue l'expérience[1].

James ajoute, dans une expression difficilement traduisible, qu'il faut alors – et c'est notre dernière formulation du *care* – que rien n'échappe, ne se perde : « *Try to be one of the people on whom nothing is lost* ».

VARIÉTÉS DE L'EXPÉRIENCE

Gilligan note qu'une « restructuration de la perception morale » devait permettre de « modifier le sens du langage moral, et la définition de l'action morale »[2], mais aussi d'avoir une vision non « distordue » du *care*,

1. H. James, *La création littéraire*, *op. cit.*, p. 307.
2. C. Gilligan. « Moral Orientation and Moral Development » [1987], in V. Held (ed.) *Justice and Care*, *op. cit.*, p. 43.

où le *care* ne serait pas une disparition ou diminution du soi (le sacrifice de soi, etc.). Elle utilise elle aussi un exemple littéraire, la nouvelle « A Jury of Her Peers » de S. Glaspell (1917) dont les personnages (les amies d'une femme, Minnie Foster, accusée d'avoir tué son mari) comprennent, *voient* les raisons d'agir de Minnie – pour mettre en évidence la justesse/justice du *care*. Le *care*, entendu comme attention et perception, se différencie d'une sorte d'étouffement du soi par la pure affectivité, ou par l'inexpressivité, que pourraient suggérer les oppositions *care/justice, care/rationalité*.

Ce n'est cependant pas dans la littérature aujourd'hui, mais au cinéma qu'est prise le plus fortement en charge l'attention propre au *care*. Un certain nombre d'exemples, qu'on pourrait tirer du cinéma récent, nous permettent de comprendre, par la description et la narration fine qu'ils nous donnent du *caring*, ce que serait l'agentivité propre du *care*, et la grande diversité des formes du care. Comme si le cinéma, ayant quelque peu épuisé les représentations et conversations de la *romance* (emblématisée dans la comédie du remariage ou le mélodrame[1] de l'âge d'or de Hollywood, puis dans les comédies romantiques de la fin du siècle) décrivait désormais une variété élargie des formes et objets de notre affection. On pensera d'abord à l'accentuation du *care* dans le film-catastrophe ou de science-fiction, dont l'intrigue est souvent centrée sur la préservation ou la survie d'un lien familial, alors distingué du lien amoureux ou du couple (*Le Jour d'après*, R. Emmerich, 2004 ; *La Guerre des Mondes*, S. Spielberg, 2005). Mais on peut donner quelques autres exemples plus mineurs pour illustrer l'extension du domaine du *care*.

1. Voir S. Cavell, *The Senses of Walden, op. cit.*

Je mentionnerai d'abord le personnage incarné par John Cusack dans *Say Anything* (film insuffisamment connu de Cameron Crowe, 1989), Lloyd Dobler, dont tout le film (c'est même *le* sujet du film) montre la capacité à prendre soin de la fille qu'il aime, Diane. Dans une scène célèbre, lors d'un dîner de famille, quand on lui demande quel est son plan de carrière, Lloyd répond qu'il ne veut « rien vendre, ni rien transformer » (*I don't want to sell anything, I don't want to process anything*) » mais s'occuper, « take care » de cette fille (*That's what I'm good at*). Tout le film (tout le jeu de Cusack) est conçu de façon à nous faire aimer et respecter Lloyd, à faire percevoir et apprécier ce qu'il fait.

Le mot *care* apparaît dans *Pulp Fiction* (Quentin Tarantino, 1995), au cours de l'épisode où le petit gangster incarné par John Travolta doit *s'occuper de* la petite amie du patron (il décrit la chose à son comparse en employant le mot, « take care », introduisant une confusion, l'autre demandant perplexe si par là il entend « buter » – l'autre forme de *care* envisagée étant le « *foot massage* »). Malgré ce début peu prometteur, s'occupera d'elle, en l'emmenant danser, en remportant le concours avec elle, puis en lui enfonçant une énorme aiguille dans le cœur pour la ressusciter après une overdose.

Dan*s The Object of my Affection* (Nicholas Hytner, 1997, d'après le roman de S. McCawley), l'héroïne (Jennifer Aniston) s'égare dans un amour asymétrique pour un ami homosexuel (Paul Rudd) dont elle partage l'appartement : le film pose habilement la question du rapport et de la frontière en *care* et amour, et montre la complexité des liens de parenté créés *par* le *care*.

Million Dollar Baby (Clint Eastwood, 2004) est fondé sur une relation de *care* mutuel, qui s'instaure entre le personnage incarné par Eastwood et celui de la boxeuse, Maggie (Hilary Swank) (qui le contraint d'abord à « s'occuper d'elle »). Cette forme de *care* passe par la connaissance et la perception fine de l'autre (*cf.* la scène où il l'encourage avant un match, connaissant exactement, comme dirait Diamond, ses « possibilités », quelles ressources elle peut aller chercher pour battre une adversaire « plus jeune et meilleure »). On notera la façon d'Eastwood (différente de celle de Tarantino) d'élargir le sens du *care* jusqu'à l'acte de tuer l'autre (la tragédie du *care* étant que c'est lui qui a besoin d'elle).

On constatera pour finir que dans ces exemples, ou ces variétés de l'expérience du *care*, le sujet/agent du *care* est souvent de genre masculin, comme si le cinéma avait la capacité de mettre en évidence la nécessité et l'importance, pour les hommes comme pour les femmes, de cette dimension de nos vies – et de former, à la fois, notre perception et notre morale.

CHAPITRE VI

VULNÉRABILITÉ DE L'ORDINAIRE

L'anthropologie de Veena Das[1] relie de façon exemplaire dans son attention soutenue au quotidien, avec ses heurts, ses soubresauts, ses petites et grandes ruptures, l'idée de forme de vie à cette *vulnérabilité intrinsèque de l'expressivité humaine*, cette expressivité qui m'expose. Elle propose une « éthique ordinaire », ancrée dans la capacité à percevoir l'importance des choses, leur place dans notre vie ordinaire ; une capacité certainement d'abord sensible. En effet, ce n'est pas tant le sentiment (*feeling*, au sens par exemple de Hume) que la perception – mais une perception « ordinaire » – qu'il nous faut revendiquer ici au point de départ d'une modification du cadre traditionnel de l'éthique et de ses impératifs classiques : rationalité et autonomie.

Iris Murdoch, disciple de Wittgenstein, dans « Vision et choix en morale »[2], évoque l'importance de l'attention

1. Ce chapitre est une version remaniée et partielle de l'article originellement paru *in* A. Lovell *et al.*, *Face aux désastres. Une conversation à quatre voix sur la folie, le care et les grandes détresses collectives*, Paris, Ithaque, 2013. Je remercie particulièrement Anne Lovell et Pierre-Henri Castel pour leur aide dans la rédaction de ce texte.

2. I. Murdoch, « Vision et choix en morale », dans S. Laugier (dir.) *Les voix et la vertu. Variété du perfectionnisme moral*, *op. cit.*

en morale (une première façon d'exprimer le *care* : faire attention à, être attentionné). « Attention » serait alors une traduction possible en français du terme *care et* de son sens éthique : il faut prêter attention à ces détails de la vie que nous négligeons et qui en font une forme de vie. Le *care* se définit à partir de cette attention spécifique à l'importance des « petites » choses et des moments, et à la dissimulation inhérente de leur importance dans notre vie quotidienne, laquelle a toujours tendance à les recouvrir pour assurer sa propre fluidité.

Mais cette attention n'est pas seulement sensible : elle est aussi *capacité d'expression adéquate*. Car c'est la forme de vie ordinaire qui détermine la structure de l'expression, laquelle inversement la retravaille et lui donne forme. La relation à l'autre, le type d'intérêt et de souci que nous avons des autres, l'importance que nous leur donnons, ne prennent sens que dans la perspective de l'expression morale – laquelle est un produit de l'expressivité naturelle et du langage public –, en un mot, d'un « accord dans le langage », lequel langage est structurellement vulnérable car il est toujours ouvert à l'éventualité d'un désaccord.

Le souci wittgensteinien du détail, entendu comme attention et perception, se différencie du coup d'une sorte d'étouffement du soi par la pure affectivité empathique et débordante, ou par le dévouement charitable en suggérant avant tout une attention nouvelle à des détails inexplorés de la vie ou à des éléments qu'on y néglige quasiment toujours, nous confronte à nos propres incapacités et inattentions, mais aussi et surtout à la façon dont ces dernières se traduisent ensuite en dans la théorie. L'anthropologie s'articule ainsi à l'éthique du *care*[1]

1. Voir chap. v. du présent volume.

laquelle s'avère alors de nature épistémologique, tout en devenant véritablement politique : il s'agit de mettre en évidence le lien entre notre manque d'attention à des réalités négligées et le manque de théorisation (ou, de façon plus directe, le rejet de la théorisation) de réalités sociales « invisibilisées », pour reprendre l'expression très parlante d'Anne Lovell. Il ne s'agit alors de rien moins que de renverser toute une tendance de fond de la philosophie, et de chercher non à découvrir l'invisible mais d'abord à voir le visible.

La réflexion sur le *care* s'inscrit dans le tournant « particulariste » de la pensée morale : autrement dit, elle va à l'encontre ce que Wittgenstein appelait dans *Le cahier bleu* la « pulsion de généralité », le désir d'énoncer des règles générales pour la pensée et l'action. L'éthique du *care* fait valoir en morale l'attention au(x) particulier(s), au détail ordinaire de la vie humaine. Cette volonté descriptive modifie la pensée morale et la rend à sa fragilité : il faut apprendre à voir ce qui est important mais non remarqué, justement parce que c'est là, sous nos yeux. Émerge alors une éthique de la *perception* particulière des situations, des moments, de « ce qui se passe » à la façon dont Erving Goffman définit l'objet de la sociologie (*what is going on*), bref : du réel de nos actions et de nos perceptions, réel vulnérable par excellence. Car il n'y a plus, à prendre ainsi les choses, de concepts moraux univoques qu'il ne resterait plus qu'à appliquer à la réalité. Nos concepts moraux dépendent, dans leur application même, du récit narratif ou de la description que nous donnons de nos existences, de ce qui est important (*what matters*) et de ce qui compte *pour nous*. Cette capacité à percevoir l'importance des choses, leur place dans notre vie ordinaire, n'est pas seulement affective : c'est aussi une capacité d'expression adéquate (ou, aussi bien, d'expression maladroite, embarrassante, ratée). Au centre de l'éthique du *care*, il y a par conséquent notre capacité (ou notre disposition) à l'*expression morale*, laquelle expression, comme l'ont montré chacun à leur manière Stanley Cavell et Charles Taylor, s'enracine dans une forme de vie, au sens (post-wittgensteinien) d'un agrégat à la fois naturel et social de formes d'expression et de rapports variés à autrui.

Concevoir la morale sur le modèle de la justice et de la légalité conduit donc à négliger des aspects parmi les plus importants et difficiles de la vie morale – nos proximités, nos motivations, nos relations – au profit de concepts éloignés de nos questionnements ordinaires, comme l'obligation, la rationalité, le choix. Or ces aspects négligés concernent notre vulnérabilité ordinaire, à l'inverse des derniers, qui concernent plutôt notre capacité d'action positive. La tendance philosophique à valoriser ces derniers (les proximités, les motivations, les relations) est perceptible jusque dans le détail des exemples et argumentations philosophiques dans la littérature professionnelle : l'action (traverser le Rubicon, tuer l'âne de son voisin) sera toujours valorisée par rapport (par exemple) à des façons d'être comme la *gentleness* ou l'amabilité, qui n'existent tout simplement pas dans la moralité philosophique standard et qui semblent ainsi échapper aux capacités de description ou d'appréciation des théories morales disponibles, ou encore à des actes quotidiens comme s'occuper de quelqu'un d'un peu perdu, ou ramasser les chaussettes qui traînent dans la chambre.

Veena Das lectrice de Wittgenstein et de Cavell

Je me propose donc de lire le travail de Veena Das comme le travail d'une lectrice et d'une héritière de Wittgenstein et de Cavell, en tant qu'ils définissent la vulnérabilité comme propre non pas à l'humain, ou à des êtres vivants spécifiques, mais à notre forme de vie en tant que telle – en un mot, de la forme que prend la vie, la nôtre, lorsqu'elle est exprimée et prise dans le langage. Or ceci constitue une menace permanente pour l'ordinaire, ce qui inscrit l'anthropologie de Das dans une perspective voisine de celle de Goffman, au moins en ceci que l'attention à l'ordinaire est plutôt de l'ordre de l'« avoir égard à ce qui importe en pratique » (*carefulness*), dans l'ordinaire et ce qui le menace, et moins à une attention plus abstraite et cognitive tournée vers ce qui est « pertinent ». Je n'ignore pas du tout combien cette nuance peut sembler surprenante. Plein de gens se demandent pourquoi Veena Das aurait à ce point besoin de Wittgenstein et de Cavell pour mener à bien son entreprise anthropologique. C'est plutôt nous qui avons besoin de Das pour comprendre pourquoi Cavell, et Wittgenstein ont placé le fait de souffrir, la douleur, et la question de savoir comment nous savons que et si quelqu'un souffre, au cœur de leur réflexion sur le scepticisme et sur autrui (et valorisé la douleur plutôt que des interrogations portant, comme il est classique, sur les représentations cognitives sur ce qu'on sait du monde d'autrui et de soi). Mais nous avons également besoin de Veena Das pour apercevoir le lien capital entre la folie et l'anthropologie de l'ordinaire, si tant est que nous devions comprendre la raison (la non-folie), non plus comme un donné, ou comme une capacité toujours disponible, mais comme l'objet (et le sujet) d'une *revendication* : comme ce en quête de quoi nous sommes toujours, et que nous cherchons à atteindre en nous mettant en quête d'une « voix » pour l'exprimer (pas de revendication, ou de *claim*, sans voix, en effet, et ici sans voix incarnée pour clamer et réclamer la raison malgré ou contre la folie). Et c'est seulement alors, une fois ce point vraiment exploré, qu'on pourra se poser la question, anthropologiquement cruciale, de savoir comment il a bien pu se faire que le sujet moderne s'est retrouvé défini par cette prétention même : la prétention à « se connaître » lui-même mieux que tout autre, la prétention à avoir à ses propres états psychologiques un accès privilégié (ce qui fait l'objet des fameuses analyses de Wittgenstein sur le langage privé). Je suggère ainsi, tout du long, que le travail de Veena Das fournit une nouvelle manière de comprendre le mystérieux titre de Cavell : *The Claim of Reason* (que j'ai traduit *Les Voix de la raison*, manquant ainsi la dimension de *revendication* et de *réclamation* de la raison) comme si nos vies ordinaires étaient toujours en position de devoir lutter pour affirmer et réaffirmer *de toute notre voix*, si je puis dire, que nous sommes bien sains d'esprit.

On peut prendre la mesure du renversement dont il s'agit ici, et qui sort de la problématique classique de la connaissance des états cognitifs d'autrui (qu'est-ce qu'il pense, qu'est-ce qu'il sent ?), en partant d'une remarque de Wittgenstein :

> On ne peut pas dire que c'est par mon comportement seulement que les autres apprennent mes sensations –

car on ne peut pas dire de moi que je les ai apprises.
Je les ai.

Ce qui est vrai est qu'il y a du sens à dire des autres
qu'ils doutent que j'ai mal, et qu'il n'y en a aucun à le
dire de moi-même[1].

La question de la douleur devient ainsi la question
décisive de l'accès privilégié à soi-même, mais cela,
parce qu'elle dépend de notre *reconnaissance* (ou de
notre non-reconnaissance) du fait qu'autrui fait partie
intégrante de la forme de vie que nous partageons tous,
ou, pour mettre davantage l'accent sur la vie que sur
la forme, de la forme étrange que peut prendre la vie à
tel ou tel moment, ou dans telle ou telle situation. Cette
reconnaissance d'autrui précède absolument la question
de la *connaissance* de ce qui a lieu « dans » autrui (de
ce qu'il sait ou sent, de ses processus mentaux) – et,
bien sûr, une fois le problème remis à l'endroit, ou sur
ses pieds, quantité d'apories ou de propos insensés sur
la *connaissance* d'autrui (en tant qu'il serait autrui et
donc pas moi, et donc inconnaissable comme moi je me
connais moi-même, etc.), s'évanouissent instantanément.
Mais comme Veena Das nous le rappelle, on ne saurait
en rester à une simple solution épistémique élégante
du problème de la connaissance d'autrui. L'abîme qui
s'ouvre, c'est qu'il n'y a rien de plus *ordinaire* que la
non-reconnaissance d'autrui. Et le refus de penser la
douleur, ou par exemple la douleur psychique et la
folie d'autrui, n'est pas d'abord un problème de la
connaissance de l'inconnaissable en lui. C'est carrément
un problème de « partage » entre certains êtres humains

1. *RP*, § 246, p. 137.

et d'autres, dont la vie prend une forme à certains égards inassimilable : « Si ma description est aussi une histoire de biopouvoir, c'est davantage parce qu'elle montre comment s'opère le partage entre ceux dont il faut renforcer les vies et ceux qu'on peut bien «laisser mourir». J'espère montrer comment un tel « laisser mourir» surgit là où des institutions croisent une expérience constituée au sein d'échanges intersubjectifs[1] ». Ce pouvoir de laisser-mourir, qui a remplacé aujourd'hui de la façon la plus concrète le droit de donner la mort dans l'exercice du pouvoir d'État, définit la vulnérabilité *radicale*, en termes désormais moins anthropologiques que (bio)politiques : ainsi le sort des populations vulnérables dans une situation de catastrophe, de Katrina à Fukushima, est bien celui d'un cumul, ou plutôt d'une complémentarité sinistre des vulnérabilités – sociales, sanitaires, psychiques, environnementales – qui se renforcent mutuellement.[2] On reviendra concrètement, ou anthropologiquement (au sens de la discipline empirique) sur l'intrication délicate, rendue possible par la grammaire logique du *care* entre « avoir des égards pour », « prendre soin » (à la vulnérabilité, à la douleur, à la souffrance psychique et la folie) et l'« avoir égard à » qui relève de l'attention pratique située – soit entre *to care* et *to care for* – quand il s'agit d'autrui et des expressions d'autrui. Cela me conduira à revenir, en conclusion, aux enjeux plus généraux de la douleur dans la question controversée du scepticisme et de ce que nous « savons » ou pas d'autrui.

---

1. A. Lovell *et al.*, *Face aux désastres*, *op. cit.*
2. *Ibid.*

FORME DE VIE ET FORMES DE LA *VIE*

L'idée de forme de Vie articule ensemble le biologique et le social, et décrire une forme de vie, selon Veena Das, veut dire « regarder avec soin » (Pensez à Wittgenstein : « Ne pense pas, regarde ! ») à la fois le réseau des institutions et des interactions, et les formes que prennent les vies des vivants. On peut comprendre ici le mouvement qui est accompli dans l'œuvre de Cavell, lorsqu'il passe de la question du langage partagé à celle du partage des formes de vie, un partage qui ne dépend pas uniquement du fait de partager des structures sociales, mais qui touche à tout ce qui constitue les existences et les activités humaines. Voilà la raison pour laquelle certaines interprétations ou certains usages sociologiques de Wittgenstein pourraient bien passer à côté de la véritable force de son anthropologie. Wittgenstein ne se contente jamais seulement de dire : « Voici ce que nous faisons. » De cette façon, le scepticisme est inhérent à chaque pratique humaine, qu'elle soit linguistique ou d'un autre registre, parce que toute certitude ou confiance dans ce que nous faisons (suivre une règle, compter, etc.), ce modèle sur la confiance que nous avons dans nos usages partagés du langage. Ainsi, ce qui fonde la certitude, quelle qu'elle soit, cognitive ou morale, c'est notre forme de vie. Dans *De la certitude* (§ 204) Wittgenstein écrit :

> ... donner des raisons, justifier l'évidence, à une fin ;
> – mais la fin n'est pas que certaines propositions nous frappent immédiatement comme vraies ; c'est non pas une façon de voir, mais ce que l'on fait qui se trouve au fondement du jeu de langage[1].

---

1. *UG*, § 204, p. 67.

Le genre d'acte auquel Wittgenstein semble ici se référer n'est pas en fait une action, puisque c'est ce qui rend tout aussi possible de décrire et de voir une action. Gardant ceci à l'esprit, nous pouvons saisir ce qui Wittgenstein a dit des règles : que nous voyons les règles, la pratique qui consiste à suivre une règle, avec la vie humaine en arrière-fond. Ce ne sont pas nos « pratiques sociales » qui constituent cet arrière-fond, comme on entend souvent dire, mais bien plutôt, c'est cet arrière-fond vivant qui nous permet de décrire nos pratiques. Aussi cet arrière-fond n'est-il pas constitué de choses connues ni crues, ni non plus de pratiques, mais c'est le tourbillon total de la vie au sens biologique. *De la certitude* (§ 140), encore :

> Nous n'apprenons pas la pratique du jugement empirique en apprenant des règles : ce sont des jugements et leurs rapports avec d'autres jugements qui nous sont transmis. Une totalité de jugement nous est rendue plausible[1].

Cette conception de la forme de vie pourrait bien nous avoir fourni une nouvelle manière de comprendre ce que Wittgenstein veut dire par « vie » et par les contraintes qui s'attachent au fait d'appartenir à une forme de vie. Il n'existe pas, du coup, de « réponse » au scepticisme qui émerge de la fragilité de nos accords. Que notre langage ordinaire ne soit fondé sur rien d'autre que sur lui-même n'est pas seulement une source d'angoisse touchant la validité de ce que nous faisons et de ce que nous disons ; c'est la révélation d'une vérité qui nous concerne et à laquelle nous ne voulons pas nous rendre – que « je », ma voix, suis la seule source possible de leur validité.

1. *UG*, § 140, p. 53.

Refuser cela, tenter de surmonter le scepticisme, ne fait pour finir que lui procurer de nouvelles forces.

Accepter ce fait, voilà donc ce qui ne nous vient pas comme un soulagement, mais comme l'aveu de la finitude et de l'ordinaire. C'est à cette seule condition que nous pouvons regagner le contact avec la réalité que nous avions perdue, la proximité ou bien, comme dit quelquefois Cavell à la suite de Thoreau, le voisinage intime (*nextness*) du monde des mots, tout ce qui se brise dans le scepticisme. Le titre du livre de Veena Das, *La Vie et les mots*, fait référence à un passage célèbre des *Voix de la raison*, de Cavell, auquel il est d'ailleurs déjà fait allusion dans le titre d'un livre de Hilary Putnam, *Les Mots et la vie*. Mais si Veena Das choisit de mettre les mots dans cet ordre, la vie, puis les mots, c'est pour souligner non seulement l'importance des vies ordinaires, mais *de la vie en mots* – autrement dit l'importance de notre besoin de donner vie à nos mots, de donner effectivement sens à ce que nous disons.

> Imaginer un langage, cela veut dire imaginer une forme de vie. En tant que philosophe, je dois reporter dans mon imagination mon propre langage, ma propre vie. Je convoque une assemblée des critères de ma culture, afin de les confronter avec mes mots et ma vie, aussi bien telles que je les pratique que telles que je peux les imaginer[1].

Aussi une réponse à la question du réalisme, ce dont on discute aujourd'hui tellement en philosophie du langage, ne se trouvera-t-elle nulle part sinon dans le langage ordinaire, dans ce que Austin et Wittgenstein nous montrent être l'entrelacement, l'implication réciproque

1. *VR*, p. 199.

du langage et de la vie. L'adéquation du langage à la réalité – ou, si l'on veut, la vérité du langage – n'est ni à construire, ni à prouver. Il faut la *montrer* dans le langage, et dans ses usages ordinaires, donc dans nos aspirations les plus vigoureuses à trouver l'expression qui convient, à parvenir au choix des mots justes (y compris, comme Swapan à la toute fin de l'histoire que Veena Das nous raconte, s'il faut pour finir déboucher sur de pauvres mots fracassés, incertains, dans une langue étrangère).

Que nous nous accordions dans le langage signifie que langage – ou notre forme de vie – produit la compréhension que nous avons les uns des autres au moins autant que le langage est un produit de notre accord. Il nous est « naturel » en ce sens, et l'idée de « convention » n'est là que pour d'un même geste singer et déguiser cette nécessité première. « Sous la tyrannie de la convention, il y a la tyrannie de la nature », écrit Cavell[1]. En ce point, la critique élaborée par Cavell des interprétations banales de la notion de forme de vie ne cesse de s'avérer toujours plus pertinente. Cavell se dresse contre ces interprétations, je l'ai dit, en ayant recours à la formule « forme de *vie* » (*Lifeform*) par contraste avec « Forme de vie ». Ce qui nous pousse à vouloir violer nos accords, nos critères, ou à fantasmer qu'il existe d'autres êtres humains auxquels ils ne s'appliquent pas, c'est en somme le refus de ce donné, le refus de cette forme de Vie non seulement dans sa dimension sociale mais aussi dans sa dimension biologique.

C'est sur ce second aspect de la forme de vie, que Cavell appelle l'aspect vertical, qu'il insiste, tout en reconnaissant dans le même temps l'importance de la

---

1. *VR*, p. 67-68.

dimension de l'accord social (ou l'aspect horizontal de la forme de vie). Ce que les discussions autour de la signification de l'accord social (au sens banal du conventionnalisme) ont rendu obscur, c'est le poids, chez Wittgenstein, de la signification naturelle et biologique de la forme de vie, cette signification qu'il met souvent en valeur, pourtant, en évoquant nos « réactions naturelles », ou encore « l'histoire naturelle de l'humanité ». Ce ne sont pas seulement les structures sociales et les habitudes culturelles de toutes sortes qui nous sont données dans nos formes de vie, mais tout ce qu'on peut envisager comme la force spécifique et les facettes du corps humain, les organes des sens, la voix humaine, et toutes ces choses qui font que, tout de même que les colombes, dans la fameuse image de Kant, ont besoin d'air pour prendre leur vol, de même, dans la formule de Wittgenstein dans les *Recherches philosophiques*[1], pour qu'il y ait marche, il faut qu'il y ait friction.

Or c'est justement ce qui est menacé, quand la folie entre dans le jeu (de langage). Dans *Le Cahier brun*, Wittgenstein donne l'exemple de la capacité à prolonger une série quand nous comptons : « Si un enfant ne réagit pas au geste suggestif, il est séparé des autres et considéré comme un aliéné »[2]. Cavell observe à juste titre qu'ici la preuve de sa folie est bien mince ! Mais c'est pourtant bien ce que nous faisons, en refusant de déchiffrer l'expression d'autrui. Nous refusons de reconnaître ce que Das nomme, dans *La vie et les mots*, « la vie quotidienne de l'autre ».

1. *RP*, § 107, p. 83.
2. *BB*, *BrB*, p. 159.

L'INQUIÉTANTE ÉTRANGETÉ DE L'ORDINAIRE

Le scepticisme (comme Cavell le conçoit) a partie liée avec un pareil refus : celui d'accepter l'autre comme une partie de la société, de la famille, de l'humanité (d'où le laisser-mourir qui le menace). Bien sûr, si vous réclamez une preuve de l'existence de la vie chez autrui (ou d'un sentiment, ou d'une douleur), ou encore la preuve qu'il partage bien ce avec quoi nous sommes tous d'accord, voire notre humanité, vous ne la trouverez jamais. Car exiger une telle preuve, c'est déjà *ne pas reconnaître* l'autre, en s'imaginant (perversement) lui donner l'opportunité de nous faire *connaître* ce qu'il a ou ce qu'il est, lui, « en soi », et que nous ne connaissons pas (Et le soi est toujours perdu, en ce sens ; et il l'est encore plus radicalement si vous vous mettez en quête de le trouver).

> Évidemment, quand l'eau bout dans la marmite, la vapeur s'échappe de la marmite, et de même l'image de la vapeur s'échappe de l'image de la marmite. Mais qu'en serait-il si l'on voulait dire qu'il faut aussi que quelque chose soit en train de bouillir dans l'image de la marmite[1] ?

Ce passage désarçonnant des *Recherches* éclaire à mon avis la raison profonde pour laquelle Das déclare « ne cesser de s'appuyer sur Wittgenstein »[2]. Son objectif, ici, est de dissocier la question de la folie (ainsi que l'interprétation politique du lieu où la folie est située) d'un certain nombre de stratégies d'interrogation bien

1. *RP*, § 297, p. 151.
2. V. Das, « Wittgenstein and Anthropology », *Annual Review of Anthropology* 27(1), 1998, p. 171-195.

caractérisées, et que nous avons héritées de Foucault. Elle tente de fournir une analyse ou, mieux encore, une *description* de la situation singulière et du développement de la folie au sein d'une famille. C'est bien sûr une description irréductible à un quelconque phénomène général (et Veena Das démontre par là sa façon bien à elle de résister à la « pulsion de généralité » qui affecte souvent les philosophes). Mais elle nous aide par là à saisir ce qui est en jeu dans l'attention à l'ordinaire, ainsi qu'aux mots et aux expressions de l'ordinaire.

Certes on pourrait penser une pareille façon de rendre compte de la vie quotidienne, de la pauvreté ou de la souffrance psychique comme relevant d'une simple « observation » de l'ordinaire de la vie. Mais cela va bien plus loin, et Veena Das s'aventure en fait dans ce que Cavell qualifie d'« inquiétante étrangeté » de l'ordinaire. Voici de quelle manière Cavell définit le quotidien, et voici encore ce qui donne le ton anthropologique de toute approche du quotidien comme de toute attention (*care*) portée aux détails de la vie :

> C'est *notre* langage qui nous est étranger – si ce n'est pas nous qui nous le nous rendons perpétuellement étranger. Le point à saisir dans la parabole serait alors que l'explorateur qui arrive dans un pays inconnu, où l'on parle une langue étrange, figure en réalité le philosophe transporté jusqu'à l'émerveillement philosophique par l'étrangeté des êtres humains au milieu desquels il vit, par leur étrangeté à eux-mêmes, et donc aussi de lui-même à lui-même, qui ne se trouve à la maison peut-être nulle part comme peut-être

partout. L'intersection du familier et de l'étrange est une expérience de l'inquiétante étrangeté (*the uncanny*)[1].

Qu'on me permette de m'attarder un peu sur cette formule difficile : « C'est *notre* langage qui nous est étranger – si ce n'est pas nous qui nous nous le rendons perpétuellement étranger. » L'effet d'étrangeté de notre articulation ordinaire des mots est ici rendu manifeste dans la description des expressions et de leur pertinence. Mais dans ce cas précis, c'est à la forme de vie que se rattache le scepticisme, forme de vie qu'il faut concevoir non seulement comme un partage des critères, des pratiques, des manières de comprendre, des diverses sensibilités aux gens et aux choses, mais aussi, et de ce fait même, comme un « tourbillon de l'organisme ». L'inquiétante étrangeté de l'ordinaire a pour cause l'étrange connexion de nos pratiques à ce qui est « naturel », d'une part, et, d'autre part, la « terreur » impliquée par toute déviation par rapport à la normale, quelle qu'elle soit.

La description de la folie n'est donc pas liée à une quelconque forme de contrainte politique, ou à quoi que ce soit de ce genre, mais à l'inquiétante étrangeté de l'ordinaire, qui nous est présentée ici comme l'objet même de la description anthropologique : l'histoire qu'on raconte nous rend les gens qui y sont décrits tout à la fois étrangement proches et complètement étrangers à nous, et tout cela, en nous mettant juste sous les yeux les choses telles qu'elles sont, la pure et simple description

---

1. Voir chap. v du présent volume. Préface de S. Cavell *in* V. Das, *Life and Words. Violence and the Descent into the Ordinary*, Berkeley (CA), University of California Press, 2007, p. VIII [*Uncanny* est en anglais le terme utilisé pour traduire *Unheimlichkeit* chez Freud]. Voir V. Das, *Textures of the Ordinary*, New York, Fordham University Press, 2020.

des expressions de ces gens. Cavell mobilise un passage des *Recherches* pour réfléchir, à partir d'une allégorie élémentaire, à ce qu'est tout travail anthropologique à son début :

> Imagine que tu arrives en qualité d'explorateur dans un pays inconnu dont la langue t'est complètement étrangère. Dans quelles circonstances dirais-tu que les gens de ce pays donnent des ordres, qu'ils les comprennent, qu'ils leur obéissent, qu'ils se rebellent contre eux, etc. ?

> La manière d'agir commune aux hommes est le système de référence au moyen duquel nous interprétons une langue qui nous est étrangère[1].

Un tel passage est aussi une clé pour la lecture de Das. « La manière d'agir commune aux hommes » se rattache en effet à l'articulation du normal ct du naturel que vous pouvez aussi trouver dans *Les Voix de la raison*. Notre forme de vie se définit par notre capacité même d'en faire partie, et elle n'est strictement rien d'autre que cela. C'est là le fondement de la santé de l'esprit. *Mais alors, une forme de vie se définit également par tout ce qui menace la santé de l'esprit.* On peut apercevoir dans ce passage culte de Cavell, que nous citons pour une fois in extenso, une proximité entre Cavell et Goffman, qui permet de faire rebondir ce qui chez eux relève tout à la fois de la perception et de la définition de la vie ordinaire comme étant en permanence vulnérable, exposée à la destruction ou à la blessure.

1. *RP*, § 206, p. 128.

Il ne fait d'ailleurs aucun doute aux yeux de Cavell que l'intersection du familier et de l'étrange est le territoire que partagent l'anthropologue, le psychanalyste et le philosophe wittgensteinien. Rien à cet égard n'est plus contraire à la perspective anthropologique que ce qu'on appelle quelquefois la « perspective humaine », et qui se satisfait du savoir de ce que l'humanité devrait être. *Car nous ne savons pas ce qu'est la vie* et, ainsi, l'inquiétante étrangeté de l'ordinaire, pour Cavell, ne se résout nullement dans un quelconque *retour* au quotidien et à ses mots. Le scepticisme, bien au contraire, se déploie *au sein même* de nos pratiques : on ne saurait y échapper. Et Das ne cesse d'y revenir : l'humain n'est jamais un donné, nous ne savons pas en quoi il consiste : « L'effacement de la frontière entre ce qui est humain et ce qui n'est pas humain se fond à son tour dans l'effacement de la frontière entre ce qui est la vie et ce qui n'est pas la vie[1]. »

Maintenant, s'il y a un lieu où l'expression prend un caractère exemplaire, c'est à coup sûr dans l'expression de la douleur, et cela, chez les humains comme chez les non-humains. Et il est parfaitement clair que la lecture par Das des *Recherches* de Wittgenstein tourne autour de l'étude de la douleur et son expression, et que c'est sur ce terrain qu'ils vont l'un et l'autre à la rencontre de l'autre humain (Wittgenstein en philosophe, Das parce qu'une partie essentielle de son œuvre a consisté à faire l'anthropologie de la violence, des ravages de la violence folle dont l'Inde est traversée, et des souffrances qu'elle a infligées aux Indiens et aux Pakistanais, violence qui,

1. V. Das, *Life and Words. Violence and the Descent into the Ordinary, op. cit.*, p. 16.

cependant, tout ordinaire qu'elle soit, n'a pas fait cesser la vie quotidienne, la vie ordinaire). Bien sûr, les critères de la douleur sont si bien définis sur le plan épistémologique, ce que nous sentons quand nous avons mal nous est si *connu*, qu'on pourrait craindre que la douleur ne soit un exemple trop simple de ce qui a grand besoin de *devenir connu* (chez moi comme chez autrui). Mais justement, c'est toujours de cela qu'il s'agit avec l'ordinaire.

Si vous comprenez comme Cavell le travail de Wittgenstein comme fondamentalement orienté sur la compréhension du scepticisme, alors la douleur convient particulièrement bien, en tant qu'exemple philosophique, à cause de sa banalité et de la facilité que nous avons à l'identifier. S'il y a quoi que ce soit de connaissable chez autrui, c'est bien cela. Ce qui caractérise la douleur est aussi qu'elle peut s'exprimer – ou se cacher, se réprimer se déguiser, toutes ces actions étant aussi de merveilleuses expressions de douleur, insiste Cavell –, mais en outre, « il existe avec la douleur une exigence morale de réagir à son expression ». Pour toutes ces raisons, la douleur occupe une place particulière dans la forme de vie humaine.

Ainsi l'étude de la souffrance sociale c'est l'étude de toutes ces « connexions » de la douleur, dont Wittgenstein parle dans les *Fiches*[1]. Et c'est en ce sens que le travail de Das répond entièrement au souci de Wittgenstein de la question d'autrui. :

> Quelle sorte de tâche est-ce donc que d'étudier la souffrance sociale ? Suivre Das dans l'exploration de ces événements où les convulsions sociales mettent à nu la question de la volonté d'exister d'une société, mais

1. Z, § 532-534, p. 124-125.

aussi de son droit à l'existence, de son droit à porter
un nom et à être à la hauteur de ce qu'elle est, c'est ne
jamais cesser d'en revenir à ce sentiment que connaître
vraiment une société, c'est connaître sa capacité à
s'infliger de la souffrance à elle-même[1].

Dans les situations de violence qu'étudie Veena Das
dans *La Vie et les mots* (la partition de l'Inde en 1947,
et les pogroms anti-sikhs qui ont suivi l'assassinat
d'Indira Gandhi en 1984), ce qui nous est mis sous les
yeux, « c'est en réalité une douleur pour laquelle elle
trouve qu'aucun mot ne tient » : c'est l'impression que
le langage commun nous apparaît comme quelque chose
sur quoi on ne peut intrinsèquement plus compter. Le
sentiment profond de Cavell, c'est que la construction
philosophique traditionnelle du problème du scepticisme
pour ce qui touche aux autres esprits a été conçu comme
un dérivé, ou comme une imitation du scepticisme tel
qu'on le trouve chez Descartes, et qu'il est ensuite repris
chez Hume et Kant. Autrement dit, c'est un scepticisme
dont l'objet essentiel sont les objets matériels ou le monde
extérieur. Il en résulte que le problème philosophique
d'autrui a été façonné comme un problème qui consiste à
évaluer si nous savons ou pas ce que les autres prétendent
savoir – par exemple s'ils ressentent de la douleur –
comme si c'était là une affaire de *connaissance*. Mais tout
l'argument de Cavell consiste à mettre en évidence que le
scepticisme à l'égard des autres êtres humains n'aboutit
pas du tout à m'apercevoir de mon *ignorance* concernant
l'autre, mais à ce que je *dénie* cette existence, à mon
refus de la reconnaître et, du coup, à l'anéantissement

1. S. Cavell *in* V. Das, *Life and Words. Violence and the Descent
into the Ordinary, op. cit.*, p. XI.

psychique d'autrui : en un mot, à mon refus de la vie psychique ordinaire de l'autre. En somme, un peu comme dans la question absurde que j'en viens à me poser devant l'image de la marmite où de l'eau bout, je transforme ce qui est une question de reconnaissance en une question de connaissance, ou d'accès à autrui (j'ai envie, en somme, de soulever *l'image* du « couvercle » d'autrui) – comme si quelque chose était là, caché, alors que tout est sous nos yeux, comme s'étale à ciel ouvert la souffrance de toute une société.

Les cas que Das nous expose, qui sont des cas de manifestations extrêmes de violence interne, de la violence intime et absolue de cette société, sont intelligibles comme autant de radicalisations ou d'actualisations soudainement déclenchées d'un fait qui reste implicite dans la fabrique du social, et qui peut s'y dissimuler, mais qui peut aussi s'exprimer dans les rencontres ordinaires.

C'est une fois encore quelque chose qu'on peut relier la conception de la vulnérabilité de la réalité elle-même chez Goffman, en tant qu'elle s'associe à la vulnérabilité de notre relation normale aux autres :

> Quand, par la suite d'un incident, l'engagement spontané est mis en danger, c'est la réalité qui est menacée. Si l'avarie n'est pas détectée, si les participants ne parviennent pas à se réengager comme il convient, l'illusion de réalité se brise, la minutie du système social qu'avait créé la rencontre se désorganise, les participants se sentent *déréglés, irréels, anormaux*[1].

La menace contre la réalité est inhérente aux ratés de notre perception des situations et à la vulnérabilité même

---

1. E. Goffman, *Les rites d'interaction, op. cit.*, p. 119.

de la perception. Par suite, cette menace est bien sûre maximale lorsqu'une famille se heurte à la folie, comme Goffman le montre dans « La folie dans la place ». Mais l'idée, à nouveau, et celle d'une vulnérabilité *généralisée*. Et ici, de façon tout à fait intéressante, Goffman nous renvoie à Austin et Wittgenstein : comprendre une phrase signifie comprendre un langage. L'essence de sa contribution consiste alors à définir la vulnérabilité même de l'humanité par les ratages de notre attention aux gens et aux choses : il s'agit d'« attirer l'attention sur ce qui, dans notre sens de ce qui se passe, le rend si vulnérable[1] ».

Telle est la tragédie de l'ordinaire : notre incapacité à ressentir qu'il y a quelque chose, à déchiffrer l'expression d'une autre âme. La folie et notre côté si nous opposons un déni au fait que nous savons que l'autre est en souffrance, et de même si nous prétendons connaître mieux la nôtre que la sienne. S'il vous faut une preuve que l'autre souffre, alors c'est que vous ignorez en quoi consiste la douleur. À ce sujet, Cavell cite une remarque parlante de Wittgenstein : « La planète tout entière ne peut être dans une détresse plus grande qu'une seule âme ». Il s'ensuit que la version moderne du scepticisme, ou du refus de la reconnaissance de l'autre, est alors : comment est-ce que je sais que l'autre souffre? Comment la douleur s'exprime-t-elle? C'est là encore l'enjeu du scepticisme. Mais dès le départ, dès *Dire et vouloir dire*, Cavell avait défini le scepticisme en relation à l'opposition entre la folie et la santé de l'esprit :

> Dans tous les cas, le problème du philosophe est
> de découvrir la situation d'esprit particulière et la

1. E. Goffman, *Les rites d'interaction*, *op. cit.*, p. 18 (trad. fr. modifiée).

circonstance dans lesquelles un être humain donne voix à sa condition. Il se peut que le scepticisme ne constitue pas un état de santé mental parfait, mais il ne saurait être plus difficile d'y trouver du sens que dans l'aliénation mentale, ni peut-être plus facile, ni peut-être moins révélateur non plus[1].

Cavell développe ici sa conception du scepticisme comme sentiment d'impuissance vis-à-vis des autres. Mais ce n'est pas une impuissance à faire quelque chose en particulier. Il le définit plutôt comme le fait d'être « empli de cette sensation – disons du sentiment que nous sommes séparés – et je veux que vous la ressentiez aussi. Aussi lui donné-je voix. Et alors mon impuissance se présente comme de l'ignorance – une finitude métaphysique se présente comme un manque intellectuel[2]. »

Scepticisme et folie se rejoigne dans le refus – élaborée d'un point de vue théorique sous la forme du doute – de voir l'autre comme un autre être humain, comme mon prochain, partageant une forme de Vie. Mais le concept de reconnaissance comprend bien sûr en son sein celui de connaissance (il ne s'oppose pas à lui, il se le subordonne) : nous ne saurons pas que cette autre personne souffre, à moins qu'elle ne reconnaisse qu'elle souffre, *à moins qu'elle donne à sa douleur une expression.* Le scepticisme, ainsi prend sa source dans une incapacité à reconnaître et à identifier sa propre voix, sa propre capacité à l'expression. Cavell, prolongeant l'argument bien connu de Wittgenstein sur le langage privé, en conclut que nous considérons notre capacité naturelle à l'expression comme une menace de trahison

1. *DVD*, p. 338.
2. *DVD*, p. 408.

et de dévoilement de nous-mêmes – comme quelque chose qui met en péril ce que nous avons de plus privé :

> Ainsi la chimère d'un langage privé, sous-jacente au désir de dénier le caractère public du langage, s'avère jusqu'ici chimère ou crainte de l'inexpressivité ; une inexpressivité sous le poids de laquelle je me trouve non seulement inconnu, mais impuissant à me faire connaître – ou bien une inexpressivité qui affecte ce que j'exprime et le met hors de mon contrôle[1].

Il se peut bien que je préfère l'inexpressivité au dévoilement, du fait de ma peur d'être connu des autres, d'où le fantasme philosophique du langage « privé », en tant que fantasme définissant le sujet moderne. La reconnaissance de l'ordinaire signifie l'acceptation de l'expression, l'acceptation du fait d'être le porteur incarné de ses propres expressions.

> C'est également reconnaître que vos expressions vous expriment bel et bien, qu'elles sont à vous, et que vous êtes en elles. Cela signifie que vous vous autorisez à être compris, chose que vous pouvez toujours refuser. J'aimerais souligner que ne pas vous y refuser, c'est reconnaître que votre corps, le corps de vos expressions, est à vous ; qu'il est vous sur la terre, qu'il est tout ce que de vous il n'y *aura* jamais[2].

VULNÉRABILITÉ DE L'ORDINAIRE

La « fragilité de l'expérience », pour parler comme Goffman[3], est enfin consubstantielle à l'expérience

---

1. *DVD*, p. 507.
2. *DVD*, p. 551.
3. E. Goffman, *Façons de parler*, trad. fr. A. Kihm, Paris, Minuit, 1987.

ordinaire, laquelle est « structurellement vulnérable » – vulnérable, justement, du fait de ce à quoi nous ne prêtons pas assez attention, de ce à quoi nous n'attachons pas assez d'importance. Voilà pourquoi s'en approcher suppose une conversion du regard, essentielle à la démarche ethnographique, et dont Goffman livre un résumé :

> Ce qui nous importe, ce n'est pas d'établir la distinction entre perception et action, mais de comprendre comment il nous arrive, non seulement de commettre des erreurs, mais d'effectuer de mauvais cadrages (frames) et de nous engager par conséquent dans une erreur systématiquement entretenue, qui se reproduit elle-même en entretenant un comportement erroné. S'il est vrai que nous ne pouvons percevoir le fait qu'au travers du cadre dans lequel il est formulé, si «l'expérience d'un objet veut que l'on soit confronté à un certain ordre d'existence «, alors le simple fait de percevoir un phénomène de manière incorrecte peut nous conduire à importer une perspective foncièrement inapplicable et avec elle, une série d'attentes, toute une grammaire des anticipations, qui resteront stériles. Nous nous découvrons alors usant non seulement d'un mot incorrect mais d'un langage erroné. S'il est vrai, comme le propose Wittgenstein, que comprendre un énoncé c'est comprendre un langage, alors il faudrait dire que prononcer une phrase, c'est impliquer tout un langage et tenter implicitement d'en importer l'usage[1].

Mais si l'on reconnaît ici, entre les lignes, l'idée de Wittgenstein et Austin de l'erreur « de cadrage » comme erreur « grammaticale », il faut être ici sensible à l'attention spécifique que requière la vulnérabilité de

---

1. E. Goffman, *Les cadres de l'expérience*, *op. cit.*, p. 302.

la réalité à la façon dont on y fait (ou pas) attention,
autrement dit, dit Goffman, à la façon dont on la « cadre ».
Percevoir effectivement ce qui se passe, ce « dont il
s'agit », c'est donc trouver un accord non seulement sur
des significations communes, mais sur ce qui est sous nos
yeux ou à nos pieds, dirait Wittgenstein (et le *nous*, le
collectif, est ici crucial); il ne s'agit pas de connaissance,
mais de perception et d'attention communes. « Voir le
visible » est alors une question de focale, de saisie du
détail. C'est le réel même qui, en somme, s'avère
vulnérable à nos relectures et à nos accords, et *c'est cette
vulnérabilité-là qui définit l'ordinaire en tant qu'objet de
description*. On voit ainsi, la nécessité d'un concept de
l'importance qui ne soit pas seulement la pertinence, et
qui, en tous cas, ne lui soit pas réductible[1] : c'est comme
un guide de lecture de « ce qui compte », tel que le
définissent Cavell, mais aussi Goffman :

> Je me propose d'une part d'isoler quelques cadres
> fondamentaux qui, dans notre société, permettent de
> comprendre les événements et d'autre part, d'analyser
> les vulnérabilités particulières de ces cadres de
> référence. Mon idée de départ est la suivante : une chose
> qui du point de vue d'un individu particulier peut se
> présenter momentanément comme ce qui se passe peut
> en fait être une plaisanterie, un rêve, un accident, un
> malentendu, une illusion, une représentation théâtrale
> etc. Je vais attirer l'attention sur ce qui, dans notre sens

1. Un rapprochement s'impose ici avec le principe de sélection
par le sens pratique tel que Bourdieu le définit dans « La logique de
la pratique », qui est une logique tout entière « happée par «ce dont il
s'agit» » : P. Bourdieu, *Le sens pratique*, Paris, Minuit, 1980, p. 150,
154.

de ce qui se passe, le rend si vulnérable à ces relectures multiples[1].

Si l'on resserre alors la focale sur l'expérience éthique, Gilligan notait qu'une « restructuration de la perception morale » devait permettre de « modifier le sens du langage moral, et la définition de l'action morale »[2], mais aussi d'avoir une vision non « distordue » du *care*, où le *care* ne serait pas une disparition ou diminution du soi (au profit, si l'on peut dire, de ce dont on prend soin, de ce à quoi on a égard). Le *care*, entendu comme attention et perception, se différencie du coup d'une sorte d'étouffement du soi par la pure affectivité empathique et débordante, ou par le dévouement charitable. Le *care*, en suggérant avant tout une attention nouvelle à des détails inexplorés de la vie ou à des éléments qu'on y néglige quasiment toujours, nous confronte à nos propres incapacités et inattentions, mais aussi et surtout à la façon dont ces dernières se traduisent ensuite en dans la théorie. L'enjeu des éthiques du *care* s'avère alors de nature épistémologique, tout en devenant véritablement politique : ces éthiques veulent mettre en évidence le lien entre notre manque d'attention à des réalités négligées et le manque de théorisation (ou, de façon plus directe, le rejet de la théorisation) de réalités sociales « invisibilisées ». Il ne s'agit alors de rien moins que de renverser toute une tendance de fond de la philosophie, et de chercher non à découvrir l'invisible mais d'abord à voir le visible.

1. E. Goffman, *Les cadres de l'expérience*, *op. cit.*, p. 18 (trad. fr. modifiée).
2. C. Gilligan, « Moral orientation and moral development »[1987], *in* V. Held (ed.), *Justice and Care*, *op. cit.*, p. 43.

C'est le projet de Wittgenstein dans ses *Recherches Philosophiques* : voir l'ordinaire, ce qui nous échappe parce que c'est (trop) proche de nous :

> Ce que nous fournissons, ce sont à proprement parler des remarques concernant l'histoire naturelle de l'homme ; non pas des contributions relevant de la curiosité, mais des constatations sur lesquelles personne n'a jamais eu de doute et qui n'échappent conscience que parce qu'elles sont en permanence devant nos yeux[1].

Foucault ne disait pas autre chose :

> Il y a longtemps qu'on sait que le rôle de la philosophie n'est pas de découvrir ce qui et caché, mais de rendre visible ce qui est précisément visible, c'est-à-dire de faire apparaître ce qui est si proche, ce qui est si immédiat, ce qui est si intimement lié à nous-mêmes qu'à cause de cela nous ne le percevons pas[2].

---

1. *RP*, § 415.
2. M. Foucault, *Dits et écrits* II, Paris, Gallimard, 2001, p. 540-541.

CHAPITRE VII

POLITIQUE DES FORMES DE VIE

La notion de *forme de vie* se retrouve aujourd'hui dans des contextes théoriques divers : théorie critique, Foucault et biopolitique… et on peut se demander si ce concept n'est pas trop large pour définir, ou faire voir, quoi que ce soit. Les formes de vie, ou formes vitales, peuvent être définies[1] comme des configurations de *co-existence humaine*, dont la texture est faite des pratiques ou actions qui les produisent, les modifient, les détruisent. La fécondité du concept apparaît tout particulièrement en un temps de vulnérabilité et de transformation des formes de vie humaines. Revenir à Wittgenstein dans un tel contexte renouvelé de discussion des *Lebensformen*, expression qui joue un rôle stratégique dans sa philosophie, permet de préciser quelle est cette texture qui est essentielle à cette notion, chez Wittgenstein liée à des *formes de langage*. On peut dire que toute l'œuvre de Wittgenstein est une exploration du fait que le langage ordinaire est une forme de vie. À condition de voir la forme de vie à l'articulation du logique, du social et du biologique ; un élément central de la discussion sur les formes de

1. Voir E. Ferrarese, et S. Laugier, « Politique des formes de vie », *Raisons politiques* 57, 2015/1, p. 5-12.

vie est en effet la proposition de Stanley Cavell de deux sens ou directions de la forme de vie, en critique du conventionnalisme régulièrement attribué à Wittgenstein, et à Austin : les formes de vie sociale, et la forme de vie humaine, à savoir les manières humaines d'être vivant. Il souhaite ainsi

> … distinguer, dans l'invocation fréquente chez Wittgenstein des formes de vie, entre une direction horizontale, sociale ou conventionnelle (ou les différences entre un dîner et un snack peuvent avoir une grande portée) et une direction verticale, biologique ou naturelle (où ce sont les différences entre manger et se nourrir ou entre les tables et les auges qui comptent). Au-delà d'une mise en garde contre ce qui est, je crois, la réception la plus répandue et la plus outrancièrement conventionnelle de Wittgenstein, l'importance de la distinction pourra apparaître si l'on met en avant l'idée wittgensteinienne de la philosophie selon laquelle cette dernière offre, entre autres, une forme de l'histoire naturelle de l'humain (notamment marquée dans les *Recherches* par le nombre, remarquable pour un ouvrage de philosophie, d'animaux et d'insectes présents dans le texte, depuis la mouche et le lion jusqu'aux scarabées en passant par une oie, un chien et deux vaches)[1].

SÉMANTIQUE DES FORMES DE VIE

Un premier sens de la forme de vie est l'accord *dans* le langage. En apprenant un langage, on apprend des normes et une forme de vie. Cet aspect normatif et régulateur de l'apprentissage du langage est un des points les plus complexes – *le* point anthropologique – des *Recherches*

---

1. S. Cavell, *Philosophie. Le jour d'après demain*, trad. fr. N. Ferron, Paris, Fayard, 2011, p. 225.

Philosophiques, et ce qui permet de comprendre en quoi consiste la grammaire : apprendre un langage, c'est apprendre une grammaire, non au sens d'une intégration de règles applicables mécaniquement, mais au sens de l'apprentissage de comportements et pratiques intégrés à une vie. Il est par exemple impossible de comprendre le concept de ressemblance de famille si on néglige cet aspect de l'œuvre de Wittgenstein – le changement de perspective « anthropologique » (*anthropologische Betrachtungsweise*) que peut apporter une attention nouvelle à certains détails, ou à certaines ressemblances entre situations.

On pourrait reprendre dans cette perspective ce que dit Wittgenstein de la règle : il s'agit non d'expliquer notre langage ou nos actions par des règles, mais de voir la *pratique* qu'est suivre une règle sur l'arrière-plan de la vie humaine. Le point est développé à propos du « dressage » que constitue l'apprentissage du langage.

> L'enfant utilise de telles formes primitives de langage quand il apprend à parler. L'enseignement du langage ne consiste pas ici à expliquer, mais à dresser[1].

Le sens de la « forme de vie » est alors non seulement social et biologique, mais inséparablement *ethnologique et éthologique* : il relève d'un ensemble d'actions instituées en tant qu'il est indissociable d'un ensemble de *réactions naturelles*. Nous sommes conduits à effacer la frontière entre le naturel et le conventionnel, le normal et le naturel. Le naturel (dans sa complexité) définit le normal, dans un sens nouveau de la convention. Chez Wittgenstein, ce qu'on croit déceler comme étant du

---

1. *RP*, § 5, p. 29.

conventionnalisme peut être conçu en fait, comme une forme étrange de naturalisme. Il y a accord dans les jugements, pas seulement dans les définitions, dit Wittgenstein dans les *Recherches* (et cela n'abolit pas la logique, au contraire[1]). Ce qui est « conventionnel » n'est pas ce qui est arbitraire ou objet d'un choix, mais bien plutôt ce qui est en quelque sorte *devenu* nécessaire, naturel. C'est cette conception de l'accord et de la convention en termes de *nécessité naturelle* qui est sous-jacente au passage des *Recherches Philosophiques* qui est un fil directeur de tout le livre de Cavell *Les Voix de la Raison* : « C'est ce que les êtres humains disent qui est vrai et faux ; et ils s'accordent dans le langage qu'ils utilisent. » Il est important que Wittgenstein dise que nous nous accordons *dans* et pas *sur* le langage. Cela signifie que nous ne sommes pas acteurs de l'accord, que le langage précède autant cet accord qu'il est produit par eux. On ne trouvera pas dans la convention une réponse au problème, parce qu'elle ne constitue pas une *explication* du fonctionnement du langage, mais une difficulté. Les interprètes conventionnalistes de Wittgenstein suivent ainsi une fausse piste : l'idée de convention, si elle est conçue, pour ainsi dire, de manière « conventionnaliste », ne nous aidera pas à définir l'accord dans le langage, car à aucun moment nous ne sommes « tombés » d'accord.

> Et pourtant, aucune conception courante de la « convention » ne semble pouvoir rendre compte du travail qu'accomplissent les mots – car il faudrait, pour ainsi dire, faire entrer en scène un trop grand nombre de conventions. Nous *ne pouvons pas* être tombés d'accord au préalable sur tout ce qui serait nécessaire[2].

1. Voir *RP*, § 107, p. 83.
2. *VR*, p. 67-68.

S'accorder *dans* le langage veut dire que le langage – notre forme de vie – produit notre entente autant qu'il est le produit d'un accord, qu'il nous est naturel, et que l'idée de convention masque cette nécessité : « Sous la tyrannie de la convention, il y a la tyrannie de la nature », dit Cavell. Les contraintes de la nature ne sont pas affaire de choix, et il y a bien une nécessité naturelle. Cavell, dans un passage devenu célèbre (qui a notamment inspiré à Putnam le titre de son ouvrage *Words and Life*) de *The Claim of Reason*, s'interroge ainsi sur ce qu'il appelle « le fondement naturel de nos conventions ».

« Imaginer un langage, cela veut dire imaginer une forme de vie » (§ 19). En faisant de la philosophie, je dois reporter dans mon imagination mon propre langage, ma propre vie. Je convoque une assemblée conventionnelle des critères de ma culture, afin de les confronter avec mes mots et ma vie, tels que je les pratique et tels que je peux les imaginer[1].

Imaginer une forme de vie, c'est voir son propre langage, hérité et apparemment « donné », comme objet possible de choix et d'improvisation. L'imagination est ainsi la ressource qui va sortir le concept de forme de vie de versions de conservatisme où il a parfois été installé (ce qui est donné, et ne doit pas changer car sédimenté en formes de vie naturalisées). On voit ici l'enjeu des formes de vie aujourd'hui, qui n'est pas purement philologique : elles constituent une véritable alternative aux concepts de règles qui sont dominants dans la pensée philosophique (épistémologique, éthique et politique). Cavell a perçu cet enjeu très tôt chez Wittgenstein, dans un de ses premiers essais, « La philosophie de Wittgenstein est-elle à notre portée ? », repris dans *Dire et vouloir dire*.

1. *VR*, p. 199.

Au sens où « jouer aux échecs » a des règles, « obéir à une règle » n'en a pas (sauf peut-être dans un code ou un calcul particuliers qui érige un ordre de préférence dans l'application de diverses règles); et pourtant on peut le faire correctement ou incorrectement – ce qui veut simplement dire qu'on peut le faire ou ne pas le faire. Et savoir si c'est fait ou pas n'est pas affaire de règles (ou d'opinion ou de sentiment ou de vœux ou d'intentions). C'est affaire de ce à quoi Wittgenstein fait allusion dans *Le Cahier bleu* comme à des « conventions », et de ce qu'il décrit dans les *Recherches* comme des « formes de vie » (§ 23). C'est toujours le dernier recours pour Wittgenstein – pas les règles, et pas les décisions[1].

Cavell ajoute que Wittgenstein désire indiquer à quel point l'« appel aux règles » est inessentiel comme explication du langage et de sa « correction ». La seule explication est que nous partagions «, des modes de réaction, des sens de l'humour, de l'importance et de l'accomplissement, le sens de ce qui est scandaleux…. »[2]. Cette série d'éléments de la forme de vie illustre ce qu'est la texture – langagière, éthique, sociale, affective – que nous recherchons ici à travers le concept de formes de vie, le détail de pratiques rassemblées autour de l'usage des mots. C'est l'existence de ces formes de vie ordinaires qui rend infiniment complexe la question de la règle, car il n'y a pas de règle pour suivre ces règles.

On peut renvoyer aux analyses ultérieures de Cavell qui montrent de façon remarquable en quoi l'apprentissage du langage n'est ni intégration de significations, ni de règles, mais l'entrée dans des formes de vie qui mettent les mots *en état de faire ce qu'ils font*, et ces possibilités relèvent bien de la grammaire.

1. *DVD*, p. 136.
2. *DVD*, p. 138.

En apprenant le langage, on n'apprend pas seulement la prononciation des sons et, leur ordre grammatical, mais aussi les « formes de vie » qui font de ces sons les mots qu'ils sont, en état de faire ce qu'ils font – par exemple, nommer, appeler, montrer du doigt, exprimer un désir ou une affection, indiquer un choix ou une aversion, etc. Or selon Wittgenstein, les relations entre ces formes sont *également* « grammaticales »[1].

L'ouverture des *Recherches philosophiques* illustre clairement ce projet, en plongeant le lecteur dans une citation d'Augustin, dans une autre langue que celle du texte, dans un monde de langage déjà existant et mystérieux ; et en mettant en scène l'entrée en forme de vie, qui n'est pas seulement apprentissage des significations, mais des expressions et affects.

Augustin (Confession I, 8) : Quand mes aînés nommaient quelque objet et qu'ils se mouvaient en direction de quelque chose conformément à un son, je percevais cela et je saisissais que l'objet était désigné au moyen du son qu'ils émettaient quand ils voulaient le montrer. Cette intention était manifestée par leurs mouvements de leur corps, sorte de langage naturel de tous les peuples, langage qui, à travers les expressions du visage, le jeu des yeux, les gestes et l'intonation de la voix, indique les affections de l'âme quand elle recherche, ou détient, ou rejette, ou fuit quelque chose[2].

Là aussi on a une évocation de forme de vie, et pas seulement les thèmes classiques des *Recherches* : l'apprentissage du langage, la communauté, la signification, l'apprentissage par ostension, mais aussi une autre thématique, moins évidente dans ce livre :

1. *VR*, p. 271.
2. *RP*, § 1, p. 27-28.

mouvements des corps, langage naturel de tous les peuples, expressions du visage, jeu des yeux, gestes et intonations, affections de l'âme…thématique qui aussi travaille la sémantique des *Recherches*. La philosophie du langage ordinaire s'élabore ici comme projet de description de cette forme de vie *dans* le langage.

ETHNO-LOGIQUE DES FORMES DE VIE

À examiner de plus près le passage d'Augustin, on constate que Wittgenstein y précise aussi la notion de « jeu de langage » [*Sprachspiel*] définie dans le *Cahier bleu*. Un « jeu de langage » peut être défini comme une *forme de langage* cet donc à la fois un jeu de langage et une première forme de vie ; ce que suggèrent les passages du *Cahier brun* où Wittgenstein décrit le dressage qui intègre à la tribu.

> Imaginons une société dans laquelle c'est le seul système de langage. L'enfant apprend ce langage des adultes en étant dressé à son usage J'utilise le mot « dressage » d'une manière strictement analogue à celle dont nous disons d'un animal qu'il est « dressé » [*trained*], à faire certaines choses[1].

En définissant les « jeux de langage », étant donné qu'ils sont des « systèmes complets de communication humaine » liés à un état social primitif, Wittgenstein pose la question de la forme de vie comme comme forme de vie primitive animant une forme de langage primitif ou une forme primitive de langage :

---

1. *BB, BrB*, § 1, p. 77.

> L'étude des jeux de langage est l'étude de formes
> primitives de langage ou de langages primitifs[1].

> L'enfant utilise de telles formes primitives de langage
> quand il apprend à parler. L'enseignement du langage
> ne consiste pas ici à expliquer, mais à dresser[2].

Cette définition assigne donc le jeu de langage à une forme de vie, selon une double acception ethnologique et éthologique. La définition du jeu de langage renvoie aux formes de vie primitives auxquelles s'intègrent ses procédures.

Que l'apprentissage du langage par un enfant soit un *dressage* ou un *training* signifie alors ceci : c'est pour avoir été dressé à faire certaines choses, et non pour avoir contemplé les choses que signifient certains mots, qu'un enfant sait ce que ces mots signifient. L'apprentissage de l'usage des mots ne requiert pas que l'enfant ait d'abord pris connaissance de l'existence des choses qu'ils signifient, mais au contraire que l'enfant s'applique à manipuler ces choses. Ce que Wittgenstein évoquera plus tard dans *De la certitude* en demandant de « considérer cette sûreté non pas comme apparentée à de la précipitation ou à de la superficialité, mais comme (une) forme de vie »[3].

Cet intérêt pour le primitif renvoie encore une fois au motif anthropologique de Wittgenstein, tel qu'il est hérité par Das quand elle s'intéresse à la forme de vie au sens inséparablement social et biologique dont parle Cavell. Wittgenstein est en ce sens d'abord un philosophe de la *culture* (Cavell) donne cette expression en sous-titre

1. *BB*, *BrB*, p. 17.
2. *RP*, § 5, p. 29.
3. *UG*, § 358.

au premier chapitre de *Une nouvelle Amérique encore inapprochable*). Cette philosophie de la culture se trouve moins, contrairement à ce qu'on pourrait croire, dans les *Remarques mêlées* que dans les *Recherches Philosophiques*; moins dans les remarques sur la musique ou la civilisation que dans les descriptions des jeux de langage. Elle s'interroge sur l'intégration à la culture, sur l'apprentissage du langage et des conventions associées à nos mots. Une fois frayé le chemin de cette lecture, et de cet *enseignement* des *Recherches*, une hypothèse se présente naturellement : la question centrale de Wittgenstein est celle de l'apprentissage de la forme de vie; elle est posée dans le *Blue Book* dès les premières pages, reprise au début des *Recherches* avec la citation d'Augustin et achevée dans les derniers écrits.

Le titre du livre de Veena Das, *La Vie et les mots*, fait d'ailleurs référence à un passage célèbre des *Voix de la raison* de Cavell, auquel il est d'ailleurs déjà fait allusion dans le titre d'un livre de Hilary Putnam, *Les Mots et la vie*. Mais si Das choisit de mettre les mots dans cet ordre, la vie, puis les mots, c'est pour rompre avec le souci de la grammaire ou souligner l'importance des vies ordinaires dans la grammaire, *la vie en mots* – autrement dit notre besoin de donner vie à nos mots qui sinon sont « signes morts »[1], de les confronter à nos vies : « les confronter avec mes mots et ma vie, aussi bien telles que je les pratique que telles que je peux les imaginer. »[2].

La forme de vie est ce qui donne vie[3], et donne sens aux mots. Lorsque Wittgenstein indique : « Ce qui doit être accepté, le donné, c'est – on peut dire – les formes

1. *BB*, *BrB*, p. 28.
2. *VR*, p. 199.
3. *RP*, § 432, p. 186.

de vie »[1], il ne s'agit pas de considérer comme *un donné* incritiquable les structures sociales, les différents rituels, les systèmes économiques. « Mon idée est que cette absorption réciproque du naturel et du social est une conséquence de la vision qu'a Wittgenstein de ce que nous pourrions aussi bien appeler la forme humaine de la vie »[2]. C'est-à-dire une vision où la forme de vie, sociale comme biologique, peut-être radicalement transformée, perdue, critiquée, renouvelée. Il ne s'agit pas de deux sens différents et hiérarchisés, respectivement social et biologique, de la vie ; ce qui est en jeu dans la distinction est l'intrication du social et du biologique dans les formes de vie, ou plus exactement de l'intégration de formes vitales (*Lifeforms*) dans les formes ordinaires de vie (*Forms of life*), de l'éthologique dans l'ethnologique.

Ainsi la critique adressée par Das aux anthropologues utilisant la notion de *Forms of Life* comme synonyme de « culture » ou de « manières de vivre » lui vient de Cavell. Das explique que la violence exercée sur les femmes lors de la partition de l'Inde et du Pakistan ne relève pas d'une variation culturelle des *formes* de vie mais soulève la question de la redéfinition de ce qu'est une vie humaine, l'accent étant alors placé sur la Form of *Life* (avec l'accent sur *Life*). Ce qu'est être vivant pour l'humain ce qui n'est pas la même chose que pour d'autres êtres. L'objet de cette biologisation de l'anthropologie, qui se révèle entente nouvelle du biopolitique, c'est la *Lifeform*, la frontière du vivant et du non-vivant[3] : dans

1. *Ibid.*, II, p. 359.
2. S. Cavell, *Une nouvelle Amérique encore inapprochable*, *op. cit.*, p. 48.
3. Voir P. Pitrou « La vie, un objet pour l'anthropologie ? » *L'Homme* 212, 2014/4, p. 159-189, et E. Ferrarese, S. Laugier (eds.) *Formes de vie*, Paris, CNRS Éditions, 2018.

des situations de violence extrême ou de désastre, la nature des humains peut être modifiée en fonction des actions qu'ils.elles exercent et des souffrances qu'ils.elles endurent.

La question de la forme de vie se révèle inséparable du questionnement sur la reconnaissance et la métamorphose des formes vivantes, la limite de l'humain recroisant celle du vivant[1]. Dès *Dire et vouloir dire*, Cavell affirmait inséparablement le caractère « organique », le grouillement biologique de la forme de vie, et la possibilité permanente de perte du sens – du lien à la communauté humaine et à la vie ordinaire ou la *forme de vie* proprement humaine, dont l'existence, note Das, n'est pas incompatible avec la diversité des cultures.

> C'est chez nous la coutume de faire ainsi, ou un fait de notre histoire naturelle[2].

> Notre intérêt porte aussi sur la correspondance entre les concepts et des faits de nature très généraux (…) il faut imaginer certains faits très généraux de la nature autrement que nous n'y sommes habitués[3].

D'où le sens quasi naturaliste qu'on peut donner à l'expression « Imaginer un langage veut dire imaginer une forme de vie » (primitive)[4] et le renvoi fréquent au primitif. Le langage est la forme que prend une vie primitive ; dans le jeu de langage des bâtisseurs dans la section 2 des *Recherches*, ce n'est pas « uniquement » le langage qui est primitif, mais la vie correspondante de ses locuteurs s'exprime clairement dans le langage,

1. V. Das, *Life and Words*, op. cit.
2. *BGM*, p. 61.
3. *RP*, *II*, p. 321.
4. *Ibid.*, § 19, p. 35.

qui est bien celui d'une forme de vie. Ce qui est alors commun au langage primitif et à la forme de vie, c'est bien une *forme* ; mais la question demeure de définir cette forme (sans essayer d'en imaginer une « matière »).

C'est la *régularité* qui caractérise cette forme de vie : *la forme ou les formes que prend la vie* dans un ensemble de régularités naturelles et d'habitudes que nous prenons et sur lesquelles s'enracine l'apprentissage. Le projet est bien celui d'une *logique*. La *forme de vie* remplace clairement la forme logique comme mode d'articulation du langage à la réalité. Mais elle ne peut jouer le même rôle normatif, ni être une forme de la représentation ou de la pensée comme dans le *Tractatus logico-philosophicus*.

L'enfant apprend tout son langage des autres, le langage est un *héritage*. L'apprentissage du langage s'effectue par l'intégration d'une norme sociale, indissociable d'une régularité naturelle. Cela explique la fascination de Wittgenstein envers les différentes formes de vie, notée pertinemment par Bouveresse[1].

Réfléchir sur nos traditions, nos héritages, c'est apprendre des choses qu'on sait déjà, qui sont évidentes mais qu'on ne voit pas justement parce qu'elles sont sous nos yeux – c'est là ce qu'il y a de plus difficile.

> Ce que nous fournissons, ce sont à proprement parler des remarques concernant l'histoire naturelle de l'homme ; non pas, cependant, des contributions relevant de la curiosité, mais des constatations sur lesquelles personne n'a jamais eu de doute et qui n'échappent à la prise de conscience que parce qu'elles sont en permanence devant nos yeux[2].

---

1. *Cf.* chap. II.
2. *RP*, § 415, p. 182.

La traduction commence *at home*[1] et Wittgenstein s'intéresse au caractère mystérieux de notre propre langue, non pas d'un point de vue de nulle part mais en se trouvant par rapport au langage, qu'on a laissé partir « en vacances », comme le primitif ou l'ethnographe en face d'institutions inconnues[2]. L'idée centrale de Wittgenstein, et le sens même de son anthropologie, est l'exploration des possibles, la formation de concepts très différents des nôtres ou d'applications inédites de nos concepts. « Notre recherche grammaticale s'oriente non vers les phénomènes mais vers les "possibilités" des phénomènes »[3].

Il s'agit là d'une nouvelle logique. Car la *grammaire* n'est pas comme le croient les commentateurs classiques de Wittgenstein un ensemble de normes d'usage qui va succéder à la normativité logique : elle se déploie dans un arrière-plan anthropologique, celui de la forme de vie. L'insistance constante de Cavell depuis les années 1960 sur la priorité des *Lifeforms* sur les règles et les critères ne vise pas à donner un rôle normatif aux formes de vie comme si elles étaient des règles, mais une fois abandonné tout universalisme, à renvoyer à un fond humain commun, aux façons spécifiques de l'humain d'être vivant.

> Le mode de comportement humain commun est le système de référence à l'aide duquel nous interprétons un langage qui nous est étrange[4].

1. S. Laugier, *L'anthropologie logique de Quine*, Paris, Vrin, 1992.
2. *RP*, § 194, p. 123.
3. *RP*, § 90, p. 78.
4. *RP*, § 206, p. 127-128.

POLITIQUE DES FORMES DE VIE

Wittgenstein veut commencer par des espèces d'application *primitives* de mots : commencer par le primitif « dissipera la brume » qui entoure « le fonctionnement du langage »[1]. Les exemples qui ouvrent les *Recherches*, et ceux qui les ferment, sont des exercices d'imagination. « Imaginer un langage veut dire imaginer une forme de vie »[2]. Le langage est primitif au sens où il est la forme que prend une vie primitive. Il ne s'agit plus seulement dans la forme de vie d'institutions ou de structures sociales, ou de normes, mais d'une approche du *comportement* humain, base de l'expressivité.

NORMATIVITÉ DES FORMES DE VIE

Dans sa préface à *Life and Words* de Veena Das, Cavell note que l'ordinaire est notre *langage ordinaire* en tant que nous nous le rendons constamment étranger, reprenant l'image wittgensteinienne du philosophe comme explorateur d'une tribu étrangère : mais cette tribu, c'est nous en tant qu'étrangers et étranges à nous-mêmes –Cette intersection du familier et de l'étrange est le lieu de l'ordinaire. « La perspective anthropologique de Wittgenstein est une perplexité devant tout ce que les humains peuvent dire et faire – donc, par moments, rien »[3]. La philosophie ainsi ne découvre rien, elle observe les régularités et les coutumes, des corrélations. C'est la régularité qui constitue la forme de vie, *en fait*

1. *RP*, § 5, p. 29.
2. *RP*, § 19, p. 35-36.
3. V. Das, *Life and Words. Violence and the Descent into the Ordinary, op. cit.*, p. VII. Voir aussi V. Das, *Textures of the Ordinary, Doing Anthropology after Wittgenstein*, New York, Fordham University Press, 2020.

une forme : la forme que prend la vie dans un ensemble de régularités naturelles et d'habitudes que nous prenons.

Cela permet de concevoir autrement la notion de convention – laquelle devrait permettre, non point de classer certaines vérités comme « simplement conventionnelles », mais d'en questionner le fondement naturel. C'est cette conception de l'accord et de la convention en termes de *nécessité* qui est sous-jacente au passage des *Recherches* sur l'accord *dans* les jugements[1]. La grammaire n'est donc pas un ensemble de normes du fonctionnement linguistique qui va succéder tant bien que mal à la normativité logique, en renonçant à toute prise sur le réel : elle se déploie sur l'arrière-plan de l'expression humaine et des normes immanentes qui émergent.

> Je ne dis pas : si tels ou tels faits de nature étaient différents, les gens auraient des concepts différents (dans le sens d'une hypothèse). Mais : s'il y a quelqu'un qui croit que certains concepts sont absolument les concepts corrects, et qu'en avoir de différents signifierait qu'on ne voit pas quelque chose que nous voyons avec évidence – alors, qu'il s'imagine que certains *faits de nature très généraux* soient différents de ce à quoi nous sommes habitués, et la formation de concepts différents des concepts habituels lui deviendra intelligible[2].

Les formes de vie ainsi conçue sont le cadre de l'émergence d'une normativité du naturel, inversant le mouvement usuel de naturalisation des normes. Le naturel définit alors le normal. Pour en rendre compte, on peut avoir recours à la problématique de la règle, qui illustre bien cette nécessité naturelle dans la convention ; mais

1. *RP*, § 241-242, p. 135.
2. *RP*, II, xii, p. 321.

on peut aussi tenter de redéfinir le conventionnalisme :
ce qui est conventionnel n'est pas ce qui est arbitraire ou
objet d'un choix mais bien plutôt ce qui est en quelque
sorte *devenu* nécessaire, les « faits généraux de la nature
humaine » étant non seulement des critères « naturels »
mais des normes de la forme de vie.

La question devient de savoir si la forme de vie est
elle-même la série des contraintes de la vie humaine
partagées par tous les humains, que Cavell appelle
« conventions ».

> Ainsi conçue, la série des « conventions » ne renvoie
> pas à des structures de vie qui différencient les êtres
> humains entre eux, mais à ces exigences, de conduite
> comme de sentiment, que tous les humains partagent.
> Ce que Wittgenstein a découvert, c'est la profondeur
> de la convention dans la vie humaine; pas seulement
> ce qu'il y a de conventionnel dans la société humaine,
> mais aussi, ce qu'il y a de conventionnel dans la nature
> humaine elle-même[1].

Ce conventionnel de la nature même serait alors
la définition de la forme de vie. Nous nous accordons
dans des formes de vie[2], certaines décrites avec détail
dans ce passage, et des formes de langage. Mais cet
accord (*übereinstimmung*, cette harmonie, ce concert,
pour reprendre l'un des termes musicaux qu'on trouve
régulièrement chez Wittgenstein) n'explique ni ne
justifie rien. Tout ce que nous avons, *c'est ce que nous
disons* : il n'y a rien d'autre, c'est « donné ». C'est ce que
dit Wittgenstein de notre « accord dans les jugements » :
il n'est fondé qu'en lui-même, en le *nous*. La lecture
« sceptique » de Cavell dans *Les Voix de la raison*

1. *VR*, p. 178-179.
2. *RP*, § 242, p. 135.

effectue une mise en cause radicale d'une conception conformiste de la forme de vie. Cavell montre à la fois la fragilité et la profondeur de nos accords, et s'attache à la nature même des nécessités de la forme de vie. Taylor présente cela en termes de faits de la condition humaine :

> Essayer d'obtenir est l'expression naturelle du désir, non seulement pour l'aspect physionomique le plus immédiat, mais aussi comme quelque chose d'inséparable du désir « par nature », en entendant par là les faits fondamentaux de la condition humaine, qui sont déterminants pour notre langage[1].

> Le donné des formes de vie, ce n'est pas seulement les structures sociales, les différentes habitudes culturelles être (ou non) acceptées : c'est ce qui a à voir avec « la force et la dimension spécifique du corps humain, des sens, de la voix humaine » nos limites physiques et pas seulement conceptuelles – tout ce qui fait que, comme la colombe de Kant a besoin d'air pour voler, les humains pour marcher avons besoin de friction, de frottement de pesanteur, de résistance[2].

Mais cette naturalisation de la forme de vie n'est pas synonyme d'acceptation ; il faut faire voir aussi la capacité de transformation des formes de *vie* au second sens, ce qu'entreprend Das. Cavell le dit déjà explicitement dans « L'événement wittgensteinien » un de ses derniers textes sur Wittgenstein, repris dans *Philosophie le jour d'après demain* :

1. Ch. Taylor, « Action as Expression », *in* C. Diamond, J. Teichman (eds), *Intention and Intentionality*, Brighton, The Harvester Press, 1979 ; « L'action comme expression », trad. fr. Ph. de Lara, dans Ch. Taylor, *La liberté des modernes, op. cit.*
2. *Ibid.*, § 107, p. 83.

je vois dans l'idée wittgensteinienne de critères une idée qui cherche à rendre compte à la fois du fait que nous partageons profondément le langage et en même temps que *nous avons la capacité de refuser cet héritage,* à rendre compte à la fois de la possibilité et de la menace récurrente du scepticisme. Être en possession de critères, c'est aussi posséder le pouvoir diabolique de nous en défaire, de retourner le langage contre lui-même[1].

Certes, nous nous accordons dans des formes de vie, dans le langage, dans les jugements, les critères. Mais l'accord dépend de « moi », et peut toujours s'effondrer. C'est tout le débat entre Cavell et Kripke ou Searle, ceux pour qui les formes de vie constituent un arrière-plan normatif qui détermine les actions humaines et l'interprétation du langage. Le terme d'arrière-plan (*Hintergrund*) apparaît dans les *Recherches* pour indiquer une *représentation* que nous nous faisons[2], pas pour *expliquer* quoi que ce soit.

Voir les *Remarques sur la philosophie de la psychologie* :

Nous jugeons une action d'après son arrière-plan dans la vie humaine (…). L'arrière-plan est le train de la vie (*das Getriebe des Lebens*). Et notre concept désigne quelque chose dans *ce* train[3].

Comment pourrait-on décrire la façon d'agir humaine ? Seulement en montrant comment les actions de la diversité des êtres humains se mêlent en un grouillement (*durcheinanderwimmeln*). Ce n'est pas

1. S. Cavell, *Philosophie. Le jour d'après demain, op. cit.*, p. 222.
2. *RP*, § 102, p. 82.
3. *RPP*, II, § 624-625.

ce qu'*un individu* fait, mais tout l'ensemble grouillant (*Gewimmel*) qui constitue l'arrière-plan sur lequel nous voyons l'action[1].

Au thème perceptuel et statique de l'arrière-plan, on peut préférer celui de la texture – les règles tissées dans la texture de la vie – du grouillement, ou de la *place* et des *connexions*. « La douleur occupe *telle* place dans notre vie, elle a *telles* connexions »[2]. Des connexions « dans notre vie », qui n'ont rien de caché, sont là : *lie open to view*, mais sont invisibles parce que justement sous nos yeux.

Wittgenstein spécifie[3] qu'il y a toutes sortes de pratiques dont « suivre une règle » fait partie – en connexion avec la correction, l'explication, le « quiconque » (*anyone-ness*), les blagues, la pratique du droit, de la mathématique, etc. Ce n'est qu'en tissant « suivre une règle » dans la texture de l'ensemble de ces pratiques qu'on peut voir plus clairement ce qu'est une règle. La chose que veut montrer Wittgenstein, c'est qu'on n'a pas dit grand-chose d'une forme de vie comme le langage quand on a dit qu'elle est gouvernée par des règles. Il n'y a pas de langage sans règles grammaticales, mais cela ne veut pas dire que ces règles auraient des propriétés remarquables, qu'il nous resterait à définir, mais le fait (très général) que le langage a des règles, comme le tennis, les échecs, la conversation – celles de la forme de vie dans le langage.

---

1. *RPP*, § 629.
2. *RP*, § 533, p. 206.
3. *RP*, § 199, p. 126.

Performativité des formes de vie

Suivre une règle fait partie de notre vie dans le langage, et est inséparable d'autres pratiques, de tout un réseau qui constitue la texture des vies humaines. En ne regardant pas l'usage mais la règle, on regarde au mauvais endroit. Lorsque Wittgenstein explicite son idée que le suivi de la règle n'est « pas une interprétation »[1] notant que « suivre la règle » est une pratique (*eine Praxis*), il veut dire qu'il y a toutes sortes de pratiques dont « suivre une règle » fait partie – en connexion avec des idées comme la correction, l'explication, l'anonymat, les blagues, la pratique du droit, de la mathématique, l'histoire etc. Ce n'est qu'en intégrant ce « suivre une règle » à l'ensemble de ces pratiques, la forme de vie, qu'on peut y voir clair dans le concept de règle. Nos pratiques ne sont pas épuisées par l'idée de règle ; au contraire, ce que montre Wittgenstein, c'est qu'on n'a pas dit grand-chose d'une pratique comme le langage quand on a dit qu'elle est gouvernée par des règles. Il désire de fait indiquer à quel point « l'"appel aux règles" est inessentiel comme explication du langage »[2]. On peut penser à la façon dont Bourdieu décrit ainsi le rapport entre règles et pratiques :

> L'ajustement objectif des dispositions et des structures assure une conformité aux exigences et aux urgences objectives qui ne doit rien à la règle et à la conformité consciente à la règle. Ainsi, paradoxalement, la science sociale ne parle sans doute jamais autant le langage de la règle que dans le cas précisément où il est le plus totalement inadéquat, c'est-à-dire dans l'analyse de formations sociales où, du fait de la constance au cours

1. *RP*, § 202, p. 127.
2. *DVD*, p. 138.

du temps des conditions objectives, la part qui revient
à la règle dans la détermination réelle des pratiques est
particulièrement réduite[1].

Bourdieu critique avec une radicalité toute
wittgensteinienne l'idée selon laquelle nos actions seraient
gouvernées (en quel sens ?) par des règles, principes
et des décisions rationnelles et interroge la tendance
philosophique à surévaluer la place des règles dans la
description des formes de vie.

On voit le malentendu que suscite durablement la dite
« community view », car « l'acceptation des formes de
vie » n'est évidemment pas la réponse wittgensteinienne
aux problèmes philosophiques. La réflexion sur la règle
ouvre plutôt sur une absorption réciproque du naturel
et du normatif qui est en œuvre dans l'idée d'une
« tapisserie de la vie », du *motif* régulier qui se tisse dans
le grouillement de la forme de vie.

> Le faire semblant est un motif (déterminé) dans *la
> tapisserie de la vie (Lebensteppich)*. Il se répète en un
> nombre infini de variations[2].

L'enjeu pour Wittgenstein, et ses lecteurs Das et
Cavell, est alors la plasticité des formes de vie dans les
deux sens de l'expression. C'est *nous* qui sommes les
transformateurs et re-tisseurs de nos formes de vie et de
langage. La métamorphose des formes de vie ouvre un
espace pour la réflexion morale et des possibilités de vie,
comme l'explique Piergiorgio Donatelli :

> Se ressaisir de la vie humaine comme une sphère
> de liberté signifie se reconquérir et imprimer un
> mouvement propre à ce que cela signifie pour nous que

1. P. Bourdieu, *Le Sens pratique*, Paris, Minuit, 1980, p. 245.
2. *RPP*, II, § 672, § 862.

de procréer, de mourir, d'avoir une vie sexuelle et bien d'autres choses encore[1].

L'étude de la forme de vie permet de voir en Wittgenstein, plutôt qu'un penseur de la règle, de la « communauté » et du consensus, l'inventeur de ce que Taylor nomme un « naturalisme libérateur »; non pas le naturalisme cognitiviste, symétrique du conventionnaliste conservateur, mais une nouvelle entente du « naturel » et du conventionnel que crée la forme de vie.

> Le terme ultime auquel nous renvoie l'explication de la signification est celui de *Lebensform*. Et cela semble ouvrir sur une explication de la forme de vie humaine qui surmonterait les distorsions de la perspective désengagée. On peut ainsi voir dans la philosophie de Wittgenstein le point de départ d'un naturalisme libérateur[2].

La grammaire n'est pas affaire de normativité abstraite et de règles d'usage : la grammaire de la forme de vie est une grammaire de l'expressivité humaine, esquissée dès le début des *Recherches*. La forme de vie qui rassemble "les faits fondamentaux de la condition humaine" détermine ainsi la forme du langage, succédant à la forme logique du *Tractatus* mais avec la même normativité.

> Mes mots ne sont autres que mes expressions de ma vie ; et je réagis aux mots des autres comme à des expressions d'eux : autrement dit, je ne réagis pas seulement à ce que leurs mots veulent dire, mais également à ce qu'eux veulent dire par ces mots[3].

---

1. P. Donatelli, *Manières d'être humain*, Paris, Vrin, 2015, p. 39-40.
2. Ch. Taylor, « *Lichtung* or *Lebensform?* », in *Philosophical Arguments*, Cambridge (Mass.), Harvard University Press, 1995, p. 78.
3. *VR*, p. 507.

Le vouloir dire (*meaning*) relève alors d'une sémantique et d'une logique de l'expression de la vie; ce que je, nous, elles... voulons dire. C'est à rendre compte de cette normativité de l'expressivité que la limitation du performatif dans *Quand dire c'est faire* à la dimension « illocutoire » se révèlera insatisfaisante. Cavell, en redécouvrant dans son essai « Énonciation performative, énonciation passionnée », également repris dans *Philosophie le jour d'après demain*, la catégorie du perlocutoire, notoirement négligée dans la pragmatique, complète ainsi la grammaire de la forme de vie esquissée dans *Dire et vouloir dire*.

Austin présente le perlocutoire au moment de sa distinction entre les actes de parole, qui remplace et explicite sa distinction binaire entre énoncés constatifs et performatifs, et distingue l'acte locutoire (dire une chose signifiante), le fameux acte illocutoire (ce que l'on fait *en* disant quelque chose) et l'acte perlocutoire (ce que l'on fait *par le fait de* dire quelque chose) – *by saying*. Le trait saillant de ces actes perlocutoires est qu'ils ne sont pas illocutoires, ne *réalisent* pas d'action au sens conventionnel. Dire : « Je vous préviens » (locutoire), c'est vous prévenir (illocutoire), et cela pourra en outre (perlocutoire) vous alarmer, vous exaspérer ou vous intimider; tout comme cela pourra aussi vous convaincre (que mon inquiétude est réelle) et vous persuader (d'agir). Énoncer : « Je vous alarme » ou « Je vous exaspère » ou « Je vous intimide » ou « Je vous persuade » ne revient pas à vous alarmer, à vous exaspérer, à vous intimider ou à vous persuader. Ce sont même des énoncés assez étranges, quoique pas plus que « je vous aime », « tu me dégoûtes », etc.

Cavell rappelle à ce propos l'engagement d'Austin :
« L'acte de discours intégral, dans la situation intégrale
de discours, est en fin de compte le *seul* phénomène que
nous cherchons *de fait* à élucider »[1] ; d'où la nécessité
d'élucider le statut et la normativité des énoncés
perlocutoires. Pour cela il dresse une liste parallèle à celle
élaborée par Austin pour les performatifs (illocutoires),
de « conditions pour le fonctionnement heureux des
perlocutoires ». Liste des conditions « analogues » qui
peut paraître surprenante, mais pas plus que les listes
que fabrique Wittgenstein dans les *Recherches* lorsqu'il
veut décrire de la nature particulière et la diversité des
conventions dans la forme de vie humaine.

Conditions d'Austin et de Cavell (en ital) :

> Première condition de l'illocutoire chez Austin
> (Illoc 1) : Il doit exister une procédure, reconnue par
> convention, dotée par convention d'un certain effet,
> et comprenant l'énoncé de certains mots par certaines
> personnes dans de certaines circonstances.
> *Première condition analogue du perlocutoire (Perloc*
> *1) : Il n'y a pas de procédure ni d'effets reconnus par*
> *convention. Le locuteur est seul à créer l'effet désiré.*
>
> Illoc 2 : il faut que les personnes et circonstances
> particulières soient celles qui conviennent pour qu'on
> puisse invoquer la procédure en question.
>
> *Perloc 2 : en l'absence d'une procédure reconnue*
> *par convention, il n'y a pas de personnes spécifiées*
> *antérieurement. On doit décider du caractère approprié*
> *à chaque cas ; il est à chaque fois remis en question.*
> [...]

---

1. J. L. Austin, *Quand dire c'est faire*, trad. fr. G. Lane, Paris,
Seuil, 1970, p. 148.

Illoc 5 : Lorsque la procédure suppose chez ceux
qui recourent à elle certaines pensées ou certains
sentiments, lorsqu'elle doit provoquer par la suite un
certain comportement de la part de l'un ou l'autre des
participants, il faut que la personne qui prend part à
la procédure ait, en fait, ces pensées ou sentiments,
et que les participants aient l'intention d'adopter le
comportement impliqué.

*Perloc 5 : Lorsque je parle sous l'effet de la passion,
il faut que j'éprouve en fait cette passion (que je la
manifeste, l'exprime)*[1].

Ces normes du perlocutoire sont bien des règles de
la forme de vie, et doivent aussi s'élaborer « as we go
along ». Leur transgression est à la fois accidentelle et
fatale, conjonction ce que Cavell résume par le mot
« casual ». Dans le cas de l'illocutoire, les échecs sont
identifiables voire réparables (je ne suis pas habilité à
baptiser le bateau, mais on peut aller chercher la personne
compétente). Alors que, si l'on échoue à *sélectionner*
le destinataire approprié dans l'énoncé passionné, ou à
manifester la passion, l'avenir même de la relation est
mis en jeu – la déclaration manquée peut être fatale à la
rencontre, le conseil maladroit, à l'amitié.

Cavell ne mentionne pas les deux dimensions verticale
et horizontale de la forme de vie dans « Énonciation
performative, énonciation passionnée » ; et pourtant
on les retrouve clairement dans ces deux ordres de
normativité performative – la forme de vie sociale, dans
les lois ou les conventions de la culture, mise en acte et
vérifiées dans les performatifs illocutoires, et la forme de

1. S. Cavell, *Philosophie. Le jour d'après demain, op. cit.*,
p. 197-198.

vie « vitale », dans l'expressivité improvisée et parfois destructrice des énoncés perlocutoires.

> L'énoncé performatif nous invite à participer à l'ordre de la loi. Et peut-être peut-on dire que l'énoncé passionné nous invite pour sa part à improviser avec les désordres du désir[1].

Le perlocutoire est ainsi ce qui permet à Cavell de mener jusqu'au bout le projet politique de Wittgenstein, et d'Austin, de description et d'élucidation « intégrale » des normes de cette forme de vie qu'est le langage : « l'idée d'un langage conçu pour agir sur les sentiments, les pensées et les actions des autres en même temps qu'il est destiné à révéler nos désirs aux autres et à nous-mêmes »[2] ; les cris de douleur, les larmes, les silences lourds, les revendications violentes mais aussi les blagues et bonheurs des échanges et rencontres. L'accord dans le langage, l'*übereinstimmung* relève de ces normativités peu visibles. C'est à cette condition que le concept de la forme de vie peut devenir politique et critique, et que la démocratie est moins un concept ou une institution, même idéale, que le principe d'une exploration des formes de vie, ou tout simplement une enquête sur les formes de vie qui nous assurent la meilleure expression.

1. *Ibid.*, p. 201.
2. *Ibid.*

BIBLIOGRAPHIE

ANSCOMBE E, *L'intention*, trad. fr. M. Maurice et C. Michon, Paris, Gallimard, 2002.

AUSTIN J. L., *Écrits Philosophiques*, trad. fr. L. Aubert et A. L. Hacker, Paris, Seuil, 1994.

– *Quand dire c'est faire*, trad. fr. G. Lane, Paris, Seuil, 1970, rééd. Points-Seuil, 1991, postface de F. Recanati.

BAIER A., *Postures of the Mind*, Minneapolis (MN), University of Minnesota Press, 1985.

– « What Do Women Want in a Moral Theory ? » in *Moral Prejudices*, Cambridge (Mass.), Harvard University Press, 1995.

BALIBAR E., LAUGIER S., « Praxis », « Agency » dans B. Cassin (dir.), *Vocabulaire Européen des Philosophies*, Paris, Seuil-Le Robert, 2004.

BOUVERESSE J., LAUGIER S. , ROSAT J.-J. (dir.), *Wittgenstein, dernières pensées* Marseille, Agone, 2002.

CAHIERS DE ROYAUMONT, *La philosophie analytique*, Paris, Minuit, 1962.

CAVELL S. *À la recherche du bonheur*, trad. fr. Ch. Fournier, S. Laugier, Paris, Vrin, 2017.

– *Dire et vouloir dire*, trad. fr. S. Laugier et Ch. Fournier, Paris, Cerf, 2009.

– *Le cinéma nous rend-il meilleurs ?* trad. fr. Ch. Fournier et E. Domenach, Paris, Bayard, 2003.

– *Les Voix de la raison*, trad. fr S. Laugier et N. Balso, Paris, Seuil, 1996.

– Préface à V. Das, *Life and Words. Violence and the Descent into the Ordinary*, Berkeley (CA), University of California Press, 2007

– *The Senses of Walden*, San Francisco (CA), North Point Press, 1981.

– *Un ton pour la philosophie. Moments d'une autobiographie*, trad. fr. S. Laugier et E. Domenach, Paris, Bayard, 2003.

– *Une nouvelle Amérique encore inapprochable*, trad. fr. S. Laugier, Combas, Éditions de l'Éclat, 1991, repris dans *Qu'est-ce que la philosophie américaine ?*, Paris, Gallimard, 2009.

CHAUVIRÉ Ch., *Le moment anthropologique de Wittgenstein*, Paris, Kimé, 2003.

CITTON Y., *Pour une écologie de l'attention*, Paris, Seuil, 2013.

COETZEE J. M. ; « La vie des animaux », in *Elizabeth Costello*, trad. fr. C. Lauga du Plessis, Paris, Seuil, 2004.

DAS, V., *Life and Words. Violence and the descent into Ordinary*, Berleley (CA), University of California Press, 2007.

– « The Boundaries of the "We": Cruelty, Responsibility and Forms of Life ». *Critical Horizons* 17(2), 2016, p. 168-185.

– « Wittgenstein and Anthropology », *Annual Review of Anthropology* 27(1), 1998, p. 171-195.

DEWEY J., *Le Public et ses problèmes* [1934], trad. fr. J. Zask, Paris, Gallimard 2010.

DESCOMBES V, *La denrée mentale*, Paris, Minuit, 1995.

– *Les institutions du sens*, Paris, Minuit, 1996.

– *Philosophie par gros temps*, Paris, Minuit, 1990.

– *Le complément de sujet. Enquête sur le fait d'agir de soi-même*, Paris, Gallimard, 2004.

DIAMOND C., Article « Wittgenstein », dans M. Canto-Sperber (dir.), *Dictionnaire d'éthique et de philosophie morale*, Paris, P.U.F., 1996.

– « Différences et distances », trad. fr. J.-Y. Mondon et S. Laugier, dans S. Laugier (dir.), *Éthique, littérature, vie humaine*, Paris, P.U.F., 2006.

– « Ethics, Imagination and the Method of the *Tractatus* », *in* A. Crary, R. Read (eds.) *The New Wittgenstein*, New York, Routledge, 2000.

– « Knowing Tornadoes and Other Things », *New Literary History* 22, The John Hopkins University Press, 1991.

– « Le cas du soldat nu », in *L'importance d'être humain*, Paris, P.U.F., 2011.

– « Losing your Concepts », *Ethics* 98(2), 1988, trad. fr. E. Halais.

– *L'importance d'être humain*, trad. fr. E. Halais et S. Laugier Paris, P.U.F., 2011.

– « Rules: Looking in the Right Place », in D. Z. Phillips, P. Winch (eds.), *Wittgenstein, Attention to Particulars*, New York, St Martin's Press, 1989.

–*Wittgenstein. L'esprit réaliste*, trad. fr. E. Halais et J. Y. Mondon, Paris, P.U.F., 2004.

DONATELLI P., *Manières d'être humain*, Paris, Vrin, 2015.

FERRARESE E. et LAUGIER S. (éd), « Politique des formes de vie », *Raisons Politiques* 57, 2015.

FOUCAULT M., *Dits et écrits II*, Paris, Gallimard, 2001.

GARRETA G., « Situation et objectivité », dans M. de Fornel et L. Quéré (dir.), *La logique des situations : nouveaux regards sur l'écologie des activités sociales*, Paris, Éditions de l'EHESS, 1999.

– « Une régularité sans répétition ? » dans Ch. Chauviré et A. Ogien (dir), *La régularité. Habitude, disposition et savoir-faire dans l'explication de l'action*, Paris, Éditions de l'EHESS, 2002.

GAUTIER Cl., LAUGIER S. (éd.), *L'ordinaire et le politique*, Paris, P.U.F.-CURAPP, 2006.

GILLIGAN C., « Moral Orientation and Moral Development », [1987], in V. Held (ed.) *Justice and Care*, New York, Routledge, 1995.

– *Une Voix différente*, trad. fr. A. Kwiatek, Paris, Flammarion, 2008

GOFFMAN E, *Façons de parler*, trad. fr. A. Kihm, Paris, Minuit, 1987.

– *La mise en scène de la vie quotidienne 2, Les relations en public*, trad. fr. A. Kihm, Paris, Minuit, 1973.

– *Les cadres de l'expérience*, trad. fr. d'I. Joseph, Paris, Minuit 1991.

– *Les rites d'interaction*, trad. fr. A. Kihm, Paris, Minuit, 1974.

– *The Presentation of Self in Everyday Life*, New York, Anchor Books, 1959.

HACKING I., « Winner Take Less », *New York Review of Books* 31, June 28, 1984.

HELD V. (ed.), *Justice and Care*, New York, Routledge, 1995.

JAFFRO L., LAUGIER S. (dir.), « Retour du moralisme ? Les intellectuels et le conformisme » *Cités* 5, 2001.

JAMES H., *La création littéraire*, trad. fr. M. F. Cachin, Paris, Denoël-Gauthier, 1980.

– *Les Ambassadeurs*, trad. fr. G. Belmont, Paris, Robert Laffont, 1950.

JOSEPH I. « L'athlète moral et l'enquêteur modeste », dans B. Karsenti et L. Quéré (dir.), *La croyance et l'enquête. Aux sources du pragmatisme*, Paris, Éditions de l'EHESS, 2004.

KARSENTI B. et Quéré L. (éd.), *La croyance et l'enquête*, Paris, Éditions de l'EHESS, Paris, 2004.

KITTAY E. F., FEDER E. K. (eds.), *The Subject of Care. Feminist Perspectives on Dependency*. New York-Oxford, Rowman and Littlefield, 2002.

KRIPKE S., *Règles et langage privé*, trad. fr. T. Marchaisse, Paris, Seuil, 1996.

LAUGIER S., « Care et perception, l'éthique comme attention au particulier », dans P. Paperman, S. Laugier, *Le souci des autres, éthique et politique du care*, Paris, Éditions de l'EHESS, 2011.

– « Communauté, tradition, réaction », *Critique* 610, mars 1998, p. 13-38.

– « Concepts moraux, connaissance morale », dans S. Laugier (dir.), *Éthique, littérature, vie humaine*, Paris, P.U.F., 2006.
– *Du réel à l'ordinaire*, Paris, Vrin, 1999.
– (dir.) *Éthique, littérature, vie humaine*, Paris, P.U.F., 2006.
– « En quête de l'ordinaire », dans B. Karsenti et L. Quéré (dir.), *La croyance et l'enquête. Aux sources du pragmatisme*, Paris, Éditions de l'EHESS, 2004.
– *Faut-il encore écouter les intellectuels ?*, Paris, Bayard, 2003.
– « La pensée de l'ordinaire et la démocratie intellectuelle », *Splendeurs et misères de la vie intellectuelle* II, *Esprit*, mai 2000, p. 137-154.
– « Le langage comme pratique et comme performance », dans S. Haber (dir.), *L'action en philosophie contemporaine*, Paris, Ellipses, 2004.
– *Le mythe de l'inexpressivité*, Paris, Vrin, 2010.
– « Où se trouvent les règles ? » dans Ch. Chauviré, S. Laugier (éd.) *Lire les* Recherches Philosophiques *de Wittgenstein*, Paris, Vrin, 2003, p. 131-156.
– « Performativité, normativité et droit », *Archives de Philosophie* 67, janvier 2005, p. 607-627.
– *Recommencer la philosophie, Stanley Cavell et la philosophie en Amérique*, Paris, Vrin, 2014.
– *Une autre pensée politique américaine. La démocratie radicale d'Emerson à Stanley Cavell*, Paris, Éditions Michel Houdiard, 2004.
– « Voice as Form of Life and Life Form », *Nordic Wittgenstein Review*, October 2015, p. 63–82
– *Why We Need Ordinary Language Philosophy*. Chicago (IL), University of Chicago Press, 2013.
– « Wittgenstein: Anthropology, Skepticism, and Politics », in A. Norris (ed.), *The Claim to Community: Essays on Stanley Cavell and Political Philosophy*, San Francisco (CA), Stanford University Press, 2006, p. 19-38.
– *Wittgenstein. Les sens de l'usage*, Paris, Vrin, 2009.

LOVIBOND S., *Ethical Formation*, Cambridge (Mass.), Harvard University Press, 2003.

– *Realism and Imagination in Ethics*, Minneapolis (MN), University of Minnesota Press, 1983.

LOVELL A. *et al.*, *Face aux désastres*. Paris, Ithaque, 2013.

MCDOWELL J., *L'esprit et le monde*, trad. fr. C. Alsaleh, Paris, Vrin, 2007.

MURDOCH I., *La souveraineté du bien*, Combas, Éditions de l'Éclat, 1994.

– « Vision et choix en morale », dans S. Laugier (dir.), *Les voix et la vertu. Variété du perfectionnisme moral*, trad. fr. E. Halais, Paris, P.U.F. 2010.

NARBOUX J.-Ph., « Ressemblances de famille, caractères, critères », dans S. Laugier (dir.), *Wittgenstein. Métaphysique et jeu de langage*, Paris, P.U.F., 2001.

NORRIS A., *Becoming who we are. Politics and Practical Philosophy in the Work of Stanley Cavell*, Oxford, Oxford University Press, 2017.

NUSSBAUM M., *Capabilités. Comment créer les conditions d'un monde plus juste ?*, Paris, Climats, 2012.

– « La fêlure dans le cristal : la littérature comme philosophie morale », trad. fr. J. Y. Mondon, dans S. Laugier (dir.) *Éthique, littérature, vie humaine*, Paris, P.U.F., 2006.

– *Les émotions démocratiques*, trad. fr. S. Chavel, Paris, Climats, 2011

– *Love's Knowledge. Essays on Philosophy and Literature*, Oxford, Oxford University Press, 1990.

OGDEN C. K., RICHARDS, I. A., *The Meaning of Meaning*, London, Kegan Paul-Trench-Trubner and Co., 1923.

OGIEN A., *Les formes sociales de la pensée*, Paris, Armand Colin, 2007.

– et LAUGIER S., *Le principe démocratie*, Paris, La Découverte, 2014.

– *Politique de l'activisme*, Paris, P.U.F., 2021

– et LAUGIER S., *Pourquoi désobéir en démocratie?*, Paris, La Découverte, 2010.

OGIEN R., *La panique morale*, Paris, Grasset, 2004.

– « Qui a peur des théories morales? », *Magazine littéraire* 361, janvier 1998.

OLSZEWSKA B. (2002) « Réfléchir avec les yeux et les mains », dans Ch. Chauviré et A. Ogien (dir), *La régularité. Habitude, disposition et savoir-faire dans l'explication de l'action*, Paris, Éditions de l'EHESS, 2002.

PAPERMAN P., LAUGIER S. (dir.)., *Le souci des autres, éthique et politique du* care, Paris, Éditions de l'EHESS, 2005.

PITROU P. « La vie, un objet pour l'anthropologie? Options méthodologiques et problèmes épistémologiques », *L'Homme* 212, 2014, p. 159-189.

PUTNAM H., *Words and Life*, éd. et préface de J. Conant, Cambridge (Mass.), Harvard University Press, 1994

– *Entretien avec Jacques Bouveresse*, trad. fr. M. Coelho, The Monist, 2020.

– *Ethics Without Ontology*, Cambridge (Mass.), Harvard University Press, 2004.

QUÉRÉ L., « Action située et perception du sens », dans M. de Fornel et L. Quéré (dir.), *La logique des situations : nouveaux regards sur l'écologie des activités sociales*, 1999.

– et OGIEN A., *Dynamiques de l'erreur*, Paris, Éditions de l'EHESS, 2008.

RAWLS A. W. (dir.), *Epistemology and Practice*. London, Cambridge University Press, 2009.

RAWLS J., *Théorie de la justice* [1971], trad. fr. De Catherine Audard, Paris, Seuil, 1987 (1971).

– « Two Concepts of Rules » [1955], *Philosophical Review* 64(1), in *Collected Papers*, Cambridge (Mass.), Harvard University Press, 1999.

RENAULT E., *L'expérience de l'injustice*, Paris, La Découverte, 2004.

318   OUVRAGES CITÉS

SEARLE J., *The Construction of Social Reality*. New York, The Free Press, 1995.

STEVENSON Ch., « The Emotive Meaning of Ethical Terms », *Mind* 46(181), janvier 1937, p. 14-31.

STOCKER M., « The Schizophrenia of Modern Ethical Theories », in R. Crisp, M. Slote (eds.), *Virtue Ethics*, Oxford, Oxford University Press, 1973.

TAYLOR Ch., « Le langage et la nature humaine » et « L'action comme expression », dans *La liberté des modernes*, trad. fr. Ph. de Lara, Paris, P.U.F., 1997.

– « Action as Expression », *Intention and Intentionality: Essays in Honour of G.E.M. Anscombe*, J. Teichmann and C. Diamond (ed.), Ithaca (NY), Cornell University Press, 1979.

– « *Lichtung* or *Lebensform?* », in *Philosophical Arguments*, Cambridge (Mass.), Harvard University Press, 1995.

TRONTO J., « L'indifférence des privilégiés », *in* C. Gilligan, A. Hochschild, J. Tronto, *Contre l'indifférence des privilégiés*, trad. fr. M. Jouan, S. Sofio, Marie G., Paris, Payot & Rivages, 2013.

– et FISHER B. « Toward a Feminist Theory of Caring », in E. Abel et M. Nelson (dir.), *Circles of Care*, Albany (NY), SUNY Press, 1990.

– *Un monde vulnérable. Pour une politique du Care*, Paris, La Découverte, 2009.

WAISMANN F., « La vérifiabilité », dans S. Laugier et P. Wagner (dir.), *Philosophie des sciences* I, Paris, Vrin, 2004.

WILLIAMS B., « De la nécessité d'être sceptique », *Magazine littéraire* 361, *Les nouvelles morales*, janvier 1998.

– *La fortune morale*, trad. fr., J. Lelaidier, Paris, P.U.F., 1997.

WINCH P., « Understanding a Primitive Society », in *Ethics and Action*, London, Routledge, 1972, p. 8-49.

– *The Idea of a Social Science and Its Relation to Philosophy* [1958], London, Taylor & Francis, 1990.

WITTGENSTEIN L., *Cours de Cambridge, 1930-33*, trad. fr. J.-P. Cometti dans *Philosophica I*, Mauvezin, T.E.R., 1997.

– *Cours de Cambridge*, 1932-1935, trad. fr. E. Rigal, Mauvezin, T.E.R., 1992.

– *De la certitude*, trad. fr. D. Moyal-Sharrock, Paris, Gallimard, 2006.

– *Derniers écrits sur la philosophie de la psychologie*, t. 2 : *L'ntérieur et l'extérieur*, trad. fr. G. Granel, Mauvezin, T.E.R., 2000.

– *Recherches Philosophiques*, trad. fr. F. Dastur et *al.*, Paris, Tel-Gallimard, 2004.

– *Remarques Philosophiques*, trad. fr. J. Fauve, Paris, Gallimard, 1975.

– *Remarques sur le Rameau d'or de Frazer*, trad. fr. J. Lacoste, postface de J. Bouveresse, Lausanne, L'Âge d'homme, 1982.

– *Tractatus logico-philosophicus*, trad. fr. G.-G. Granger, Paris, Gallimard, 1993.

– *Derniers écrits sur la philosophie de la psychologie*, trad. fr. G. Granel, Mauvezin, T.E.R., 2000.

– *Fiches*, trad. fr. J. Fauve, Paris, Gallimard, 1971. Nouvelle traduction J.-P. Cometti, Paris, Gallimard, 2008.

– *Le cahier bleu et le cahier brun*, trad. fr. M. Goldberg, J. Sackur, Paris, Gallimard, 1996.

– *Remarques mêlées*, trad. fr. J.-P. Cometti, Paris, Flammarion, 2002.

– *Remarques sur la philosophie de la psychologie*, trad. fr. G. Granel, Mauvezin, T.E.R., 1989, 1994.

– *Remarques sur les fondements des mathématiques*, trad. fr. M.-A. Lescourret, Paris, Gallimard, 1983

TABLE DES MATIÈRES

Achevé d'imprimer en octobre 2021 par *La Manufacture - Imprimeur* – 52200 Langres
Imprimé en France – N° d'imprimeur : 211008 – Dépôt légal : octobre 2021